| 博士生导师学术文库 |

A Library of Academics by
Ph.D.Supervisors

中国古代思辨认识论解析
及其生态文明启示

——·——

钟茂初 著

光明日报出版社

图书在版编目（CIP）数据

中国古代思辨认识论解析及其生态文明启示 ／ 钟茂
初著 . -- 北京：光明日报出版社，2023.5

ISBN 978 - 7 - 5194 - 7176 - 7

Ⅰ.①中… Ⅱ.①钟… Ⅲ.①《庄子》—哲学思想—
研究 Ⅳ.①B223.55

中国国家版本馆 CIP 数据核字（2023）第 072951 号

中国古代思辨认识论解析及其生态文明启示

ZHONGGUO GUDAI SIBIAN RENSHILUN JIEXI JIQI SHENGTAI WENMING QISHI

著　　者：钟茂初			
责任编辑：梁永春		责任校对：杨　茹　贾文梅	
封面设计：一站出版网		责任印制：曹　净	

出版发行：光明日报出版社

地　　址：北京市西城区永安路 106 号，100050

电　　话：010 - 63169890（咨询），010 - 63131930（邮购）

传　　真：010 - 63131930

网　　址：http：//book.gmw.cn

E - mail：gmrbcbs@ gmw.cn

法律顾问：北京市兰台律师事务所龚柳方律师

印　　刷：三河市华东印刷有限公司

装　　订：三河市华东印刷有限公司

本书如有破损、缺页、装订错误，请与本社联系调换，电话：010-63131930

开　　本：170mm×240mm

字　　数：237 千字　　　　　　　印　　张：16

版　　次：2023 年 10 月第 1 版　　印　　次：2023 年 10 月第 1 次印刷

书　　号：ISBN 978 - 7 - 5194 - 7176 - 7

定　　价：95.00 元

目 录
CONTENTS

1

导　论

　　《庄子》，是一部充满哲学思想的中华文化经典，是一部通过思辨阐述人类认识以及基于深邃视角指引人类思维的哲学著作。与中国传统哲学其他典籍一样，《庄子》的哲学思想方法同样可以归为"格物致知"。所格之"物"，就是"卮言"（自然无心之言）、"重言"（借重先哲时贤之言）、"寓言"（禽言兽语、离奇故事等）①，所致之"知"就是庄子的哲学思想和思维方法。《庄子》所阐述的深刻哲理及其阐述哲理的方法，对于现今社会人们的思考与行为，依然有着许多可借鉴的价值。

　　读懂《庄子》，首先要知晓庄子的哲理论述方式。

　　其一，采用寓言、典故等，以格之致知的方式②，阐述其思想方法和哲学观点。例如，《养生主》有"良庖岁更刀，割也；族庖月更刀，折也；今臣之刀十九年矣，所解数千牛矣，而刀刃若新发于硎。彼节者有间而刀刃者无厚，以无厚入有间，恢恢乎其于游刃必有余地矣"之句，所要阐述的哲学观点是：面对一个需要解决的问题，最为有效的方式是认识其内在的机理，而后认知

---

① 《庄子》"寓言""重言""卮言"的诗化表达方式，使得《庄子》深不可测的哲学意蕴得到了象征的显现，特别是"卮言"是庄子有别于先秦诸子的独特语言密码，从中透视出庄子以天地精神审视一切的情怀。"寓言"和"重言"大都是带有一定主观意识的言论，"卮言"则是天地之言，无任何主观意识，犹如代天地立言，不偏不倚，没有成见。参见：赵德鸿.《庄子》诗化语言："寓言、重言、卮言"辨析 [J]. 北方论丛，2013（2）：22-27。

② 庄子选择道作为其诠释前见，并以"寓言""重言""卮言"为诠释媒介，构建一套独具特色的诠释方法。参见：李凯，颜炳罡. 庄子诠释方法探析 [J]. 安徽大学学报（哲学社会科学版），2009（4）：7-11。

到其合理的路径，依靠外在的强力或娴熟的技巧，并不是好的解决方法。这就如同，稍好的庖丁，每年都要更换刀具，因为他们是在用刀割肉；普通的庖丁每月都要更换刀具，因为他们是在用刀砍骨头；而高妙的庖丁，解牛数千头，其刀刃还像新磨的一样，因为他只是游刃于骨节缝隙处。再如，《大宗师》有"吾思夫使我至此极者而弗得也。父母岂欲吾贫哉？天无私覆，地无私载，天地岂私贫我哉？求其为之者而不得也！然而至此极者，命也夫"之句，所要阐述的哲学观点是：所谓"命运"，就是无所偏私的"自然"基于必然性与偶然性之随机安排。因为，一个人走到窘迫之境，其主导者是谁？父母对于子女的爱是其天性，父母不可能促使其遭受窘迫；苍天没有偏私地覆盖整个大地，大地没有偏私地载育万物，天地也不可能偏偏让其遭受窘迫。所以，只能是更加无所偏私的"道"之随机安排！

其二，设计与观点对立方的诘问、问话，以有力理据反驳的方式，阐述其思想方法和哲学观点。例如，《列御寇》有"庄子将死，弟子欲厚葬之。庄子曰：吾以天地为棺椁，以日月为连璧，星辰为珠玑，万物为赍送。吾葬具岂不备邪？何以加此！弟子曰：吾恐乌鸢之食夫子也。庄子曰：在上为乌鸢食，在下为蝼蚁食，夺彼与此，何其偏也！"之段落，其大意是：庄子希望死后给他"天葬"，其弟子们说"天葬的话，大家担心乌鸦和老鹰吃掉您的身体"，庄子反驳说"天葬无非让乌鸦和老鹰吃，土葬无非让蝼蚁吃。你们不给我天葬而给我土葬，无非把尸体从乌鸦老鹰那里夺过来给蝼蚁吃，你们为什么要这样偏心呢！"庄子以无可辩驳的理据，论述了"任何丧葬方式对于死者而言、对于生者而言都没有差别"的认知。

其三，提出重要哲理概念，以层层深入方式论述这一概念的深刻内涵，进而采用这一概念阐述其思想方法和哲学观点。如，"遁天之刑""县解""游心""坐忘"等。并以高度凝练的语言，表达深邃的哲理思想。如，《德充符》有"天刑之，安可解"之句，其深刻意涵是：那种内心桎梏（人类长久以来以人为创设的观念对人们的认知刻下了难以磨灭的烙印）几乎是与生俱来的，恐怕很难解脱。

其四，以精妙的视角，阐述深刻的哲理。例如，《大宗师》有"今大冶铸金，金踊跃曰：'我且必为镆铘！'大冶必以为不祥之金。今一犯人之形而曰：'人耳！人耳！'夫造化者必以为不祥之人。今一以天地为大炉，以造化为大冶，恶乎往而不可哉"之句，其意涵是：如果铸剑工匠在冶炼金属时，金属兴高采烈地说"我要成为宝剑镆铘了"，工匠必定认为这块金属中邪了，否则怎么会说出这么莫名其妙的话来。同样的道理，某人一旦在被化育为"人"的过程中，便兴高采烈地说"我是人，我是人"，造物主也一定会像铸剑工匠一样感到不可理喻。大自然，就是把天地作为铸剑的大熔炉，把造物主作为铸剑的大工匠，我们成为"人"不就是在这样一个铸造过程中而形成的吗？由此可以认识到，人的生命价值，与万物没有本质区别！又如，《齐物论》有"予恶乎知说生之非惑邪！予恶乎知恶死之非弱丧而不知归者邪"之句，其意涵是：人们应当思考"贪生"是不是一种被误导的人生歧途、"怕死"会不会是一种流落他乡找不到归途的人生窘境。如此思考，就会认识到，过于看重生死是没有道理的！再如，《则阳》有"有国于蜗之左角者，曰触氏；有国于蜗之右角者，曰蛮氏。时相与争地而战，伏尸数万，逐北旬有五日而后反"之句，其意涵是：有个国家叫作"触氏国"，这个国家就在蜗牛的左角上；另有个国家叫作"蛮氏国"，这个国家就在蜗牛的右角上。两个国家时常为争地盘而相互交战，时常是出兵不几日便横尸数万兵败而归。站在稍大的视角来看，这样的利益之争，是何其无谓的！

其五，某些人名、地名，实质上是通过这些词语去表达深刻的哲理。如，《大宗师》有"闻诸副墨之子，副墨之子闻诸洛诵之孙，洛诵之孙闻之瞻明，瞻明闻之聂许，聂许闻之需役，需役闻之于讴，于讴闻之玄冥，玄冥闻之参寥，参寥闻之疑始"之句，其深刻意涵是：认识"道"，不能仅从文字传承、口口相传的间接渠道去认知，也不能仅凭耳聪目明的直接渠道去认知，而是要领悟和阐释。要从万物的根本去领悟，要从宇宙无限空间的角度去领悟，要从无限变化的本质中去领悟，要从众人足以信服认同的角度去阐释。

其六，阐述与老子《道德经》相近思想内涵的内容时，会采用与《道德经》相关内容相近的语句。如，《应帝王》"至人之用心若镜，不将不迎，应而不藏，故能胜物而不伤"之句与《道德经》第七十三章有"天之道，不争而善胜，不言而善应，不召而自来"之论述，有相近的意涵，亦有相近的表述文字。

其七，对于同一人物，尧、舜、孔子、惠施等，在不同篇目中，其言行所代表的哲学观点并不一致，对此要准确区分，不可一概而论。《庄子》只是借用他人的口吻，来表达自己的观点，基本上与这些人物的观点无涉。如，在一些篇目中，孔子所表达的言论，代表了《庄子》所持的哲学观点；而在其他篇目中，孔子所表达的言论，正是《庄子》所要批驳的哲学观点。

其八，清代王先谦所撰之《庄子集解》①，对于各语句所表达的哲学意涵，搜集整理了历代名家不同的理解。如，关于"齐物论"之篇名，《庄子集解》释为：天下之物之言，皆可齐一视之，不必致辩，守道而已。苏舆云："天下之至纷，莫如物论。是非太明，足以累心。故视天下之言，如天籁之旋怒旋已，如觳音之自然，而一无与于我。然后忘彼是，浑成毁，平尊隶，均物我，外形骸，遗生死，求其真宰，照以本明，游心于无穷。皆庄生最微之思理。"

由此可见，《庄子集解》的注释，对于理解《庄子》的哲理思想，有重要启示作用。

读懂《庄子》，还要了解庄子的语文表达方式。

其一，《庄子》偏爱形象表达。《庄子》与《道德经》相比，从表达方式来看，老子更为注重字义词义的准确性，而庄子则更为注重用字用词的形象性。例如，"夫尧既已黥汝以仁义，而劓汝以是非矣。汝将何以游夫遥荡恣睢转徙之涂乎?"（《大宗师》），采用古代肉刑"黥""劓"的用语，既形象地表达了"深深地灌输人为观念"之义，也明确地表达对于所谓圣贤的"仁

① 本书各章节在引用《庄子》原文之后，同步引用《庄子集解》。《庄子集解》，为《庄子》解义释本，至今仍是一部解读《庄子》的优良注本，王先谦撰写。王先谦，字益吾，人称葵园先生。清末民初教育家、史学家、经学家。《庄子集解》吸收了向秀、郭象、司马彪、李颐等人的认识，还摘录了郭庆藩《庄子集释》中的相关内容。《庄子集解》在吸收前人认识的基础上，提出了自己对《庄子》的理解，引导读者按其注释来理解《庄子》思想。该书在引证方面，也根据自己对原文的理解，较精练地进行引证，并对字句进行补证。《庄子集解》，还对《庄子》文字及词语的训诂做了简明而精当的阐释。

义""是非"观念的否定态度。对于此类用语，不宜采用直译方式释译，而应采用意译方式进行释解。

其二，《庄子》有若干典型句式。如"庸讵……邪？""恶乎……？"等。

其三，《庄子》中采用的时人特殊用语、其时的方言用语，如"扶摇羊角""迷阳"等。

其四，对于同一词语，在不同情形下，其内涵不尽相同。但根据《庄子》总体的哲学思想以及上下文的联系，不难读懂其不同。如，"物"，有时指代的是"万物"（包含"人"），有时指代"物"（不包含"人"），有时则指代"人"（不包含其他"物"）。对于这些词语，不宜过于刻板地释译其含义，而应根据上下文的语义灵活地释译其意涵。

其五，某些词语，现代汉语中亦保存，但含义完全不同。如，"养生"，应理解为"如何使生命自然而然地养成完成"之义，不能理解为现代语义的"保健养生"。

其六，要读懂和理解《庄子》，就要重视上下文的有机衔接。有些段落，上下文之间似乎缺乏联系，实质上是省略了必要的衔接语句。在释译过程中，不妨合理地增益一些衔接文字，就能够更准确地理解原文所要表达的意涵。

其七，《庄子集解》中，对于各字词的含义，作了较为精细、准确的释义。对于理解相关语句的语义，有重要的参考作用。

本书基于"逻辑合理"的原则，得出了若干新的认识，而不拘泥于传统的解读。例如，对"吾生也有涯，而知也无涯。以有涯随无涯，殆已！已而为知者，殆而已矣"的解读，本书作者认为，较为合理的断句应为："吾生也，有涯；而知也，无涯。以有涯随无涯。殆已，已而为知者！殆而已矣，……"其意涵是"人的生命是有限的，而人生过程各种相关知识却是无法穷尽的。因此，有限人生，必然伴随着无法穷尽的人生知识，这是一个永恒的问题。希望通过掌握人生相关知识，去完善人生过程，是根本不可能做到的。明知不可行，却偏要去这样做，其人生必然是无谓的"，这样解读更为合乎庄子的哲学思想。

本书以《庄子》的思维方法和哲理论述了其对生态文明的启示。要理解

《庄子》的现实价值，可借鉴的只是庄子的思想方法，而不是其具体认识。例如，《庄子》中的"自然"，其含义是"自然而然"，并非当今语言环境中所指称的"大自然"，所以，不能简单地把庄子的"'自然'观"理解为"自然观"①；再如，《庄子》关于各种动物、植物的论述，只是其寓言故事拟人化的表达，所以，不能简单地将之理解为庄子的"生态观"。要从《庄子》中获得生态文明启示，应主要借鉴庄子的非同一般的认识事物视角、充满逻辑合理性的思维方法，转而运用于现实中所讨论的生态环境问题。本书作者即从这一角度认识《庄子》的生态文明启示，借鉴庄子认识世界、认识事物、认识人类的视角和思维方式，去认识人类与自然生态系统、与自然生态系统中的其他物种的关系，进而获得对人类确定合理行为的启示。兹将本书的生态文明启示列举若干。

1. "鲲鹏"寓言的生态文明启示是：人类之于自然生态系统，犹如小鸟之于大鹏、朝菌之于大椿，无论其空间规模还是生命周期，都无法与之相比，无法认识其功能和运行规律。因此，人类中心主义的思维是不可取的。

2. "越俎代庖"寓言的生态文明启示是：自然生态系统中的各个组成部分，有其自身的机制。人类自作主张地代行其职能，不仅是无效的，反而可能适得其反，在未来阶段或未知领域给人类自身带来难以弥补的影响。

3. "樗树无用"寓言的生态文明启示是：深刻认识自然生态系统的思想，就像长在广袤旷野的大树，有自由自在、随心所欲的人们依傍，其认识不会因有用而遭受割裂，也不会去妨碍以为无用的人们。

4. "天籁"之说的生态文明启示是：自然生态系统的生态功能，

---

① 《庄子》书中并没有相当于今日之"大自然"的对应语，但确有大量对于自然界和自然物的观察、描写和寄怀。参见：刘笑敢. 析论《庄子》书中的两种"自然"：从历史到当代 [J]. 哲学动态，2019（12）：39-45.

是自然生态系统依靠自身内在维持稳定平衡的机理而实现的，不需要也不可能依靠人类去实现其系统稳定性平衡性，去实现其生态功能。

5. "以明"之说的生态文明启示是：树立生态文明理念，并非人类的"生态文明观"与"工业文明观"的是非之争。与其进行价值之争，不如回归到自然生态系统的整体性这个逻辑起点去认识。

6. "葆光"之说的生态文明启示是：自然生态系统，有其自身的"源泉"，有其自身运行准则。只要自然生态系统是完好的，那么，它就能够为人类的生存发展提供完备的功用，人类也就可以永续传承。

7. "悦生恶死"之说的生态文明启示是：工业文明的价值观和认识论，引导人类社会走上"贪图增长忧惧衰退"的发展歧途和发展窘境。

8. "罔两问景"寓言的生态文明启示是：自然生态环境受到破坏，是很难穷究生态破坏行为的终极责任者。人类的各种经济活动，都会通过层层传递的方式，最终传递到生态行为。所以，人类全体对于生态环境的破坏都负有责任。

9. "以有涯随无涯。殆已"之说的生态文明启示是：试图通过掌握完备的自然知识，去完善人类过程，根本不可能做到。唯有"尊重自然、顺应自然"。

10. "庖丁解牛"的生态文明启示是：面对"生态环境不可持续"问题，最有效的方法是认识生态系统的内在机理，而后认知实现解决问题的合理路径，依靠强力或技巧不是有效的手段。

11. "迁令劝成殆事"之说的生态文明启示是：自然生态系统中的事物，不宜过多施加人为影响。人类自以为高明地去改造自然的行为，往往是导致生态风险的肇因。

12. "螳臂当车"寓言的生态文明启示是："人定胜天"思维、"改造自然"思维，与"螳臂当车"思维是一样的。人类以自身力量去侵扰自然，其结果无改于自然系统，而是给自身赖以生存传承的生态环境条件带来难以逆转的危害。

13. "无用大用"之说的生态文明启示是：自然界的人类、动物、植物、微生物以及各种非生物，都是自然生态系统的组成部分，都在自然生态系统中起着作用。不应以对人类在生产生活中是否有用来评判自然万物的价值。

14. "支离疏"寓言的生态文明启示是：大自然赋予了人类各方面的潜能，但是并不要求人类都将其潜能发挥到极致。每个人只需用好极小部分的能力，就能很好地享受生命过程。

15. "无用之用"之说的生态文明启示是：人们趋从"有用"以获益，却不懂得以"无用"以保全。对于高风险技术，采取"无用"态度是保全人类赖以生存传承的自然生态系统的最高方式。

16. "安之若命"之说的生态文明启示是：自然生态系统，有其自身波动，可能给人类带来自然灾害，这是难免的。与其通过改造自然的方式去抵御，还不如坦然面对。应认识到，人类对大自然过多过强的行为，是加剧加频自然灾害发生的根源。

17. "解其桎梏"之说的生态文明启示是："经济至上"这种观念，已经成为工业文明以来人们内心的桎梏，极难改变。树立生态文明理念，就是要彻底改变"经济至上"这种根深蒂固的观念。

18. "人之君子，天之小人"之说的生态文明启示是：站在自然生态系统角度来看，有些为了家国利益而体现的道德行为，可能是以自然生态环境的损耗为手段而实现的。可见，有些社会意义上的道德，往往是生态意义上的不道德。

19. "一以己为马，一以己为牛"之说的生态文明启示是：在自然生态系统之中，人类应当站在与自然界所有物种平等的视角来思考自身行为准则。在"物种平等"的角下，才能摒弃各种无谓损耗自然资源、损耗自然生态环境的分外需求。

20. "浑沌之死"寓言的生态文明启示是：人类不要根据自身意

愿想当然地干预自然万物，否则，最终必然伤害自然生态系统及其组成部分。

这些"生态文明启示"，是借鉴《庄子》思想方法对生态文明相关问题的引申思考，并不是《庄子》本身已有的认识。

本书的体例是，按照《庄子·内篇》七篇，列为第一章至第七章，此外《庄子·外篇》（选释）、《庄子·杂篇》（选释）列为第八章、第九章。每章根据各篇内容相对独立的段落，分为若干节，各节又由庄子原文、庄子集解①、本节的新认识和新释译、本节的生态文明启示等部分构成。

---

① 　作者说明：《庄子》存在各种版本，各种版本中，部分语句的断句、用字存在一定的差异。这些断句、用字方面的差异，反映了各版本辑录者对于《庄子》各章节意涵、各语句意涵以及上下文之间逻辑关系的不同理解。各部古代经典传承过程中都普遍存在这一现象，且不可避免。具体到本书中，"《庄子》原文"各章节各段落的断句、用字，是本书作者根据自身认识所作的校订；"庄子集解"各章节各段落的断句、用字，则是清人王先谦所作的校订，反映的是王先谦的认知。因此，本书中"《庄子》原文"与"庄子集解"对应的章节段落，存在些许差异。对此，不应强求一致。尤其，《庄子集解》是基于繁体字文本对相关词语做出的释义，如果勉强将之转化为相应的简体字或通用字，那么，相关释义就有可能造成"不知所云"的观感。所以，本书对于《庄子集解》的断句、用字，倾向于保留原样，以免造成勉强统一而影响阅读的问题。这样的处理方式，不会影响读者对于本书核心内容"新认识与新释译"和"生态文明启示"的认识和理解。特此说明。

第一章

逍遥游

第一节

【原文】

北冥有鱼，其名为鲲。鲲之大，不知其几千里也。化而为鸟，其名为鹏。鹏之背，不知其几千里也；怒而飞，其翼若垂天之云。是鸟也，海运则将徙于南冥。南冥者，天池也。《齐谐》者，志怪者也。《谐》之言曰："鹏之徙于南冥也，水击三千里，抟扶摇而上者九万里，去以六月息者也。"野马也，尘埃也，生物之以息相吹也。天之苍苍，其正色邪？其远而无所至极邪？其视下也亦若是，则已矣。且夫水之积也不厚，则其负大舟也无力。覆杯水于坳堂之上，则芥为之舟，置杯焉则胶，水浅而舟大也。风之积也不厚，则其负大翼也无力。故九万里则风斯在下矣，而后乃今培风；背负青天而莫之夭阏者，而后乃今将图南。

蜩与学鸠笑之曰："我决起而飞，枪榆、枋，时则不至而控于地而已矣，奚以之九万里而南为？"适莽苍者三飧而反，腹犹果然；适百里者宿舂粮；适千里者三月聚粮。之二虫又何知？

小知不及大知，小年不及大年。奚以知其然也？朝菌不知晦朔，蟪蛄不知春秋，此小年也。楚之南有冥灵者，以五百岁为春，五百岁为秋；上古有大椿者，以八千岁为春，八千岁为秋。而彭祖乃今以久特闻，众人匹之，不亦悲乎！

汤之问棘也是已。穷发之北，有冥海者，天池也。有鱼焉，其广数千里，未有知其修者，其名为鲲。有鸟焉，其名为鹏，背若泰山，翼若垂天之云，抟扶摇羊角而上者九万里，绝云气，负青天，然后图南，且适南冥也。斥鷃笑之曰："彼且奚适也？我腾跃而上，不过数仞而下，翱翔蓬蒿之间，此亦飞之至也，而彼且奚适也？"此小大之辨也。

【庄子集解】①

逍遥游。言逍遥乎物外，任天而游无穷也。

北冥有鱼，释文："本一作溟，北海也。"其名为鲲。释鱼："鲲，鱼子。"方以智云："鲲本小鱼、庄子用为大鱼之名。"鲲之大，不知其几千里也。化而为鸟，其名

---

① "庄子集解"中引证学者众多，本书作者将之梳理于此，以便读者对照。主要包括："郭"，即郭象，字子玄，洛阳人，西晋玄学家，今人所见之《庄子》为郭象删订而流传下来的；"向"，即向秀，字子期，怀县人，魏晋时期文学家，竹林七贤之一，郭象承其《庄子注》余绪，完成对《庄子》的注释；"李"，即李颐，字景真，颍川人，晋丞相参军，撰有《庄子集解》三十卷；"宣"，即宣颖，字茂公，句曲人，清代中前期学者，撰有《南华经解》，深契《庄子》文心哲思；"成"，即成玄英，字子实，灵宝县人，唐代道家学者，撰有《庄子疏》；"司马"，即司马彪，字绍统，温县人，晋宗室、史学家，著有《庄子注》；"崔"，即崔譔，清河人，东晋学者，以注《庄子》著称，无书传世，注文在唐代陆德明《经典释文》中有保存；"简文"，即简文帝司马昱，东晋第八位皇帝，史称"清虚寡欲，尤善玄言"；"支遁"，字道林，陈留人，东晋高僧、文学家，撰有《逍遥论》；"陆"，即"陆德明"，名元朗，字德明，吴县人。唐代经学家，训诂学家，"秦王府十八学士"之一，撰有《经典释文》；"夏侯湛"，字孝若，谯郡人，西晋文学家；"王念孙"，字怀祖，自号石臞，高邮人，清代语言学家，撰有《庄子杂志》；"王引之"，字伯申，号曼卿，高邮人，王念孙长子，清代学者，撰有《经义述闻》；"方以智"，字密之，出家后改名大智，字无可，人称药地和尚，桐城人，明代思想家、哲学家，撰有《药地炮庄》；"俞"，即俞樾，字荫甫，自号曲园居士，德清县人，清末经学家、古文字学家；"郭嵩焘"，学名先杞，后改名嵩焘，字筠仙，别号玉池山农、玉池老人，湘阴人，晚清官员，湘军创建者之一，中国首位驻外使节，撰有《庄子札记》；"郭庆藩"，原名立埙，字孟纯，湘阴人，郭嵩焘世侄，撰有《庄子集释》；"卢文弨"，字召弓，号矶渔，人称抱经先生，仁和人，清翰林院侍读学士，撰有《庄子音义考证》；"苏舆"，字嘉瑞，号厚庵，平江县人，从王先谦受学；"王夫之"，字而农，号姜斋，人称船山先生，衡阳县人，明末清初思想家，撰有《庄子解》；"姚鼐"，字姬传，一字梦谷，人称惜抱先生，桐城人，清代散文家，桐城派三祖之一，撰有《庄子章义》；"李桢"，清代人，撰有《庄子注》，其他资料不详。

为鹏。鹏之背，不知其几千里也；怒而飞，其翼若垂天之云。是鸟也，海运则将徙于南冥。玉篇："运，行也。"案：行于海上，故曰"海运"。下云"水击"，是也。**南冥者，天池也。**成玄英云："大海洪川，原夫造化，非人所作，故曰天池。"案：言物之大者，任天而游。**《齐谐》者，志怪者也。**司马彪云："齐谐，人姓名。"简文云："书名。"**《谐》之言曰："鹏之徙于南冥也，水击三千里，**崔譔云："将飞举翼，击水踉跄。"**抟扶摇而上者九万里，**崔云："抟翼徘徊而上。"尔雅："扶摇谓之飚。"郭注："暴风从下上。"**去以六月息者也。"**成云："六月，半岁，至天池而息。"引齐谐一证。**野马也，**司马云："野马，春月泽中游气也。"成云："青春之时，阳气发动，遥望薮泽，犹如奔马，故谓之野马。"**尘埃也，**成云："扬土曰尘。尘之细者曰埃。"**生物之以息相吹也。**成云："天地之间，生物气息，更相吹动。"案汉书扬雄传注："息，出入气也。"言物之微者，亦任天而游。入此义，见物无大小，皆任天而动。"鹏"下不言，于此点出。**天之苍苍，其正色邪？其远而无所至极邪？其视下也亦若是，则已矣。**其，谓鹏。是，谓人视天。鸟在九万里上，率数约略如此，故曰"则已矣"，非谓遂止也。借人视天谕鹏视下，极言抟上之高。**且夫水之积也不厚，则其负大舟也无力。覆杯水于坳堂之上，**支遁云："谓堂有坳垤形也。"**则芥为之舟，**李颐云："芥，小草。"**置杯焉则胶，**崔云："著地。"**水浅而舟大也。风之积也不厚，则其负大翼也无力。故九万里则风斯在下矣，而后乃今培风；**王念孙曰："培，冯也。周礼冯相氏注：'冯，乘也。'鹏在风上，故言冯。培、冯声近义通。汉书周缭传，缭封鄛城侯，颜注：'吕忱鄛音陪，楚汉春秋作冯城侯。'是培、冯音近之证。"**背负青天而莫之夭阏者，**司马云："夭，折也。阏，止也。言无有折止使不行者。"**而后乃今将图南。**谋向南行。借水喻风，唯力厚，故能负而行，明物非以息相吹不能游也。

　　蜩与学鸠笑之曰：释文："学，本又作鷽。本或作鸒，音预。司马云：'学鸠，小鸠。'"俞樾云："文选江淹诗'鷽斯高下飞'，李注引庄子此文说之。又引司马云：'鷽鸠，小鸟。'是司马注作鷽，不作鸒。"**"我决起而飞，**李云："决，疾貌。"**枪榆、枋，**支云："枪，突也。"李云："犹集也。"榆、枋，二木名。枋，音方，李云："檀木。"**时则不至而控于地而已矣，**王念孙云："则，犹或也。"司马云："控，投也。"**奚以之九万里而南为？"**借蜩、鸠之笑，为惠施写照。**适莽苍者三飧而反，**释文："苍，七荡反，或如字。崔云：'草野之色。'"三飧，犹言竟日。**腹犹果然；适百里者宿舂粮；**隔宿捃米储食。**适千里者三月聚粮。**之二虫谓蜩、鸠。**又何知？**借人为二虫设喻。

　　小知不及大知，释文："音智，本亦作智。下大知同。"**小年不及大年。**上语明显，设喻骈列，以掩其迹。**奚以知其然也？朝菌不知晦朔，**列子汤问篇："朽壤之上，有菌芝者，生于朝，死于晦。"晦谓夜。释文："朔，旦也。"**惠蛄不知春秋，此小年也。**释文："惠，本作蟪。司马云：'惠蛄，寒蝉也，一名蜋蟧，春生夏死，夏生秋死。'"**楚之南有冥灵者，以五百岁为春，五百岁为秋；上古有大椿者，以八千岁为春，八千岁为秋。**"楚之南"下，全引列子汤问篇。"楚"，彼作"荆"。**而彭祖乃今以久特闻，**李云："彭祖，名铿，尧臣，封彭城，历虞、夏至商，年七百岁，故以久寿见闻。"**众人匹之，**言寿者必举彭祖为比。**不亦悲乎！**此段从"小年"句演出。

　　汤之问棘也是已。汤问篇"殷汤问于夏革"，张湛注："汤大夫。"棘、革古同声通用。**穷发之北，有冥海者，天池也。有鱼焉，其广数千里，未有知其修者，其名为鲲。有鸟焉，其名为鹏，背若泰山，翼若垂天之云，**汤问篇："终发北之北，有溟海者，天池也。有鱼焉，其广数千里，其长称焉，其名为鲲。有鸟焉，其名为鹏，翼若垂天之云，其体称焉。"按：列子不言鲲化为鹏。又此下至"而彼且奚适也"，皆列子所无，而其文若相属为义。漆园引古，在有意无意之间，所谓"洸洋自恣以适己"者，此类是也。**抟扶摇羊角而上者九万里，**司马云："风曲上行若羊角。"**绝云气，负青天，然后图南，且适南冥也。**引汤问再证。**斥鷃笑之曰：**司马云："斥，小泽。鷃，鷃雀也。斥，本作尺。"古字通。夏侯湛抵疑："尺鷃不能陵桑榆"文选七启注："鷃雀飞不过一尺，言其劣弱也。"案：雀飞何止一尺？下文明言"数仞"矣。**"彼且奚适也？**彼，鹏。**我腾跃而上，不过数仞而下，翱翔蓬蒿之间，此亦飞之至也。而彼且奚适也？"**又借斥鷃之笑，为惠施写照。**此小大之辨也。**点明。

【新认识与新释译】

　　"北冥有鱼，其名为鲲。鲲之大，不知其几千里也；化而为鸟，其名为鹏。鹏之背，不知其几千里也。怒而飞，其翼若垂天之云。是鸟也，海运则将徙于南冥。南冥者，天池也"的意涵是①：北海有一种名为"鲲"的鱼，身

---

① 本书对相关字、词，《庄子集解》中已经做出阐释的，不再重复阐释。本书对相关论述的释译，结合上下文的语义，少量增益了个别语句，加括号表示，以便于更好地理解原文所表达的意涵。特此说明，下同。

体极庞大，大到数千里。鲲化变成鸟，名为"鹏"，鹏的脊背，同样大到数千里。当大鹏振翅而飞时，翅膀就像天边巨大的云团。大鹏在沧海巨变之时则要迁徙到南海，那里有一个（适合它再次化变为鲲鱼）的天然湖泊。

"鹏之徙于南冥也，水击三千里，抟扶摇而上者九万里，去以六月息者也。野马也，尘埃也，生物之以息相吹也。天之苍苍，其正色邪？其远而无所至极邪？其视下也亦若是，则已矣"的意涵是①：大鹏向南海迁徙时，激起三千里大浪，大浪的涡漩将其送上九万里高空，乘着六个月不停息的飓风而远去。大地上，弥漫着由飓风卷起的尘埃（如野马奔驰尘土飞扬一般），大地上的各种生物都被飓风激起在空中飘荡。天色苍茫，分不清是原本的颜色，还是远去飓风而导致的颜色。大鹏在高空俯视下界也如同下界视天一般，只见苍茫一片，难辨原本。

"且夫水之积也不厚，则其负大舟也无力。覆杯水于坳堂之上，则芥为之舟；置杯焉则胶，水浅而舟大也。风之积也不厚，则其负大翼也无力。故九万里，则风斯在下矣，而后乃今培风；背负青天而莫之夭阏者，而后乃今将图南"的意涵是②：（江河湖泊之中水的深度是决定行船承载大小的关键），如果水的深度不够，就没有足够浮力来承载大船。把一杯水倒入地上的小坑，可以漂起一根草这种规模的小小船，如果把杯子放上去就会搁浅，这是由于水浅而船大的原因。（同样的道理，风的速度是决定物体能否在空中飘起的关键），如果风速不够大，那么它就没有足够大的风力承载起大鹏巨大的翅膀。因此，要飞上九万里的高空，飓风必须在它下面托起，然后才可凭借巨大风力飞翔，背向着青天，势不可当地奔向南海。

"蜩与学鸠笑之曰：'我决起而飞，枪榆枋而止，时则不至而控于地而已矣，奚以之九万里而南为？'适莽苍者三飡而反，腹犹果然；适百里者，宿舂粮；适千里者，三月聚粮。之二虫又何知"的意涵是③：两只小鸟讥笑大鹏

---

① "六月息"，本书作者认为，可理解为"六个月方才停息"，即"六个月都不停息"之义；"野马"，指"春日野外林泽中的雾气，蒸腾如奔马"。

② "且夫"，即"再论述一层意思"的转折用语；"胶"，即"与地胶着，无法与地分隔"之义；"夭阏"，可理解为"使之折返"之义；"图"，即"图谋"之义。

③ "飡"，《说文解字》释为"哺也"，即周人一日两餐的晚餐。

说："我们奋力一飞，能够冲上榆树、檀树枝头就可以了，即使冲不上去，那就落在地上，何必飞上九万里再去往那么遥远的南海呢?"小鸟无法认识到：要想翻越山岭，带上三天干粮就够了；要想飞到百里以外的地方去，就需要一夜时间准备好足够的干粮；要想飞到千里万里以外的地方，则需要花三个月时间去准备足够的粮食。这两只小鸟囿于其所见所识，怎么能够理解呢!

"小知不及大知，小年不及大年。奚以知其然也? 朝菌不知晦朔，蟪蛄不知春秋，此小年也。楚之南有冥灵者，以五百岁为春，五百岁为秋；上古有大椿者，以八千岁为春，八千岁为秋。而彭祖乃今以久特闻，众人匹之，不亦悲乎"的意涵是①：见识小者无法理解见识大者的行为，寿命短者也无法理解寿命长者的行为。例如，朝菌只有一早上的生命，根本没有经历过日夜的更替，更不可能了解他者对于这种更替的应对行为；蟪蛄，只有一两个月的生命，没有经历过季节的变化，也就不可能理解他者对于季节变化的应对行为。（所以，寿命短者无法理解寿命长者的思维方式和行为方式）。楚国南部有一种名为冥灵的树，这种树以五百年为一春季、五百年为一秋季；上古时期有一种名为大椿的树，这种树以八千年为一春季、八千年为一秋季。在这些长寿者面前，人们将以长寿闻名于世活了八百岁的彭祖作为标杆，岂不是很悲哀？（某种程度上，人类也如同朝菌不知晦朔、蟪蛄不知春秋一般缺乏见识。）

"穷发之北，有冥海者，天池也。有鱼焉，其广数千里，未有知其修者，其名为鲲。有鸟焉，其名为鹏。背若泰山，翼若垂天之云，抟扶摇羊角而上者九万里，绝云气，负青天，然后图南，且适南冥也。斥鴳笑之曰：彼且奚适也? 我腾跃而上，不过数仞而下，翱翔蓬蒿之间，此亦飞之至也，而彼且奚适也?"此小大之辨也"的意涵是②：在寸草不生野荒之北极有片大海，就是所谓的天池。天池中有鱼，名为鲲，其直径数千里，其长度难以形容。这里有一个大鸟，名为鹏，脊背似泰山，翅膀似垂于天际的云团，凭借旋风直上九万里高

---

① "晦"，《说文解字》释为"月尽也"；"朔"，《说文解字》释为"月一日始苏也"。另说，"晦""朔"，分别为农历每月的最后一日和每月的最初一日，"晦朔"，即"日夜更替的变化"之义。

② "穷发"，指上古传说中极远的北方地带；"抟"，即"环绕着飞向上空"之义；"扶摇羊角"，指"旋风螺旋向上时如羊角般的形态"，此为时人的形容用语。

空，超越云层，背向青天，然后向南飞往南海。斥鷃不解地说：大鹏想要飞到什么地方去？我们小鸟也能够腾跃而飞，不过飞行数尺便要落下来，从一丛蓬蒿飞向另一丛蓬蒿，就算是我们能够想到的远处。大鹏到底想要飞往何等不同的去处呢？（难以想象！）这就是认识之"小"与认识之"大"的天壤之别。

【生态文明启示】

本节的生态文明启示是：只是站在一个偏狭的时间尺度和空间尺度上去认识事物的话，那么，对于更大层级时间尺度和空间尺度之事物，就会得出极为无知的认知。人类之于自然、之于地球、之于自然生态系统，犹如小鸟之于大鹏、朝菌之于大椿，无论其空间规模还是生命周期，都无法与之相比，无法认识其功能和运行规律。因此，"人类中心主义"的思维是不可取的，绝不可抱持"人定胜天""征服自然""改造自然"之心。

人类必须始终保持对大自然的敬畏，在大自然面前，人类的行为永远是渺小的。即使科学技术高度发达的今天，人类似乎对于大自然能够进行相当程度的改造和利用，人类经济活动也可能给大自然带来损耗。这些改造和损耗，在大自然的时间尺度和空间尺度来看，是微不足道的。地球生态系统，即使遭受了人类活动的严重破坏，在其时间尺度和空间尺度内，也是能够自我修复和调适的；而真正承受这些改造和损耗影响的，只是人类时间尺度和空间程度上的存在物，换言之，真正承受这些改造和损耗影响的，只会是人类自身和人类成员自身。因此，人类社会成员以可持续发展和生态文明理念来约束征服自然、改造自然的行为，其实质是保护人类自身赖以生存和永续传承的环境和条件，而不是保护大自然。

第二节

【原文】

故夫知效一官，行比一乡，德合一君而征一国者，其自视也亦若此矣。

而宋荣子犹然笑之。且举世誉之而不加劝，举世非之而不加沮，定乎内外之分，辨乎荣辱之境，斯已矣。彼其于世，未数数然也。虽然，犹有未树也。夫列子御风而行，泠然善也。旬有五日而后反。彼于致福者，未数数然也。此虽免乎行，犹有所待者也。若夫乘天地之正，而御六气之辩，以游无穷者，彼且恶乎待哉？故曰：至人无己，神人无功，圣人无名。

【庄子集解】

故夫知效一官，行比一乡，李云："比，合也。"德合一君而征一国者，郭庆藩云："而读为能。能、而，古字通用。官、乡、君、国相对，知、行、德、能亦相对。"司马云："征，信也。"其自视也亦若此矣。此谓斥鷃。方说到人，暗指惠施一辈人。而宋荣子犹然笑之。司马、李云："荣子，宋国人。"崔云："贤者。"谓犹以为笑。且举世誉之而不加劝，举世非之而不加沮，郭象云："审自得也。"定乎内外之分，郭云："内我而外物。"辨乎荣辱之境，郭云："荣己而辱人。"斯已矣。成云："荣子智德，止尽于斯。"彼其于世，未数数然也。言不数数见如此者也。虽然，犹有未树也。司马云："树，立也。至德未立。"案：言宋荣子不足慕。夫列子御风而行，成云："列御寇，郑人，与郑缥公同时。"案列子黄帝篇："列子师老商氏，友伯高子，尽二子之道，乘风而归。"下又云："随风东西，犹木叶干壳，竟不知风乘我邪，我乘风乎？"泠然善也。郭云："泠然，轻妙之貌。"旬有五日而后反。彼于致福者，未数数然也。成云："致，得也。得风仙之福。"案：言得此福者，亦不数数见也。此虽免乎行，犹有所待者也。难免步行，犹必待风。列子亦不足慕。若夫乘天地之正，而御六气之辩，司马云："六气，阴、阳、风、雨、晦、明。"郭庆藩云："辩读为变，与正对文。辩、变古字通。"以游无穷者，彼且恶乎待哉！无所待而游于无穷，方是逍遥游一篇纲要。故曰：至人无己，神人无功，圣人无名。释文："己音纪。"成云："至言其体，神言其用，圣言其名，其实一也。"案：不立功名，不以己与，故为独绝。此庄子自为说法，下又列四事以明之。

【新认识与新释译】

"故夫知效一官，行比一乡，德合一君而征一国者，其自视也亦若此矣。而宋荣子犹然笑之。且举世誉之而不加劝，举世非之而不加沮，定乎内外之分，辨乎荣辱之境，斯已矣。彼其于世，未数数然也。虽然，犹有未树也。夫列子御风而行，泠然善也。旬有五日而后反。彼于致福者，未数数然也。此虽免乎行，犹有所待者也。若夫乘天地之正，而御六气之辨，以游无穷者，彼且恶乎待哉？故曰：至人无己，神人无功，圣人无名"的意涵是①：某些才德之人，其才识足以胜任一官职，其行为足以为一乡人做表率，德行足以达成国君要求，能力足以取信一国民众，他们自己也是以这样的标准来修养的。宋荣子，对此不以为然。宋荣子之才德体现为超脱：全天下都赞颂，也不因之更加奋进；全天下都责难，也不因之而沮丧；严守自我与外物之间的分别，辨识荣与辱的界限；对于世人历数的好评并不放在心上。即便像宋荣子那样超脱，仍然未能达到至德的境界。列子，能够乘风轻妙而行，无论多远十天半月即可往返，对于那些通过做好事善事以求多福的行为，从不在意。列子这样超脱，也未能达到至德的境界，虽然他避免了许多无谓的劳作，仍有所依凭。如果能够顺应天地万物本性，因循天候变化，遨游于无尽世界，那么还需要什么依凭呢！所以说，至德的境界就是：忘我、忘功、忘名。

关于"功""名"，《道德经》第五十七章"以正治国，以奇用兵，以无事取天下。吾何以知其然哉？以此：天下多忌讳，而民弥贫；人多利器，国家滋昏；人多伎巧，奇物滋起；法令滋彰，盗贼多有。故圣人云：我无为，而民自化；我好静，而民自正；我无事，而民自富；我无欲，而民自朴"。其意涵是：治国，当以常态、稳态为要，不可出"奇谋"以治国；用兵，则不得不用非常之策；统治，当以"无事"为常态，烽烟之事，只可用于不得已之时。如果统治者总有各种各样的要求，那么被统治的民众则无所适从；如

---

① "宋荣子"，即"宋钘"，约周烈王六年至周赧王二十四年间在世，与齐宣王（田辟疆）同时，曾游稷下，倡"接万物以别宥为始""情欲寡""见侮不辱"说。《庄子·天下》论及宋钘"不累于俗，不饰于物，不苟于人，不忮于众""见侮不辱，救民之斗，禁攻寝兵，救世之战"，《韩非子·显学》有"宋荣子之议，设不斗争，取不随仇。不羞囹圄，见侮不辱"之记述；"劝"，《说文解字》释为"勉也"；"辨"，《说文解字》释为"判也"；"泠然"，本书作者认为，字面理解应为"清凉舒适"之义；"数"，《说文解字》释为"计也"，本书作者认为，此处可理解为"判定善恶的条文准则"之义。"数数"，即"汲汲计较社会评价"之义；"恶乎……"，可理解为"难道还需要……"之义；"游"，《说文解字》释为"旌旗之流也"，即"旌旗末端的流苏"，本书作者认为，《庄子》之中的"游"，应理解为"思维或行动中自由自在却不偏离本心"之义。

果民众不得不预备好出征的武器，那么意味着国家已经陷入混乱境况；如果社会风气追求各种机巧之术，那么，就会出现各种闻所未闻的怪诞之事；如果法令过于苛刻严厉，那么将民不聊生而盗贼蜂起。统治者不生"教化民众"之念，则民众自然有序；如果统治者不滋无端之事，则民众可以常态生活；如果统治者不起"国强民富"之念，则民风自然淳朴。理解《庄子》此段文字，可参考之。

【生态文明启示】

"至人无己，神人无功，圣人无名"的生态文明启示是：无论是个人、群体、国家，作为追求"生态文明"的主体，在其行为中，也应推行与"忘我、忘功、忘名"相类似的行为理念。比如，在解决民众的温饱问题和基本发展之后，不过分追求体现为物质产品数量增长的"经济增长"；不过分追求体现为物质财富占有和使用的"富强"；不过分追求体现为物质产品更新换代的"技术进步"；不追求以经济高速增长追赶富裕国家的"显赫地位"、也不追求以拉大与他国贫富差距或损害他国利益为手段获取的"竞争优位"；不追求以牺牲民族文化、环境破坏、以邻为壑等为代价的"经济繁荣"。

第三节

【原文】

尧让天下于许由，曰："日月出矣，而爝火不息，其于光也，不亦难乎！时雨降矣，而犹浸灌，其于泽也，不亦劳乎！夫子立而天下治，而我犹尸之，吾自视缺然，请致天下。"许由曰："子治天下，天下既已治也；而我犹代子，吾将为名乎？名者，实之宾也，吾将为宾乎？鹪鹩巢于深林，不过一枝；偃鼠饮河，不过满腹。归休乎君！予无所用天下为。庖人虽不治庖，尸祝不越樽俎而代之矣。"

【庄子集解】

尧让天下于许由，司马云："颖川阳城人。"曰："日月出矣，而爝火不息，字林："爝，炬火也。"其于光也，不亦难乎！时雨降矣，而犹浸灌，其于泽也，不亦劳乎！夫子立而天下治，而我犹尸之，成云："尸，主也。"吾自视缺然，请致天下。"许由曰："子治天下，天下既已治也。而我犹代子，吾将为名乎？名者，实之宾也，吾将为宾乎？鹪鹩巢于深林，不过一枝；李云："鹪鹩，小鸟。"郭璞云："桃雀。"偃鼠饮河，不过满腹。李颐云："偃鼠，鼹鼠也。"李桢云："偃，或作鼹，俗作鼹。"本草陶注："一名鼢鼠，常穿耕地中行，讨掘即得。"说文"鼢"下云："地行鼠，伯劳所化也。"李说误。归休乎君！予无所用天下为。庖人虽不治庖，尸祝不越樽俎而代之矣。"释文："传鬼神言曰祝。"案：引不受天下之许由，为己写照。言非此不能独全其天。

【新认识与新释译】

"子治天下，天下既已治也；而我犹代子，吾将为名乎？名者，实之宾也；吾将为宾乎？鹪鹩巢于深林，不过一枝；偃鼠饮河，不过满腹。归休乎君！予无所用天下为。庖人虽不治庖，尸祝不越樽俎而代之矣"的意涵是①：许由对意图禅让帝位于他的尧帝说：在你治理之下，天下秩序井然。如果我去取代你的位置，那么我是为了图名吗？"名"是依附于"实"的，难道我要成为一个附属物吗？鹪鹩把巢安在森林中，不过占据一根树枝；偃鼠在河边饮水，不过喝到满腹为止。（由此可见，万物各有各的功能，人各有各的职分。）就好比，在祭祀的场合，即使厨师提供祭品不及时，主祭者也不能替代厨师去做祭品，那样的祭品和祭祀是不起有效作用的。请收回禅让帝位的打算吧！（我不接受这份好意），因为治理天下不是上天赋予我的职能！

《道德经》第七十四章有"夫代司杀者杀，是谓代大匠斫。夫代大匠斫者，希有不伤其手矣"句，大意是：大自然，有自己主宰生杀予夺的机制，无须世人的代替，世人自作主张去代行大自然的功能，不会起到应有的作用，

---

① "尸"，《说文解字》释为"陈也"，此处可理解为"居之"之义。

反而极有可能危及自身。《庄子》此段文字，也在一定程度上有这层含义。

【生态文明启示】

本节的生态文明启示是：在自然生态系统中，人类与各种物种种群、各种生态环境，都发挥着各自不同的生态功能，而这些各不相同的功能，是无所谓谁重要谁次要的，都是自然生态系统的必要组成，都是不可或缺、不可替代的。

"予无所用天下为"的生态文明启示是：人类的经济社会活动，只是服从于人类的需要，而不可要求自然生态系统中的一切事物都去服从于人类的需要。

"庖人虽不治庖，尸祝不越樽俎而代之矣"的生态文明启示是：自然生态系统中的各个组成部分，有其自身的机制。人类自作主张地代行其职能，不仅是无效的，反而可能适得其反，在未来阶段或未知领域给人类自身带来难以补救的影响。

第四节

【原文】

肩吾问于连叔曰："吾闻言于接舆，大而无当，往而不反。吾惊怖其言，犹河汉而无极也，大有径庭，不近人情焉。"连叔曰："其言谓何哉？"曰："藐姑射之山，有神人居焉，肌肤若冰雪，淖约若处子，不食五谷，吸风饮露。乘云气，御飞龙，而游乎四海之外。其神凝，使物不疵疠而年谷熟。吾是以狂而不信也。"连叔曰："然。瞽者无以与乎文章之观，聋者无以与乎钟鼓之声。岂惟形骸有聋盲哉？夫知亦有之。是其言也，犹时女也。之人也，之德也，将磅礴万物，以为一世蕲乎乱，孰弊弊焉以天下为事！之人也，物莫之伤，大浸稽天而不溺，大旱、金石流、土山焦而不热。是其尘垢秕糠，将犹陶铸尧、舜者也，孰肯以物为事！宋人资章甫适诸越，越人短发文身，无所用之。尧治天下之民，平海内之政，往见四子藐姑射之山，汾水之阳，窅然丧其天下焉。"

【庄子集解】

肩吾问于连叔成云："并古之怀道者。"曰："吾闻言于接舆，释文："皇甫谧云：'接舆躬耕，楚王遣使以黄金百镒、车二驷聘之，不应。'"大而无当，释文："丁浪反。"案：当，底也。往而不反。吾惊怖其言，犹河汉而无极也，成云："犹上天河汉，迢递清高，寻其源流，略无穷极。"大有径庭，宣颖云："径，门外路；庭，堂外地。大有，谓相远之甚。"不近人情焉。"连叔曰："其言谓何哉？"曰："藐姑射之山，释文："藐音邈，简文云：'远也。'姑射，山名，在北海中。"有神人居焉，肌肤若冰雪，淖约若处子，李云："淖约，好貌。"释文："处子，在室女。"不食五谷，吸风饮露。乘云气，御飞龙，而游乎四海之外。"乘云气"三句，又见齐物论篇，"御飞龙"作"骑日月"。其神凝，三字喫紧。非游物外者，不能凝于神。使物不疵疠而年谷熟。司马云："疵，毁也。"疠音癞，恶病。列子黄帝篇："姑射山在海中。山上有神人焉，吸风饮露，不食五谷，心如渊泉，形如处女。不施不惠，而物自足，不聚不敛，而己无愆。阴阳常调，日月常明，四时常若，风雨常均，字育常时，年谷常丰。而土无札伤，人无夭恶，物无疵疠。"漆园本此为说。吾是以狂而不信也。"狂，李又九况反。案：音读如诳。言以为诳。连叔曰："然。瞽者无以与乎文章之观，聋者无以与乎钟鼓之声。岂惟形骸有聋盲哉？夫知亦有之。是其言也，犹时女也。司马云："犹处女也。"案：时，是也。云是其言也，犹是若处女者也。此人也、此德也云云，极拟议之词。之人也，之德也，将磅礴万物，以为一世蕲乎乱，孰弊弊焉以天下为事！李云："磅礴，犹旁礴。"李桢云："亦作旁魄，广被意也。言其德行广被万物，以为一世求治，岂肯有劳天下之迹！老子曰：'我无为而民自化。'乱，治也。"简文云："弊弊，经营貌。"案：蕲同期。之人也，物莫之伤，大浸稽天而不溺，司马云："稽，至也。"大旱、金石流、土山焦而不热。是其尘垢粃糠，说文"粃"作"秕"。释文："秕糠，犹繁碎。"案：言于烦碎之事物，直以尘垢视之。将犹陶铸尧、舜者也，孰肯以物为事！又引不以天下为事之神人，以明其自全之道。宋人

资章甫适诸越， 李云："资，货也。章甫，殷冠也。以冠为货。" 司马云："诸，于也。"
越人短发文身，无所用之。 为无所用天下设喻。**尧治天下之民，平海内之政，往
见四子藐姑射之山，** 司马、李云："四子，王倪、啮缺、被衣、许由。" 李桢云："四子
本无其人，征名以实之，则凿矣。" **汾水之阳，窅然丧其天下焉。** 汾水之阳，尧都。
宣云："窅然，深远貌。" 案：言尧亦自失其有天下之尊，下此更不足言矣。

【新认识与新释译】

　　"然。瞽者无以与乎文章之观，聋者无以与乎钟鼓之声。岂唯形骸有聋盲
哉？夫知亦有之！是其言也，犹时女也。之人也，之德也，将旁礴万物以为
一，世薪乎乱，孰弊弊焉以天下为事！之人也，物莫之伤：大浸稽天而不溺，
大旱金石流，土山焦而不热。是其尘垢秕糠将犹陶铸尧舜者也，孰肯以物为
事？宋人资章甫而适诸越，越人断发文身，无所用之。尧治天下之民，平海
内之政，往见四子藐姑射之山，汾水之阳，窅然丧其天下焉"① 的意涵是②：
盲人无法感受纹饰的美观，聋人无法听闻钟鼓的声乐。但是，并不只是身体
器官方面才有盲、聋这一类的缺陷。其实，人的心智方面也同样存在不可见、
不可闻的"缺陷"。他们的心智，只见闻于"万物为一之道"方面，有关天
下治乱方面，是不在其见闻范围之内的。他们，任何外物无法触及，洪水滔
天也无法淹溺，天气暴热到金石化水、山土焦化的程度也不会被热到。他们
就是用尘土、污垢、秕糠就能够造出尧舜之类的人物。以他们的视界，怎么
可能把治理天下之类的琐事纳入他们的见闻范围之内呢？这就犹如，宋国人
到越国去贩卖帽子，而越国人断发文身，根本就用不上帽子。又犹如，尧帝
在天下大治、海内政局平稳之后，到汾水之北的藐姑射山见到四位高人，不
知不觉间就忘却了自己的天下。

---

①　本书仅对反映庄子思想观点的相关段落做出释译，与之关联性的背景描述、问话等段
　　落则略过。下同。特此说明。

②　"文"，《说文解字》释为"错画也"，即"纹案"之义；"声"，《说文解字》释为"音
　　也"，即"节奏"之义；"姑射山"，一说非指具体的山，先秦时期"姑"字表达其大
　　之义，"射"取其挺拔之义。以姑射山相称的山，取其广大高耸之义。（李炳海. 姑射
　　山名称的学术误区及其含义考释 [J]. 河北学刊，2016（2）：107-113）；"丧"，《说文
　　解字》释为"亡也"，此处可理解为"忘却"之义；"薪"，即"希求、期待"之义。

【生态文明启示】

本节的生态文明启示是：人类之于自然生态系统，并不需要主动地去认识、去治理，只需要任其形成自身稳态系统、任其发挥系统功能，不要总是怀着"保护自然"的意愿去做些什么。只有达到了那样一种状态：人类并不着意关注自然生态系统，而生态系统功能自然而然地发挥着作用，那就真正进入了生态文明的社会形态。当下人类成员所应当做的就是，将紧盯如何利用自然资源、如何征服自然改造自然之心移出，直到人们不再怀有此心，"维护自然生态系统"这个话题也将不再被人们论及。

第五节

【原文】

惠子谓庄子曰："魏王贻我大瓠之种，我树之成而实五石，以盛水浆，其坚不能自举也。剖之以为瓢，则瓠落无所容。非不呺然大也，吾为其无用而掊之。"庄子曰："夫子固拙于用大矣。宋人有善为不龟手之药者，世世以洴澼絖为事。客闻之，请买其方百金。聚族而谋曰：'我世世为洴澼絖，不过数金；今一朝而鬻技百金，请与之。'客得之，以说吴王。越有难，吴王使之将，冬，与越人水战，大败越人，裂地而封之。能不龟手一也，或以封，或不免于洴澼絖，则所用之异也。今子有五石之瓠，何不虑以为大樽而浮于江湖，而忧其瓠落无所容？则夫子犹有蓬之心也夫！"

【庄子集解】

惠子谓庄子曰：司马云："姓惠名施，为梁相。""**魏王贻我大瓠之种**，瓠，瓜也，即今葫芦瓜。**我树之成而实五石，以盛水浆，其坚不能自举也**。成云："树，植。实，子也。虚脆不坚，故不能自胜举。"**剖之以为瓢，则瓠落无所容**。简文云：

"瓠落，犹廓落也。"成云："平浅不容多物。"**非不呺然大也**，释文："呺，本亦作号。李云：'虚大貌。'"俞樾云："呺，俗字，当作枵，虚也。"**吾为其无用而掊之。"庄子曰："夫子固拙于用大矣。宋人有善为不龟手之药者**，向秀云："龟，拘坼也。"释文："徐音举伦反。"李桢云："此以龟为皲之假借。玄应音义皲下引通俗文：'手足坼裂曰皲，经文或作龟坼。'下引此文为证。"**世世以洴澼絖为事**。成云："洴，浮。澼，漂。絖，絮也。"李云："漂絮水上。"卢文弨云："洴澼，击絮之声。"**客闻之，请买其方百金**。李云："金方寸重一斤为一金。百金，百斤也。"**聚族而谋曰：'我世世为洴澼絖，不过数金；今一朝而鬻技百金，请与之。'客得之，以说吴王。越有难，吴王使之将。冬，与越人水战，大败越人，裂地而封之。能不龟手一也，或以封，或不免于洴澼絖，则所用之异也。今子有五石之瓠，何不虑以为大樽而浮于江湖**，司马云："虑，犹结缀也。樽如酒器，缚之于身，浮于江湖，可以自渡。"案：所谓腰舟。**而忧其瓠落无所容？则夫子犹有蓬之心也夫！"**向云："蓬者，短不畅，曲士之谓。"案：言惠施以有用为无用，不得用之道也。

【新认识与新释译】

"魏王贻我大瓠之种，我树之成，而实五石。以盛水浆，其坚不能自举也。剖之以为瓢，则瓠落无所容。非不呺然大也，吾为其无用而掊之"的意涵是①：（惠子对庄子说：）魏王送给我一粒大葫芦种子，我种成了一个能容纳五石物品的巨大葫芦。可是，用它盛水的话，不够坚硬无法端举；剖开作瓢的话，大而轻飘，很难舀起水来。这种虚大而不实用的东西，留着也没有什么用，不如把它毁弃了。

"夫子固拙于用大矣。宋人有善为不龟手之药者，世世以洴澼絖为事。客闻之，请买其方百金。聚族而谋曰：'我世世为洴澼絖，不过数金，今一朝而鬻技百金，请与之。'客得之，以说吴王。越有难，吴王使之将，冬，与越人水战，大败越人。裂地而封之。能不龟手一也，或以封，或不免于洴澼絖，则所用之异也。今子有五石之瓠，何不虑以为大樽，而浮于江湖，而忧其瓠

---

① "落"，《说文解字》释为"凡草曰零，木曰落"，即"落叶"之义，本书作者认为，此处可理解为"大瓢过于轻飘不易入于水中舀水"。一说，"瓠落"，即廓落，即"大无所容、大而无当"之义；"呺然"，指"空虚巨大的样子"。

落无所容？则夫子犹有蓬之心也夫！"的意涵是①：（庄子回应惠子说：）你实在是不懂得发挥大物的作用。从前，有一个宋国人善于制作防冻裂的药，他们家世代靠此药以漂洗衣服为生。有一回客人听说他善做防冻裂的药，提出用百金买他的药方。宋国人与家人商量说：我们家世代以漂洗衣服为生，不过换回几金的收入，现在卖药方就可获得百金，卖了吧。客人得到药方后去见吴王，适值越国来侵，吴王就派遣他统率军队在冬天与越国军队水战，防冻裂的药发挥了作用。吴国士兵大败越国士兵，为此吴王分封土地奖赏他。同一个防冻裂的药方，有人用之得分封之赏，有人用之得漂洗之利，这就是物尽其用方面的巨大差别。现在你有如此大体量的葫芦，为什么不把它当作巨大的漂浮物，乘坐而飘游于大江大湖呢？你却为大瓢无用而发愁，可见你的心智就像蓬草草籽一样小！

【生态文明启示】

本节的生态文明启示是：人类对于自然生态系统及其组成部分的功能的认识，是极为有限的。人们往往根据有限的认知就判断各种自然物"有用""无用"，轻易地把自认为不重要的自然物损害破坏掉，最终却导致巨大的生态环境损害。这就犹如不懂得大葫芦的巨大用处，轻易将之损毁一样。此外，生态环境学者提出关于为保证"可持续发展"所应遵循的众多原则，其中之一就是：优能优用原则——不要使用高质能去做使用低质能就可以完成的事。这就犹如不去寻求大葫芦的重大作用，却用大葫芦只做简单之用。

第六节

【原文】

惠子曰："吾有大树，人谓之樗。其大本拥肿而不中绳墨，其小枝卷曲而不中规矩，立之涂，匠人不顾。今子之言，大而无用，众所同去也。"庄子

---

① "龟"，即"皲"，此处为"因手受冻伤所起之皲裂"之义。

曰："子独不见狸狌乎？卑身而伏，以候敖者；东西跳梁，不辟高下；中于机辟，死于网罟。今夫斄牛，其大若垂天之云。此能为大矣，而不能执鼠。今子有大树，患其无用，何不树之于无何有之乡，广莫之野，彷徨乎无为其侧，逍遥乎寝卧其下？不夭斤斧，物无害者，无所可用，安所困苦哉！"

【庄子集解】

惠子曰："吾有大树，人谓之樗。其大本拥肿而不中绳墨，其小枝卷曲而不中规矩，立之涂，匠者不顾。今子之言，大而无用，众所同去也。"犹言弃而不取。庄子曰："子独不见狸狌乎？成云："狌，野猫。"卑身而伏，以候敖者；司马云："邀翔之物，鸡鼠之属。"东西跳梁，成云："跳梁，犹走掷。"不辟高下；辟音避。中于机辟，辟，所以陷物。盐铁论刑法篇"辟陷设而当其蹊"，与此同义。亦作"臂"。楚辞哀时命篇："外迫胁于机臂兮。"机臂，即机辟也。玉篇王注，以为弩身。死于网罟。今夫斄牛，司马云："旄牛。"其大若垂天之云。成云："山中远望，如天际之云。"此能为大矣，而不能执鼠。今子有大树，患其无用，何不树之于无何有之乡，广莫之野，简文云："莫，大也。"彷徨乎无为其侧，释文："彷徨，犹翱翔。"逍遥乎寝卧其下？郭庆藩云："逍遥，依说文，当作'消摇'。"又引王叔岷云："消摇者，调畅悦豫之意。"不夭斤斧，物无害者，无所可用，言无处可用之。人间世篇："是不材之木也，无所可用。"又云："予求无所可用久矣。"又山木篇："无所可用。"文意并与此同。安所困苦哉！"又言狸狌之不得其死，斄牛之大而无用，不如樗树之善全，以晓惠施。盖惠施用世，庄子逃世，惠以庄言为无用，不知庄之游于无穷，所谓"大知""小知"之异也。

【新认识与新释译】

"惠子曰：吾有大树，人谓之樗。其大本拥肿而不中绳墨，其小枝卷曲而不中规矩，立之涂，匠人不顾。今子之言大而无用，众所同去也"的意涵是①：惠子对庄子说：有一棵名为樗的大树，树干上下粗细不一，不合木匠墨斗

① "本"，《说文解字》释为"木下曰本"，本义为"树根"，此处应为"树干"之义；"拥肿"，此处可理解为"上下粗细不一"之义。

的墨线；枝干弯曲不直。长在路旁，路过的木匠视而不见。庄子你的高论，就像这棵樗树一样大而无用，大家都不愿意听这样大而无用的高谈阔论。

"庄子曰：子独不见狸狌乎？卑身而伏，以候敖者；东西跳梁，不辟高下；中于机辟，死于罔罟。今夫斄牛，其大若垂天之云。此能为大矣，而不能执鼠。今子有大树，患其无用，何不树之于无何有之乡，广莫之野，彷徨乎无为其侧，逍遥乎寝卧其下。不夭斤斧，物无害者，无所可用，安所困苦哉"的意涵是①：庄子回应惠子说：见过狸猫吗？或者压低身子伏在地上，伺机捕捉来往的猎物，或者时东时西跳来跳去，不避高低。不免触及猎人设置的机关而死于猎人的网罗。见过斄牛吗？身体如天上的云团一般庞大，大而不灵便无法捕捉老鼠以充食物。可见，万物都有其有用无用的适宜情形。现在你有这样一棵大树，却因为它无用而忧虑。为什么不把它栽种在什么也没有的广袤旷野上，自由自在的人们可以在树旁悠游，随心所欲的人们可以躺在树下，大树不因可用而遭砍伐，也不会因无用而妨碍他人。就算你不能发现它的用处，也不必为它感到烦恼！（我的思想，就像长在广袤旷野的大树，有自由自在、随心所欲的人们依傍，思想不会因有用而遭受割裂，也不会去妨碍以为无用的人们。）

【生态文明启示】

本节的生态文明启示是：生态文明思想和理念，并非能够得到所有人群的理解。但是，这一思想和理念是站在自然生态系统的高度，必然被生态友好型人们的认同和接受。这一思想和理念，是整体性的，不能割裂用于某一现实经济追求之中。这一思想和理念对于以经济价值为考量的人们而言，是大而无用的，但它并不会强制性地去改变追求经济价值的人的认识。

再者，在现实中，倡导生态文明理念的人，往往会被追求经济价值的人提出这样一个诘问：难道你们希望人类回到刀耕火种的原始生活？这种诘问就如同惠子对庄子思想的诘问。怎么可以用极为现实的价值判断去评判自然生态系统层面的价值认识呢？！

---

① 此处"何有之乡""广莫之野"寓意"宇宙"，"彷徨""逍遥"寓意"思想自由者"。

第二章

齐物论

第一节

【原文】

南郭子綦隐机而坐，仰天而嘘，荅焉似丧其耦。颜成子游立侍乎前，曰："何居乎？形固可使如槁木，而心固可使如死灰乎？今之隐机者，非昔之隐机者也？"子綦曰："偃，不亦善乎而问之也！今者吾丧我，汝知之乎？汝闻人籁而未闻地籁，汝闻地籁而不闻天籁夫！"

子游曰："敢问其方。"子綦曰："夫大块噫气，其名为风。是唯无作，作则万窍怒呺。而独不闻之翏翏乎？山陵之畏佳，大木百围之窍穴，似鼻，似口，似耳，似枅，似圈，似臼，似洼者，似污者；激者，謞者，叱者，吸者，叫者，譹者，宎者，咬者，前者唱于而随者唱喁。泠风则小和，飘风则大和，厉风济则众窍为虚。而独不见之调调、之刁刁乎？"

子游曰："地籁则众窍是已，人籁则比竹是已，敢问天籁。"子綦曰："夫吹万不同，而使其自已也。咸其自取，怒者其谁邪！"

【庄子集解】

齐物论。天下之物之言，皆可齐一视之，不必致辩，守道而已。苏舆云："天下之至纷，莫如物论。是非太明，足以累心。故视天下之言，如天籁之旋怒旋已，如虊音之自然，而一无与于我。然后忘彼是，浑成毁，平尊隶，均物我，外形骸，遗生死，求其真宰，照以本明，游心于无穷。皆庄生最微之思理。然其为书，辩多而情激，岂真忘是非者哉？不过空存其理而已。

　　南郭子綦隐机而坐，司马云："居南郭，因为号。"释文："隐，冯也。李本机作几。"案：事又见徐无鬼篇，"郭"作"伯"，"机"作"几"。**仰天而嘘，荅焉似丧其耦。**向云："嘘，息也。"释文："荅，解体貌，本又作嗒。耦，本亦作偶。"俞云："偶当读为寓，寄也。即下文所谓'吾丧我'也。"案：徐无鬼篇"嘘"下无此句。**颜成子游立侍乎前，**李云："子綦弟子，姓颜名偃，谥成，字子游。"案：徐无鬼篇作"颜成子入见"。**曰："何居乎？**徐无鬼篇作"夫子物之尤也"。**形固可使如槁木，而心固可使如死灰乎？**《文子·道原篇》引《老子》曰："形若槁木，心若死灰。"《徐无鬼篇》与此二句同，"木"作"骸"。《知北游篇》："形若槁骸，心若死灰。"《庚桑楚篇》亦有二句，"槁骸"作"槁木之枝"。《达生篇》亦云："吾执臂也，若槁木之枝。"是此"槁木"即槁木之枝。槁骸，亦槁枝也。以下异。**今之隐机者，非昔之隐机者也。"子綦曰："偃，不亦善乎而问之也！**而同尔。**今者吾丧我，汝知之乎？汝闻人籁而未闻地籁，汝闻地籁而未闻天籁夫！"**郭云："籁，箫也。"

　　子游曰："敢问其方。"成云："方，术也。"**子綦曰："夫大块噫气，**俞云："块，由或体，大地。"成云："噫而出气。"**其名为风。是唯无作，作则万窍怒呺。而独不闻之翏翏乎？**之，犹其。下同。释文："翏翏，长风声。李本作飂。"**山陵之畏佳，**即嵬崔，犹崔巍。**大木百围之窍穴，似鼻，似口，似耳，似枅，似圈，似臼，似洼者，似污者；**字林云："枅，柱上方木。"成云："圈，兽之阑圈。"宣云："洼，深池。污，窊也。三象身，三象物，二象地，皆状木之窍形。"**激者，謞者，叱者，吸者，叫者，譹者，突者，咬者，**宣云："激如水激声，謞如箭去声；叱出而声粗，吸入而声细；叫高而声扬，譹下而声浊；突深而声留，咬鸣而声清。皆状窍声。"释文："謞音孝。司马云：'譹，哭声。'"案："交交黄鸟"，三家诗作"咬咬"。**前者唱于而随者唱喁。**李云："于、喁，声之相和。"成云："皆风吹树动，前后相随之声。"**泠风则小和，飘风则大和，**李云："泠，小风也。"尔雅："回风为飘。"和，胡卧反。**厉风济则众窍为虚。**向云："厉，烈也。济，止也。"风止则万窍寂然。**而独不见之调调、之刁刁乎？"**郭云："调调、刁刁，皆动摇貌。"

子游曰：“地籁则众窍是已，人籁则比竹是已。以竹相比而吹之。**敢问天籁。**”子綦曰：“**夫吹万不同，而使其自已也，咸其自取，怒者其谁邪！**”宣云：“待风鸣者地籁，而风之使窍自鸣者，即天籁也。引子綦言毕。”案：此文以吹引言。风所吹万有不同，而使之鸣者，仍使其自止也。且每窍各成一声，是鸣者仍皆其自取也。然则万窍怒喝，有使之怒者，而怒者果谁邪！悟其为谁，则众声之鸣皆不能无所待而成形者，更可知矣，又何所谓得丧乎！“怒者其谁”，使人言下自领，下文所谓“真君”也。

【新认识与新释译】

“**形固可使如槁木，而心固可使如死灰乎？**”“**今者吾丧我，汝知之乎？汝闻人籁而未闻地籁，汝闻地籁而未闻天籁夫**”的意涵是①：人的形态可使之如干枯树木一般（不为外在而情绪变化），精神也可使之如死灰一般（不为外在而思绪不已）。这是因为完完全全地忘掉了外在的自我。人的形态和精神，或者被外在所左右，或者受外在影响，或者完全无视外在，这就如同人籁、地籁、天籁的区别，虽然它们都因吹动而作响，但它们作响的原动力却完全不同。

“**夫大块噫气，其名为风。是唯无作，作则万窍怒呺。而独不闻之翏翏乎？山陵之畏佳，大木百围之窍穴，似鼻，似口，似耳，似枅，似圈，似臼，似洼者，似污者。激者、謞者、叱者、吸者、叫者、譹者、宎者、咬者，前者唱于而随者唱喁，泠风则小和，飘风则大和，厉风济则众窍为虚。而独不见之调调、之刁刁乎？**”的意涵是②：大地吐气流动，即“风”。风不吹则已，一旦劲吹就会使大地上的众多空穴发出怒号之音。如，常见在空旷大地呼啸而过的长风。山林树木树枝参差交错，百围大树枝叶交叉形成的洞孔，有的似鼻，有的似口，有的似耳，有的似方孔，有的似环，有的似臼，有的似深池，有的似洼地，有的似浅坑。风吹这些孔洞发出声响，如激愤，如尖叫，如叱骂，如吸吮，如痛哭，如欢笑，如哀鸣，声音接续传播，前呼后应，风小则小和，风大则大和，风止则所有洞孔归于寂静。这就是常见的“地籁”之原理。

“**地籁则众窍是已，人籁则比竹是已，敢问天籁。**”“**夫吹万不同，而使**

---

① “籁”，《说文解字》释为“三孔龠也。大者谓之笙，其中谓之籁，小者谓之箹”，即“三孔管乐器”。

② “和”，《说文解字》释为“相鹰（应）也”，即“以声音相呼应”之义。

其自己也。咸其自取，怒者其谁邪？"的意涵是①："地籁"，实质上就是风吹树木枝叶孔洞而发出的声响；"人籁"，就是人用竹管之孔吹出的乐声；"天籁"，即万物发出不同声响。这些不同的声音并不是外在力量振起的，而是万物自身自然而然振起而形成的，不需要外在的动力去驱动它们。

《道德经》第二十五章有"人法地，地法天，天法道，道法自然"之论述，其含义是：人类顺应大地之法则，大地顺应宇宙之法则，宇宙顺应自然而然之法则。理解《庄子》此段文字，可参考之。

【生态文明启示】

"今者吾丧我，汝知之乎？汝闻人籁而未闻地籁，汝闻地籁而未闻天籁夫"的生态文明启示是：人类成员对于各种需求的追求，应当从人籁、地籁、天籁的区别中得到启示。应当完全出于内在真实的需要，不要受外在追求所影响，更不要受外在追求所左右。如果人类的需求，都完全出于内在需要，那么可以大大减少各种无谓的物质需求，也就可以大大减少对自然资源的无谓消耗和对自然生态环境的无谓损害。

"夫吹万不同，而使其自己也。咸其自取，怒者其谁邪"的生态文明启示是：自然生态系统的生态功能，是自然生态系统依靠自身内在维持稳定平衡的机理而实现的，不需要也不可能依靠人类的建设去实现其系统稳定性、平衡性，去实现其生态功能。人类在经济社会活动中维护自然生态系统，只是尽可能减少给自然生态系统带来扰动，自然生态系统也就不需要强烈变化即可实现内在的稳定平衡，人类赖以生存的环境也就能够得以稳定。

第二节

【原文】

大知闲闲，小知间间；大言炎炎，小言詹詹。其寐也魂交，其觉也形开，

---

① "万"，此处即"万物"之义。

与接为构，日以心斗。缦者，窖者，密者。小恐惴惴，大恐缦缦。其发若机栝，其司是非之谓也；其留如诅盟，其守胜之谓也；其杀如秋冬，以言其日消也；其溺之所为之，不可使复之也；其厌也如缄，以言其老洫也；近死之心，莫使复阳也。喜怒哀乐，虑叹变慹，姚佚启态；乐出虚，蒸成菌。日夜相代乎前，而莫知其所萌。已乎已乎！旦暮得此，其所由以生乎！

非彼无我，非我无所取。是亦近矣，而不知其所为使。必有真宰，而特不得其眹。可形已信，而不见其形，有情而无形。百骸、九窍、六藏，赅而存焉，吾谁与为亲？汝皆说之乎？其有私焉？如是皆有，为臣妾乎，其臣妾不足以相治也。其递相为君臣乎，其有真君存焉。如求得其情与不得，无益损乎其真。一受其成形，不亡以待尽。与物相刃相靡，其行尽如驰，而莫之能止，不亦悲乎！终身役役而不见其成功，苶然疲役而不知其所归，可不哀邪！人谓之不死，奚益？其形化，其心与之然，可不谓大哀乎！人之生也，固若是芒乎？其我独芒，而人亦有不芒者乎！

夫随其成心而师之，谁独且无师乎？奚必知代而心自取者有之？愚者与有焉。未成乎心而有是非，是今日适越而昔至也。是以无有为有。无有为有，虽有神禹，且不能知，吾独且奈何哉！

【庄子集解】

大知闲闲，小知间间；释文："知音智。下同。"成云："闲闲，宽裕也。"俞云："广雅释诂：'閒，覗也。'间间，谓好覗察人。"此智、识之异。大言炎炎，小言詹詹。炎炎，有气焰。成云："詹詹，词费也。"此议、论之异。其寐也魂交，其觉也形开，此寐、觉之异。与接为构，成云："构，合也。"日以心斗。宣云："心计相角。"缦者，窖者，密者。简文云："缦，宽。"司马云："窖，深也。"宣云："密，谨也。"成云："略而言之，有此三别。"此交、接之异。小恐惴惴，大恐缦缦。李云："惴惴，小心貌。"宣云："缦缦，迷漫失精。"此恐、悸之异。其发若机栝，其司是非之谓也；释文："机，弩牙。栝，箭栝。"成云："司，主也。"案：发言即有是非，荣辱之主也。其留如诅盟，其守胜之谓也；留不发，若诅盟然，守己以胜人。此语、默之异。其杀如秋冬，以言其日消也；宣云："琢削，使天真日丧。"其溺之所为之，不可使复之也；溺，沉溺。宣云："'为之'之'之'，犹往。言一往不可复返。"其厌也如缄，以言其老洫也；宣云："厌然闭藏。缄，秘固。洫，深也。老而愈深。"**近死之心，莫使复阳也**。宣云："阴鸷无复生意。"**喜怒哀乐，虑叹变热**，宣云："虑多思，叹多悲，变多反覆，热多怖，音执。"**姚佚启态**；成云："姚则轻浮躁动，佚则奢华纵放，启则情欲开张，态则娇淫妖冶。"案：姚同佻。动止交接，性情容貌，皆天所赋。以上言人。**乐出虚**，无声而有声。宣云："本虚器，乐由此作。"**蒸成菌**。无形而有形，皆气所使。以上言物。**日夜相代乎前，而莫知其所萌**。日与夜代，于何萌生？上句又见德充符篇。**已乎已乎！旦暮得此，其所由以生乎！**既无可推求，不如其已乎。然俯仰旦暮间，自悟真理。此者，生之根也。

非彼无我，宣云："彼，即上之此也。"**非我无所取**。成云："若非自然，谁能生我？若无有我，谁禀自然乎？"**是亦近矣**，成云："我即自然，自然即我，其理非远。"**而不知其所为使**。宣云："究竟使然者谁邪？"案：与上"怒者其谁邪"相应。**必有真宰，而特不得其眹**。崔云："特，辞也。"李云："眹，兆也。"案：云若有真为主宰者使然，而其眹迹不可得见。**可形已信，而不见其形**，可运动者，已信能之，而不见运动我之形。**有情而无形**。与我有相维系之情，而形不可见。**百骸**、成云："百骨节。"**九窍**、眼、耳、鼻、口七窍，与下二漏而九。**六藏**，李桢云："难经三十九难：'五藏，心、肝、脾、肺、肾也。'亦有六藏者，肾肾两藏也。左肾，右命门。命门者，谓精神之所舍也。其气与肾通，故言藏有六也。"**赅而存焉**，成云："赅，备。"**吾谁与为亲？**成云："岂有亲疏？"**汝皆说之乎？其有私焉？**将皆亲而爱悦之乎？或有私于身中之一物乎？**如是皆有，为臣妾乎，其臣妾不足以相治也。其递相为君臣乎，其有真君存焉**。成云："臣妾，士女之贱职。"案：谓役使之也。言皆悦不可，有私不可。既如是矣，或皆有之，而贱为役使之臣妾乎，然无主不足以相治也。其或递代为君臣乎，然有真君在焉。即上"真宰"也。此语点醒。**如求得其情与不得，无益损乎其真。一受其成形，不亡以待尽。与物相刃相靡，其行尽如驰，而莫之能止，不亦悲乎！**成云："刃，逆。靡，顺也。"真君所在，求得不加益，不得不加损。惟人自受形以来，守之不死，坐待气尽，徒与外物相撄，视岁月之行尽如驰，而莫之能止，不可悲乎！案："一受其成形，不亡以待尽"，又见田子方篇，"亡"作"化"。**终身役役而不见其成功，苶然疲役而不知其所归，可不哀邪！**所有皆幻妄，故无成功，疲于所役，而不知如何归宿。卢文弨云："苶，当作茶。"司马作"薾"。简文云："疲，困貌。"**人谓之不死，奚益？其形化，其心与之然，可不谓大哀乎？**宣云："纵生何用？及形化而心亦与之化，灵气荡然矣。"**人之生也，固若是芒乎？其我独芒，而人亦有不芒**

者乎！成云："芒，暗昧也。"

　　夫随其成心而师之，谁独且无师乎？奚必知代而心自取者有之？愚者与有焉。心之所志，随而成之。以心为师，人人皆有，奚必知相代之理而心能自得师者有之？即愚者莫不有焉。**未成乎心而有是非，是今日适越而昔至也。**未成凝一之心，妄起意见，以为若者是道，若者非道，犹未行而自夸已至。此"是非"与下"是非"无涉。天下篇"今日适越而昔来"，惠施与辩者之言也，此引为喻。**是以无有为有。无有为有，虽有神禹，且不能知，吾独且奈何哉！**无而为有，虽禹之智，不能解悟。自夸自欺，吾末如之何矣。此段反复唤醒世人。

　　【新认识与新释译】

　　"大知闲闲，小知间间。大言炎炎，小言詹詹。其寐也魂交，其觉也形开。与接为构，日以心斗。缦者、窖者、密者。小恐惴惴，大恐缦缦。其发若机栝，其司是非之谓也；其留如诅盟，其守胜之谓也；其杀如秋冬，以言其日消也；其溺之所为之，不可使复之也；其厌也如缄，以言其老洫也；近死之心，莫使复阳也。喜怒哀乐，虑叹变慹，姚佚启态。乐出虚，蒸成菌。日夜相代乎前，而莫知其所萌。已乎已乎！旦暮得此，其所由以生乎"的意涵是①：（人们的日常言行，就如同人籁、地籁那样为外在所左右）。大智慧者表现为信心满满，小智慧者表现为斤斤计较，高论者表现为言之凿凿，强辩者表现为喋喋不休。人们即使在睡梦中也在计较梦境中的得失，醒来时还不免为梦境中的得失而不安；人们，每一次的待人接物，都在钩心斗角般地算计；人们，日常表现或漫不经心，或故作深沉，或心思缜密，但遭遇小的恐慌时都表现得惴惴不安，遭遇较大恐慌时更是表现得失魂落魄；人们，针对他人时，出言如飞箭，凸显其明辨是非、主持正义的姿态，而针对自己时，则如盟誓一般慎之又慎，凸显其坚定守卫自我的姿态；人们在遭遇一定打击之后，就表现得像秋冬一样肃杀而日复一日地消沉下去；人们总是沉溺于自己所思所为而不能自拔，不能自我纠正；人们，总是在自我封闭的视野里，不知厌烦地重复过往，犹如走近死亡者，

---

　　① "缦"，《说文解字注》释为"缯无文也。庶人衣缦。引申之，凡无文皆曰缦"，本书作者认为：此处"缦"，为无精气神之义；"留"，《说文解字》释为"止也"，即"止歇于某地"之义，本书作者认为，此处"发"与"留"相对，"发"者为指向他人之物事，"留"者为指向自身之物事；"日夜相代乎前"，《德充符》篇亦有此语。

其心无法复苏。人们的种种情绪，喜怒哀乐、悲思恐惊、躁狂纵作等，都不是出自内在，而是像竹管空孔发出的声音，像地气蒸腾而发的菌菇，完全是外在而来。种种情态心境不时变换，其实都是被外在所左右而导致的！

"非彼无我，非我无所取。是亦近矣，而不知其所为使。若有真宰，而特不得其朕。可行己信，而不见其形，有情而无形"的意涵是：如果没有"道"之自然就不会有人及其思维。反过来，如果没有人的思维。"道"之自然也就无法体现。从这个视角来看，"道"之自然与人之思维，是类同的，那么谁主宰谁呢？即使"道"是真正的主宰者，人们也无法认识到其特征迹象。人们只能行之所信奉的"道"，却无法认识到"道"的具体形态。所以说，"道"可使万物因应情境而变化，却没有其自身的具体形态。

《道德经》第二十一章有"道之为物，惟恍惟惚。惚兮恍兮，其中有象；恍兮惚兮，其中有物。窈兮冥兮，其中有精；其精甚真，其中有信"之论述，其含义是："道"是如何作用于各种事物的？通过抽象思维，从其自然现象中隐隐约约可以感知一个有形的轮廓，又隐隐约约可以感知一个物体形态。再通过抽象思维，或可感知某些接近事物本质的东西（"精"）。这些东西，已经非常接近事物的本真了（"真"），而且还有着某些人类可以观测得到的证信特征（"信"）。《庄子》此段文字，与之有相近的意涵。

"百骸、九窍、六藏，赅而存焉，吾谁与为亲？汝皆说之乎？其有私焉？如是皆有为臣妾乎？其臣妾不足以相治乎？其递相为君臣乎？其有真君存焉！如求得其情与不得，无益损乎其真"的意涵是①：人的身体有"百骸""九窍""六藏"，藏备于一身，人的思维与哪一器官更为亲近呢？是同等亲近，还是有所偏爱？这样说来，人的思维与器官之间，谁主宰谁？是思维为主宰而器官不完全受其支配？或者是互为主宰？或者是还有外在真正的主宰？对此苦苦探索也难以得出结论，并不影响人体思维与器官的运行。

"一受其成形，不亡以待尽。与物相刃相靡，其行尽如驰而莫之能止，不亦悲乎！终身役役而不见其成功，苶然疲役而不知其所归，可不哀邪！人谓之

---

① "私"，《说文解字注》释为"仓颉作字。自营为厶（私），背厶（私）为公"。此处可理解为"有所偏向"之义。

不死，奚益！其形化，其心与之然，可不谓大哀乎？人之生也，固若是芒乎？其我独芒，而人亦有不芒者乎"的意涵是①：人作为一种自然物，一旦受胎成形，就是一种从生长走向终了的"存在"过程。如果总是与人与物相争相斗，整日为此奔忙而不停歇，难道不觉得这样的人生很可悲吗？终身为外物所役使，自身内在追求完全无法实现，困顿劳累一生却找不到自己的内在归宿，这样的人生不是一种悲哀吗？这样的人生，即使有身体的生存，可内在精神层面有什么价值呢？人的身体渐渐衰老，心灵也随之衰亡，这难道不是最大的悲哀吗？每个人对于人生意义，都是这样迷茫吗？还是只有像我这样思考的人才会迷茫，而不思考的普通人则不会迷茫呢？

《道德经》第二十章"唯之与阿，相去几何？美之与恶，相去若何？人之所畏，不可不畏。荒兮，其未央哉！众人熙熙，如享太牢，如春登台。我独泊兮，其未兆，如婴儿之未孩；儽儽兮，若无所归。众人皆有余，而我独若遗。我愚人之心也哉！俗人昭昭，我独昏昏。俗人察察，我独闷闷。澹兮其若海，飂兮若无止。众人皆有以，而我独顽且鄙。我独异于人，而贵食母"，其意涵是：人们自以为对世事规律了然于胸，往往认为"道"可以为人类解答一切问题。其实，"道"并不告知人们时空的终结、人生的意义、如何应对自然巨变之类的问题，"道"的根本只是告知人们顺应自然、顺应本性。《庄子》此段文字，与之有相近的意涵。

"夫随其成心而师之，谁独且无师乎？奚必知代而心自取者有之？愚者与有焉。未成乎心而有是非，是今日适越而昔至也，是以无有为有。无有为有，虽有神禹，且不能知，吾独且奈何哉"的意涵是②：（对于人生意义，到底应当如何去认识？）如果每个人都以自己的见解作为衡定准则，那么谁会没有自己的见解？难道只有懂得事理变化的智者才有见解？事实上愚者也有其见解啊！如果没有形成衡定准则就去判定是非对错，那就颠倒时序了（这就如同把我昨天到了越国说成因为我今天去往那里），这就是在没有确认不因人而不变的准则就判

---

① "芒"，此处通"茫"，即"迷茫"之义。
② "知代"，可理解为"懂得事理变化"之义；"无有为有"之"有"，可理解为"不变的准则"之义。

定是非的思维。不确认不变之自然准则就去判定是非对错，就算是大禹这样的圣人也无法胜任，更何况自以为是的普通人呢！

【生态文明启示】

"有情而无形"的生态文明启示是：如何认识"自然生态系统"对于人类的重要性？认识到"自然生态系统"的完好性、稳定性，是通过大自然在发展过程中逐步自适应而形成的，任何一个系统局部在整个系统中都有着其不可或缺、不可轻易变更的作用。如果，人类行为过当，就会导致局部系统功能作用的破坏，进而导致整个生态系统的完好性和稳定性的破坏，进而使得人类赖以生存的自然环境劣化。这样的认识，可从人类损耗生态、污染环境的后果中加以验证。

"与物相刃相靡，其行尽如驰，而莫之能止，不亦悲乎！终身役役而不见其成功，苶然疲役而不知其所归，可不哀邪！"的生态文明启示是：提倡生态文明、提倡可持续发展，并不能直接解决生态环境问题，而是告知人们必须顺应自然而生产生活、必须回归人类满足只基本需求的本心。那些为满足人为攀比、人为争竞的物质财富累积行为，并不能使内在需求满足程度真正得到提高，这样追求异化需求的人生是没有价值的、是可悲的！

"人之生也，固若是芒乎？其我独芒，而人亦有不芒者乎？"的生态文明启示是：盲目从众，是令人担忧的。被社会公众认定为好的，人人都不得不跟随遵从。这样一种社会风气自古而来，"众人"相互效法以至于行为一致，对生态环境造成短时间的强化影响、累积影响，极易造成对生态系统某一局部的突破阈值影响。所以，每一个社会成员秉持生态文明理念而决定自身行为时，应当独立思考自己内在真实需求而不盲目从众。

"未成乎心而有是非，是今日适越而昔至也。是以无有为有"的生态文明启示是：人类对于自然生态系统的认识，是极为肤浅的。在人类对于自然生态系统缺乏深刻认识的情形下，就判断哪些行为不会损害自然生态系统、哪些行为有助于自然生态系统的恢复，是自以为是的思维方式。在目前阶段，人类对于自然生态系统，最合理的行为是尽可能减少对自然生态系统的扰动和影响。

第三节

【原文】

夫言非吹也。言者有言，其所言者特未定也。果有言邪？其未尝有言邪？其以为异于鷇音，亦有辩乎？其无辩乎？道恶乎隐而有真伪？言恶乎隐而有是非？道恶乎往而不存？言恶乎存而不可？道隐于小成，言隐于荣华。故有儒墨之是非，以是其所非而非其所是。欲是其所非而非其所是，则莫若以明。

物无非彼，物无非是。自彼则不见，自是则知之。故曰：彼出于是，是亦因彼。彼是方生之说也。虽然，方生方死，方死方生；方可方不可，方不可方可；因是因非，因非因是。是以圣人不由，而照之于天，亦因是也。是亦彼也，彼亦是也。彼亦一是非，此亦一是非，果且有彼是乎哉？果且无彼是乎哉？彼是莫得其偶，谓之道枢。枢始得其环中，以应无穷。是亦一无穷，非亦一无穷也。故曰：莫若以明。

【庄子集解】

夫言非吹也。应上"吹"。言者有言，其所言者特未定也。果有言邪？其未尝有言邪？其以为异于鷇音，亦有辩乎，其无辩乎？人言非风吹比，人甫有言，未定足据也。果据以为言邪？抑以为无此言邪？抑以为与初生鸟音果有别乎，无别乎？其言之轻重尚不定。道恶乎隐而有真伪？言恶乎隐而有是非？隐，蔽也。道何以蔽而至于有真有伪？言何以蔽而至于有是有非？道恶乎往而不存？言恶乎存而不可？宣云："触处皆道，本不须言。一言一道，亦不须辩。"道隐于小成，小成，谓各执所成以为道，不知道之大也。宣云："偏见之人，乃致道隐。"成引老子云："大道废，有仁义。"言隐于荣华。成云："荣华，浮辩之词，华美之言也。只为滞于华辩，所以蔽隐至言。老子云：'信言不美，美言不信。'"故有儒墨之是非，以是其所非而非其所是。成云："昔有郑人名缓，学于求氏之地，三年艺成而化为儒。儒者祖述尧、舜，宪章文、武，行仁义之道，辩尊卑之位，故谓之儒。缓弟名翟，缓化其弟，遂成于墨。墨者，禹道也。尚贤崇礼，俭以兼爱，摩顶放踵，以救苍生，此谓之墨也。缓、翟二人，亲则兄弟，各执一教，更相是非。缓恨其弟，感激而死。然彼我是非，其来久矣。争竞之甚，起自二贤，故指此二贤为乱群之帅。是知道丧言隐，方督是非。"案：儒、墨事，见列御寇篇。**欲是其所非而非其所是，则莫若以明。**郭嵩焘云："彼是有对待之形，而是非两立，则所持之是非，非是非也，彼是之见存也。"案：莫若以明者，言莫若即以本然之明照之。

物无非彼，物无非是。有对立，皆有彼此。**自彼则不见，自是则知之**。观人则昧，返观即明。**故曰：彼出于是，是亦因彼。**彼是方生之说也。有此而后有彼，因彼而亦有此，乃彼此初生之说也。**虽然，方生方死，方死方生**；然其说随生随灭，随灭随生，浮游无定。郭以此言死生之变，非是。**方可方不可，方不可方可**；言可，即有以为不可者；言不可，即有以为可者。可不可，即是非也。**因是因非，因非因是**。有因而是者，即有因而非者；有因而非者，即有因而是者。既有彼此，则是非之生无穷。**是以圣人不由**，宣云："不由是非之途。"**而照之于天**，成云："天，自然也。"案：照，明也。但明之于自然之天，无所用其是非。**亦因是也**。是，此也。因此是非无穷，故不由之。苏舆云："犹言职是故也。"**是亦彼也，彼亦是也**。是，此也。郭云："此亦为彼所彼，彼亦自以为此。"**彼亦一是非，此亦一是非**。成云："此既自是，彼亦自是；此既非彼，彼亦非此。故各有一是，各有一非也。"**果且有彼是乎哉？果且无彼是乎哉？**分则有彼此，合则无彼此。**彼是莫得其偶，谓之道枢**。成云："偶，对。枢，要也。体夫彼此俱空，是非两幻，凝神独见，而无对于天下者，可得会其玄极，得道枢要。"**枢始得其环中，以应无穷**。郭嵩焘云："是非两化，而道存焉，故曰道枢。握道之枢，以游乎环中。中，空也。是非反复，相寻无穷，若循环然。游乎空中，不为是非所役，而后可以应无穷。"唐释湛然止观辅行传宏决引庄子古注云："以圆环内空体无际，故曰环中。"案则阳篇亦云："冉相氏得其环中以随成。"**是亦一无穷，非亦一无穷也**。郭云："天下莫不自是而莫不相非，故一是一非，两行无穷。"**故曰：莫若以明**。惟本明之照，可以应无穷。此言有彼此而是非生，非以明不能见道。

【新认识与新释译】

"夫言非吹也。言者有言，其所言者特未定也。果有言邪？其未尝有言邪？其以为异于鷇音，亦有辩乎？其无辩乎？道恶乎隐而有真伪？言恶乎隐而有是非？道恶乎往而不存？言恶乎存而不可？道隐于小成，言隐于荣华。故有儒墨之是非，以是其所非而非其所是。欲是其所非而非其所是，则莫若以明"的意涵是①：人们发表言论，必然要有其合乎逻辑的意涵，不能像草木那样随风而动。如果其表达的论理逻辑并不清晰，那么，他的言论就如同没有表达（就没有其合理的价值），他的言语和小鸟的喳喳叫也没有什么区别。（就是因为缺乏逻辑的人为定义，）使得那些所谓的"道"理，将自然之理变成了人为之理，从而导致了以"道"为名的虚伪道德；使得原本关于自然的论理变成了人为地判定是非。所谓践行"道德"而使"道"理不存，所谓论理却变成了人为规定的"不可"。"道"的认识被人为之功利性而异化，论理被人为之高尚价值而异化。儒家墨家的是非争辩，其实质是以自己的价值判断去否定别人的价值判断（都偏离了自然论理的本质意义）。与其如此为反对而反对，则不如回归到合乎自然的逻辑起点。

《道德经》第七十章有"言有宗，事有君"的论述，其意涵是：凡是做出认识判断，都有合乎自然的逻辑起点。《庄子》此段论述的意涵与之相近。

"物无非彼，物无非是。自彼则不见，自是则知之。故曰：彼出于是，是亦因彼。彼是方生之说也。虽然，方生方死，方死方生；方可方不可，方不可方可；因是因非，因非因是。是以圣人不由，而照之于天，亦因是也。是亦彼也，彼亦是也。彼亦一是非，此亦一是非，果且有彼是乎哉？果且无彼是乎哉？彼是莫得其偶，谓之道枢。枢始得其环中，以应无穷。是亦一无穷，非亦一无穷也。故曰：莫若以明"的意涵是②：世间万物之概念都有相对的两个方面，不可能有"此"无"彼"，也不可能有"彼"无"此"。完整地认识一个事物，从"彼"方面认识不到的特征，从相对的"此"方面去认识则一目了然。所以说，"彼"方面的特征源于"此"方面，"此"方面的特征也源自"彼"方面。"彼""此"作为一个整体来认识，就是理解"方生之说"的思维方式。

---

① "言"，《说文解字》释为"直言曰言，论难曰语"。本书作者认为：此处"言"，应理解为"认识、论理"；"恶乎"，可理解为"为何……呢？"之义；"隐"，可理解为现代学术意义上的"异化"；此处"明"，可理解为现代学术意义上的"公理性假设"。

② 本书作者认为，此处"是"与"彼"相对，即"此"之义。

"方生之说"的内涵是：有"生"即有"死"，有"死"即有"生"；有"可"即有"不可"，有"不可"即有"可"；有"是"即有"非"，有"非"即有"是"。所以，圣人从不区分辨别"生、死""可、不可""是、非"，而是将之视为自然的一个整体。"此"方面即"彼"方面的反映，"彼"方面即"此"方面的反观，怎可对"此"方面做出正面价值判定、对"彼"方面做出负面价值判定呢？"彼""此"是一个整体，不可能分开来认识，这就是认识"道"的根本路径（"道枢"）。抓住了基于自然的"整体性"这一认识"道"的根本路径，也就认识了事物是相互关联的，事物间的关联性是循环往复而无法穷尽的。从正面来追寻其关联关系，将是一个循环往复无穷尽的网络；从反面来追寻其关联关系，也是一个循环往复无穷尽的网络。因此，与其去探寻无穷尽的关联关系，不如准确地把握基于自然的"整体性"这个逻辑起点。

《道德经》第二章有"天下皆知美之为美，其恶已；皆知善之为善，斯不善已。有无相生，难易相成，长短相形，高下相盈，音声相和，前后相随"之论述，其意涵是：美丑、善恶、有无、难易、长短、高下、单调合音、前后，是一个整体的两个方面，规定了其中一方面的概念范围，那么，其对应的另一方面的概念范围也就相应地确定了。以"美"这个概念为例，如果具体规定了"美"的概念范围，那么，其对应的"不美"的概念范围也就相应地确定了。以现代学术思想来理解的话，相当于逻辑关系中的互补律，假设以"1"代表整体、以"A"代表"美"，那么，"不美"就是"1-A"。"美""不美"并无褒贬之价值评判，只是强调两个概念的同一性。《庄子》此段文字的意涵与之相近，"此""彼"是一个整体的两个方面，并非对立关系，各自都无法单独存在。

【生态文明启示】

"欲是其所非而非其所是，则莫若以明"的生态文明启示是：认识生态文明，并非人类的"生态文明观"与"工业文明观"的是非之争。与其进行价值之争，不如回归到自然生态系统的整体性这个逻辑起点去讨论问题。践行生态文明理念，只需要遵循一个基本路径：人类行为必须以"维护人类赖以生存的生态系统的整体性"作为一切认识和行为的哲理基础，只要是以此为逻辑基础来展开的其他各种事物，都必定是满足"可持续性"要求的。

"彼出于是，是亦因彼"的生态文明启示是：经济活动与生态环境损耗，两者之间是相随相行的（是一个事物的双面）。如果过度强调经济发展，那么，必然强化对生态环境的损耗；反之，如果过度强调"维护生态环境"，倘若经济活动的影响远远低于自然生态系统的承载力，其实也不会对生态环境系统的稳定有促进作用。"生态文明"，作为一种发展理念，并不是要主张什么样的发展模式，而是要求经济活动必须顾及自然生态系统的承载力限度，在生态承载力范围之内的发展。

第四节

【原文】

以指喻指之非指，不若以非指喻指之非指也；以马喻马之非马，不若以非马喻马之非马也。天地一指也，万物一马也。

可乎可，不可乎不可。道行之而成，物谓之而然。有自也而可，有自也而不可；有自也而然，有自也而不然。恶乎然？然于然。恶乎不然？不然于不然。物固有所然，物固有所可。无物不然，无物不可。故为是举莛与楹，厉与西施，恢诡谲怪，道通为一。

其分也，成也；其成也，毁也。凡物无成与毁，复通为一。唯达者知通为一，为是不用而寓诸庸。庸也者，用也；用也者，通也；通也者，得也；适得而几矣。因是已。已而不知其然，谓之道。劳神明为一而不知其同也，谓之"朝三"。何谓"朝三"？狙公赋芧，曰："朝三而暮四。"众狙皆怒。曰："然则朝四而暮三。"众狙皆悦。名实未亏而喜怒为用，亦因是也。是以圣人和之以是非而休乎天钧，是之谓两行。

古之人，其知有所至矣。恶乎至？有以为未始有物者，至矣，尽矣，不可以加矣！其次以为有物矣，而未始有封也。其次以为有封焉，而未始有是非也。是非之彰也，道之所以亏也。道之所以亏，爱之所以成。果且有成与亏乎哉？果且无成与亏乎哉？有成与亏，故昭氏之鼓琴也；无成与亏，故昭氏之不鼓琴也。昭文之鼓琴也，师旷之枝策也，惠子之据梧也，三子之知几乎皆其盛者也，故载之末年。唯其好之也，以异于彼，其好之也，欲以明之。彼非所明而明之，故以坚白之昧终。而其子又以文之纶终，终身无成。若是而可谓成乎，虽我亦成也；若是而不可谓成乎，物与我无成也。是故滑疑之耀，圣人之所图也。为是不用而寓诸庸，此之谓"以明"。

【庄子集解】

以指喻指之非指，不若以非指喻指之非指也；以马喻马之非马，不若以非马喻马之非马也。天地一指也；万物一马也。为下文"物谓之而然"立一影子。近取诸身，则指是；远取诸物，则马是。今曰指非指，马非马，人必不信，以指与马喻之，不能明也。以非指非马者喻之，则指之非指，马之非马，可以悟矣。故天地虽大，特一指耳；万物虽纷，特一马耳。

可乎可，不可乎不可。郭云："可乎己者，即谓之可；不可于己者，即谓之不可。"道行之而成，宣云："道，路也。"案：行之而成，孟子所云"用之而成路"也。为下句取譬，与理道无涉。物谓之而然。有自也而可，有自也而不可；有自也而然，有自也而不然。凡物称之而名立，非先固有此名也。故指、马可曰非指、马，非指、马者亦可曰指、马。恶乎然？然于然。恶乎不然？不然于不然。何以谓之然？有然者，即从而皆然之。何以谓之不然？有不然者，即从而皆不然之，随人为是非也。物固有所然，物固有所可。无物不然，无物不可。论物之初，固有然有可，如指为指，马为马是也。论物之后起，则不正之名多矣，若变易名称，无不然，无不可，如指非指，马非马，何不可听人谓之？"恶乎然"以下，又见寓言篇。此是非可否并举，以寓言篇证之，"不然于不然"下，似应更有"恶乎可？可于可。恶乎不可？不可于不可"四句，而今本夺之。故为是举莛与楹，厉与西施，恢诡谲怪，道通为一。释文："为，于伪反。"成云："为是故略举数事。"俞云："说文：'莛，茎也。'汉书东方朔传：'以莛撞钟。'司马云：'楹，屋柱也。厉，病癞。'莛、楹，以大小言；厉、西施，以美丑言。"成云："恢，宽大之名。诡，奇变之称。谲，矫诈之名。怪，妖异之称。"案：自知道者观之，皆可通而为一，不必异视。

　　其分也，成也；分一物以成数物。**其成也，毁也。**成云："于此为成，于彼为毁。如散毛成毡，伐木为舍等也。"**凡物无成与毁，复通为一。**如此成即毁，毁即成，故无论成毁，复可通而为一，不必异视。**唯达者知通为一，为是不用而寓诸庸。**唯达道者能一视之，为是不用己见而寓诸寻常之理。**庸也者，用也；**宣云："无用之用。"**用也者，通也；**无用而有用者，以能观其通。**通也者，得也。**观其通，则自得。**适得而几矣。**适然自得，则几于道矣。**因是已。**因，任也。任天之谓也。**已而不知其然，谓之道。**宣云："已者，既通为一，不知其然，未尝有心也。谓之道，所谓'适得而几'也。"案：此言非齐是非不能得道，以下又反言以明。**劳神明为一而不知其同也，谓之"朝三"。**若劳神明以求一，而不知其本同也，是囿于目前之一隅，与"朝三"之说何异乎？**何谓"朝三"？狙公赋芧，曰："朝三而暮四。"众狙皆怒。曰："然则朝四而暮三。"众狙皆悦。名实未亏而喜怒为用，亦因是也。**列子黄帝篇："宋有狙公者，爱狙，养之成群，能解狙之意，狙亦得公之心。损其家口，充狙之欲。俄而匮焉，将限其食，恐众狙之不驯于己也，先诳之曰：'与若芧，朝三而暮四，足乎？'众狙皆起而怒。俄而曰：'朝四而暮三，足乎？'众狙皆伏而喜。物之以能鄙相笼，皆犹此也。圣人以智笼群愚，亦犹狙公之以智笼众狙也。名实不亏，使其喜怒哉！"张湛注："好养猿猴者，因谓之狙公。芧音序，栗也。"案：漆园引之，言名实两无亏损，而喜怒为其所用，顺其天性而已，亦因任之义也。**是以圣人和之以是非而休乎天钧，是之谓两行。**释文："钧，本又作均。"成云："均，自然均平之理。"案：言圣人和通是非，共休息于自然均平之地，物与我各得其所，是两行也。案寓言篇亦云："始卒若环，莫得其伦，是谓天均。天均者，天倪也。"此作"钧"，用通借字。

　　古之人，其知有所至矣。成云："至，造极之名。"**恶乎至？有以为未始有物者，至矣，尽矣，不可以加矣。**郭云："此忘天地，遗万物，外不察乎宇宙，内不觉其一身，故能旷然无累，与物俱往，而无所不应。"**其次以为有物矣，**以上又见庚桑楚篇。**而未始有封也。**封，界域也。其次见为有物，尚无彼此。**其次以为有封焉，而未始有是非也。**虽见有彼此，尚无是非。**是非之彰也，道之所以亏也。**见是非，则道之浑然者伤矣。**道之所以亏，爱之所以成。**私爱以是非而成。**果且有成与亏乎哉？果且无成与亏乎哉？**成云："果，决定也。道无增减，物有亏成。是以物爱既成，谓道为损，而道实无亏也。故假设论端，以明其义。"**有成与亏，故昭氏之鼓琴也；无成与亏，故昭氏之不鼓琴也。**宣云："故，古也。"成云："姓昭名文，古善琴者。鼓商则丧角，挥宫则失征，未若置而不鼓，五音自全。亦犹存情所以乖道，忘智所以合真者也。"**昭文之鼓琴也，师旷之枝策也**，成云："枝，柱也。策，打鼓枝，亦言击节枝。旷妙解音律，晋平公乐师。"案：枝策者，拄其策而不击。**惠子之据梧也**，司马云："梧，琴也。"成云："检典籍，无惠子善琴之文。据梧者，止是以梧几而据之谈说。"案：今从成说。德充符篇庄谓惠子云："今子外乎子之神，劳乎子之精，倚树而吟，据槁梧而瞑。"案据梧而瞑，善辩者有不辩之时，枝策者有不击之时。上昭文鼓琴，亦兼承不鼓意。**三子之知几乎皆其盛者也，故载之末年**。崔云："书之于今也。"案：言昭善鼓琴，旷知音律，惠谈名理，三子之智，其庶几乎！皆其最盛美者也，故记载之，传于后世。**唯其好之也，以异于彼，其好之也，欲以明之**。宣云："惟自以为异于人，且欲以晓于人。"成云："彼，众人也。"案："唯其好之"四语，专承善辩者言。**彼非所明而明之，故以坚白之昧终**。非人所必明，而强欲共明之，如"坚石""白马"之辩，欲众共明，而终于昧，故曰"以坚白之昧终"。坚白，又见德充符、天下、天地、秋水四篇。成云："公孙龙，赵人。当六国时，弟子孔穿之徒，坚执此论，横行天下，服众人之口，不服众人之心。"**而其子又以文之纶终，终身无成**。郭云："昭文之子，又乃终文之绪。"成云："昭文之子，倚其父业，卒其年命，竟无所成。"案：终文之绪，犹礼中庸云"缵太王、王季、文王之绪"也。所谓无成者，不过成其一技，而去道远，仍是无成。**若是而可谓成乎，虽我亦成也**。成云："我，众人也。若三子异于众人，遂自以为成，而众人异于三子，亦可谓之成也。"**若是而不可谓成乎，物与我无成也**。若是而不可谓成乎？则天下之无成者多矣。当知以我逐物，皆是无成也。**是故滑疑之耀，圣人之所图也。为是不用而寓诸庸，此之谓以明**。司马云："滑疑，乱也。"案：虽乱道，而足以眩耀世人，故曰"滑疑之耀"。圣人必谋去之，为其有害大道也。为是不用己智，而寓诸寻常之理，此之谓以本然之明照之。以上言求道则不容有物，得物之一端以为道，不可谓成。

【新认识与新释译】

"以指喻指之非指，不若以非指喻指之非指也；以马喻马之非马，不若以非马喻马之非马也。天地一指也，万物一马也"的意涵是①：采用事物的某一特征来指称事物，往往无法准确地指向所指称的概念，不如采用非直观的根本属性来定义，更为精准合理；"白色"只是"白马"的特征，并不是马的根本属性，所以不能用来定义"马"这一概念，而应当采用非直观的根本属性来定义。"天地"作为一个"概念"，如何定义才是合理的？与前述道理相同，万物因应天地的变化特征不能用来定义"天地"，因为这些都不是"天地"的根本属性。

《道德经》第一章有"名可名，非常名"之句，其含义是：关于自然世界和自然万物，是可以通过定义概念的方式来认识的，但难以清晰界定定义，难以完全概念化。《庄子》此段论述的内涵与之相近。

"可乎可，不可乎不可。道行之而成，物谓之而然。有自也而可，有自也而不可；有自也而然，有自也而不然。恶乎然？然于然。恶乎不然？不然于不然。物固有所然，物固有所可。无物不然，无物不可。故为是举莛与楹，厉与西施，恢诡谲怪，道通为一"的意涵是②："可"的界定，是人们认为某事"可行"；"不可"的界定，是人们认为某事"不可行"。"道路"是人行走后形成道路的，不同事物是人们命名后而区分的。由此可见，事物的属性、事物间的区别，是由人的认识而界定的，并非自然形成的。人为判定可行则事物被界定为"可"，人为判定不可行则事物被界定为"不可"；人为判定事物特征相同则界定为"同类"，人为判定事物特征不同则界定为"异类"。人为界定的过程中，何以认定事物属性相同而界定为同类？何以认定事物属性不同而界定为异类？任何事物都存在归于某类事物的特征，任何事物都存在归于可行事物的依据，也就是说，没有事物应归于"异类"，没有事物应归于"不可"。例如，细小草茎与高大庭柱之间、丑陋女子与美丽西施之间、千奇百怪的事物之间，从"道"的视角来，它们都有共同的根本属性。

---

① "以指喻指之非指"，第一个"指"是指称物的某一特征，第二、第三个"指"是指称物类；"以马喻马之非马"，第一个"马"是指称马的某一特征，第二、第三个"马"是指称马这个物类。

② "自"，《说文解字注》释为"鼻也。象鼻形。此以鼻训自。而又曰象鼻形"，本书作者认为，此处"自"，可理解为"人类自认为的……"之义；"然"，此处可理解为"同一的"之义；"恶乎"，可理解为"为何……呢？"之义；"用"，《说文解字》释为"可施行也"，本书作者认为，此处"不用"，可理解为"不适合应用于……"之义。

"其分也，成也；其成也，毁也。凡物无成与毁，复通为一。唯达者知通为一，为是不用而寓诸庸。庸也者，用也；用也者，通也；通也者，得也；适得而几矣。因是已。已而不知其然，谓之道。劳神明为一而不知其同也，谓之"朝三"。何谓"朝三"？狙公赋芧，曰：朝三而暮四。众狙皆怒。曰：然则朝四而暮三。众狙皆悦。名实未亏而喜怒为用，亦因是也。是以圣人和之以是非而休乎天钧，是之谓两行"的意涵是①：对于事物的认知，人为进行特征分类就可更好地区分事物，但是一旦将事物分类就会损害事物之间的自然关联性。所以，对于事物本质的认知，不可因区分而完全地将事物割裂开来看待，也不可因顾及关联被切断而过度强化事物间的关联性，而应将区分性与关联性包容于一体来看待。只有能够包容于一体地认识事物，才能够在应用过程中兼顾区分性与关联性而不偏向。应用，首先是要通达其理，只有通达其理才能够从中有所获益。反过来，能够恰当地应用而有所获益，也就接近认识了通达之理。顺其自然而又不穷尽其所以然，这就是认知"道"的境界。如果竭尽心志固执一端而不知事物本身的通达之理，就如同猿猴所认知的"朝三暮四"（养猴人拿橡子喂猴，对猴子说：早上给三个，晚上给四个。猴子们不满意，养猴人转而说：那就早上给四个，晚上给三个。这下猴子们都高兴了。橡子的数量没有改变而猴子的喜怒发生了大的变化，这就是因为猿猴不懂得"朝三暮四""朝四暮三"是一理）。所以，圣人对待事物是以调适的态度而不过度强调一端，由此可通达万物一理之境，这就是所谓的"两行"（不同视角者，各得其所）。

"古之人，其知有所至矣。恶乎至？有以为未始有物者，至矣，尽矣，不可以加矣！其次以为有物矣，而未始有封也。其次以为有封焉，而未始有是非也。是非之彰也，道之所以亏也。道之所以亏，爱之所以成。果且有成与亏乎哉？果且无成与亏乎哉？有成与亏，故昭氏之鼓琴也；无成与亏，故昭氏之不鼓琴也。昭文之鼓琴也，师旷之枝策也，惠子之据梧也，三子之知几乎皆其盛者也，故载之末年。唯其好之也，以异于彼，其好之也，欲以明之。彼非所明而明之，故以坚白之昧终。而其子又以文之纶终，终身无成。若是而可谓成乎，虽我亦成也；若是而不可谓成乎，物与我无成也。是故滑疑之

---

① "寓"，此处可理解为"包容"之义。

耀，圣人之所图也。为是不用而寓诸庸，此之谓以明"的意涵是①：古人的认识能力达到至高境界。为什么说是至高境界？首先，他们认为宇宙始于虚无，从根本性角度来看，这是尽善尽美的认识！其次，他们认为宇宙有万物而无界限；再次，他们认为事物虽有分别却不存在是非。是与非的凸显，表明"自然之道"被人为损坏了。换言之，大道有损，是由于人为的偏爱所造成的。人的偏爱会不会造成大道有损？古代善鼓琴者昭文就感悟到了这个道理，鼓一音则失他音，有时不如置而不鼓，五音自全。昭文弹琴、师旷击鼓、惠施论辩，都感悟到了这个道理。昭文善琴而有置而不鼓之时、师旷善鼓而有枝策不击之时，惠子善辩论而有据梧不辩之时，他们的技艺都达到了登峰造极的境界而载之于史传于后世。更多的人则没有领悟到这个道理，他们以为先贤的技艺之所以能够登峰造极，是先贤有异于常人的特点，希望把其特点彰显出来并传之于后学者。这样一来，惠子的传人不明就里地拘泥于惠施的"坚白"论题，昭文的后人拘泥于昭文的弹琴技法，因此不得其法而无所成。总之，因人为偏好而形成的特点，只适用个别情形，

---

① "坚白"，"坚白论"是名家公孙龙的一个辩题。内容为："坚、白、石、三，可乎？"曰："不可。"曰："二可乎？"曰："可。"曰："何哉？"曰："无坚得白，其举也二；无白得坚，其举也二。"曰："得其所白，不可谓无白。得其所坚，不可谓无坚。而之石也，之于然，非三也？"曰："视不得其所坚，而得其所白者，无坚也。拊不得其所白，而得其所坚。得其坚也，无白。"曰："天下无白，不可以视石。天下无坚，不可以谓石。坚白石不相外，藏三，可乎？"曰："有自藏也，非藏而藏也。"曰："其白也，其坚也，而石必得以相盛盈，其自藏奈何？"曰："得其白，得其坚，见与不见离。不见离，一一不相盈，故离。离也者，藏也。"曰："石之白，石之坚，见与不见，二与三，若广修而相盈也，其非举乎。"曰："物白焉，不定其所白。物坚焉，不定其所坚。不定者兼，恶乎其石也？"曰："循石，非彼无石，非石无所取乎白。（坚、白）石不相离者固乎。然其无已。"曰："于石一也，坚白二也，而在于石。故有知焉；有不知焉，有见焉，有不见焉。故知与不知相与离，见与不见相与藏。藏故，孰谓之不离？"曰："目不能坚，手不能白。不可谓无坚，不可谓无白。其异任也，其无以代也。坚白域于石，恶乎离？"曰："坚未与石为坚，而物兼。未与物为兼，而坚必坚——其不坚石、物而坚。天下未有若坚而坚藏。""白固不能自白，恶能白石物乎？若白者必白，则不白物而白焉，黄黑与之然。""石其无有，恶取坚白石乎？故离也。离也者，因是。""力与知，果不若因。且犹白以目见，目以火见，而火不见。则火与目不见而神见。神不见，而见离。""坚以手，而手以捶，是捶与手知而不知。而神与不知。神乎，是之谓离焉。""离也者天下，故独而正。"《坚白论》的主要内涵是："坚"与"白"并不是结合在石头内，而是脱离石头独立存在，即，"坚"与"白"等抽象事物也可以离开石头等具体事物而独立存在。

而不能作为普适原理应用于各种情形。圣人所追求的认知，是那种能够普遍适用于一般情形的认知。普遍适用而不是个别适用的认知，就是所谓的"以明"。

【生态文明启示】

"**以指喻指之非指，不若以非指喻指之非指也**"的生态文明启示是："生态文明"作为一个抽象的理念，能够切实地认识和践行吗？自然生态系统，有着内在的根本属性和根本规律，但人类对其的认识远未深入。尽管可通过"可持续发展"相关方面对其加以认识，如，经济活动规模及强度在生态承载力约束范围内（以保障生态系统功能不因过度的经济活动而劣化）、不开发土地面积的比例的最低安全标准（以保障生态功能得以在自然状态下维护）、污染物及废弃物排放不超过环境自净化能力（以保障生态环境质量不因污染物废弃物累积而下降）、维护生物物种多样性（以维护生态系统的复杂性和抵御外在扰动的能力）、自然资本的财富持恒（以保障自然资本不因人造资本的增加而减少）、自然资源环境的代际公平（以保障后代人的生存发展需求）等，但这些方面的认识，都只是"自然生态系统的完好"的某些具体表象，并不能完备体现"自然生态系统完好"的全部内涵。在现实中，即使制定了"生态文明"的指标体系，也只意味着人类在当前认识条件下所尽的努力，并不意味着必定能够保障自然生态系统完好传承。最根本的原则还在于人类切实形成"尊重自然、顺应自然、敬畏自然"的理念。

"**物固有所然，物固有所可。无物不然，无物不可**"的生态文明启示是：自然界中的各种动物、植物、微生物，在自然生态系统中都起着不可或缺的作用。然而，人们总是根据自身的认知，界定其有用无用、有害无害，而后根据其有用无用、有害无害的人为界定特征采用保护或损耗的行为。在生态文明理念下，此类有用无用、有害无害的思维方式和行为方式应当彻底更正，应当站在整个生态系统的角度去认知。

第五节

【原文】

今且有言于此，不知其与是类乎？其与是不类乎？类与不类，相与为类，则与彼无以异矣。虽然，请尝言之：有始也者，有未始有始也者，有未始有夫未始有始也者；有有也者，有无也者，有未始有无也者，有未始有夫未始有无也者。俄而有无矣，而未知有无之果孰有孰无也。今我则已有谓矣，而未知吾所谓之其果有谓乎？其果无谓乎？

天下莫大于秋毫之末，而太山为小；莫寿乎殇子，而彭祖为夭。天地与我并生，而万物与我为一。既已为一矣，且得有言乎？既已谓之一矣，且得无言乎？一与言为二，二与一为三。自此以往，巧历不能得，而况其凡乎！故之无适有，以至于三，而况自有适有乎！无适焉，因是已！

夫道未始有封，言未始有常，为是而有畛也。请言其畛：有左有右，有伦有义，有分有辩，有竞有争，此之谓八德。六合之外，圣人存而不论；六合之内，圣人论而不议；春秋经世先王之志，圣人议而不辩。

故分也者，有不分也；辩也者，有不辩也。曰："何也？""圣人怀之，众人辩之以相示也。故曰：辩也者，有不见也。"夫大道不称，大辩不言，大仁不仁，大廉不嗛，大勇不忮。道昭而不道，言辩而不及，仁常而不成，廉清而不信，勇忮而不成。五者园而几向方矣！故知止其所不知，至矣。孰知不言之辩，不道之道？若有能知，此之谓天府。注焉而不满，酌焉而不竭，而不知其所由来，此之谓葆光。

【庄子集解】

今且有言于此，不知其与是类乎？其与是不类乎？类与不类，相与为类，则与彼无以异矣。如人皆执彼此之见，今且有言如此，不知其与我类乎？与我不类乎？

若务求胜彼，而引不类者为类，则与彼之不类有异乎？宣云："是，我也。"**虽然，请尝言之。**成云："尝，试也。"**有始也者，有未始有始也者，**成云："未始，犹未曾也。"案：事端未露。**有未始有夫未始有始也者。**并无事端，仅具事理。**有有也者，有无也者，**言之有无。**有未始有无也者，**言未曾出。**有未始有夫未始有无也者。**并出言之心亦未曾萌。**俄而有无矣，而未知有无之果孰有孰无也。**忽而有有言者，有无言者，然有者或情已竭，无者或意未尽。是有者为无，无者为有，故曰"未知有无之果孰有孰无也"。**今我则已有谓矣，**既显有言矣。**而未知吾所谓之其果有谓乎，其果无谓乎？**未知吾所言之果为有言乎，其果为无言乎？合于道为言，不合则有言与无言等。

　　天下莫大于秋毫之末，而太山为小；莫寿于殇子，而彭祖为夭。天地与我并生，而万物与我为一。释文："殇子，短命者也。或云：年十九以下为殇。司马云：'兔毫在秋而成。'"成云："秋时，兽生毫毛，其末至微，故谓秋毫之末也。人生在于襁褓而亡，谓之殇子。物之生也，形气不同，有小有大，有夭有寿。若以性分言之，无不自足。故以性足为大，天下莫大于毫末，莫小于太山。太山为小，则天下无大；毫末为大，则天下无小。小大既尔，夭寿亦然。是以两仪虽大，各足之性乃均；万物虽多，自得之义唯一。"案：此漆园所谓齐彭、殇也。但如前人所说，则诚虚诞妄作矣。其意盖谓太山、毫末皆区中之一物，既有相千万于太山之大者，则太山不过与毫末等，故曰"莫大于毫末，而太山为小"。彭祖、殇子，皆区中之一人，彭祖七八百年而亡，则彭祖不过与殇子等，故曰"莫寿于殇子，而彭祖为夭"。我能与天地无极，则天地与我并生；我不必与万物相竞，则万物与我为一也。漆园道术精妙，唤醒世迷，欲其直指最初，各葆真性。俗子徒就文章求之，止益其妄耳。**既已为一矣，且得有言乎？**何所容其言？**既已谓之一矣，且得无言乎？**谓之一，即是言。**一与言为二，二与一为三。自此以往，巧历不能得，而况其凡乎！**成云："夫以言言一，而一非言也。一既一矣，言又言焉，有一有言，二名斯起。复将后时之二名，对前时之妙一，有一有二，不谓之三乎？从三以往，虽有善巧算历之人，亦不能纪得其数，而况凡夫之类乎！"**故之无适有，以至于三，而况自有适有乎！**成云："自，从也。适，往也。至理无言，言则名起。从无言以之有言，才言则至于三。况从有言适有言，枝流分派，其可穷乎！"**无适焉，因是已。**若其无适，惟有因任而已。此举物之大小、人之寿夭并齐之，得因任之妙。

　　夫道未始有封，成云："道无不在，有何封域？"**言未始有常，**郭云："彼此言之，故是非无定。"**为是而有畛也**。为言无常，而后有畛域。**请言其畛：有左有右，**或祖左，或祖右，**有伦有义**，郭云："物物有理，事事有宜。"释文："崔本作'有论有议'。"俞云："崔本是。下文云'存而不论'，'论而不议'。又曰：'故分也者，有不分也；辩也者，有不辩也。'彼所谓分、辩，即此'有分有辩'。然则彼所谓论、议，即此'有论有议'矣。"案：上言"有畛"，伦义非畛也。当从俞说。**有分有辩**，分者异视，辩者剖别。**有竞有争**，竞者对竞，争者群争。**此之谓八德**。德之言得也。各据所得，而后有言。此八类也。**六合之外，圣人存而不论**；成云："六合，天地四方。妙理希夷，超六合之外，所以存而不论。"**六合之内，圣人论而不议**。成云："六合之内，谓苍生所禀之性分。圣人随其机感，陈而应之。既曰凭虚，亦无可详议。"**春秋经世先王之志，圣人议而不辩**。成云："春秋者，时代。先王，三皇、五帝。志，记也。祖述轩、顼，宪章尧、舜，记录时代，以为典谟。圣人议论，利益当时，终不取是辩非，滞于陈迹。"案：春秋经世，谓有年时以经纬世事，非孔子所作春秋也。

故分也者，有不分也；辩也者，有不辩也。以不分为分，不辩为辩。**曰：何也？圣人怀之**，存之于心。**众人辩之以相示也**。相夸示。**故曰：辩也者，有不见也**。不见道之大，而后辩起。**夫大道不称**，宣云："无可名。"**大辩不言**，使其自悟，不以言屈。**大仁不仁**，成云："亭毒群品，泛爱无心，譬彼青春，非为仁也。"**大廉不嗛**，释文："徐音谦。"成云："知万境虚幻，无一可贪，物我俱空，何所逊让？"**大勇不忮**。宣云："无客气害人之心。"**道昭而不道**，以道炫物，必非真道。**言辩而不及**，宣云："不胜辩。"**仁常而不成**，郭云："有常爱，必不周。"**廉清而不信**，宣云："外示皦然，则中不可知。"**勇忮而不成**。成云："舍慈而勇，忮逆物情，众共疾之，必无成遂。"**五者园而几向方矣**。释文："园，崔音圆，司马云：'圆也。'"成云："几，近也。"宣云："五者本浑然圆通，今滞于迹而近向方，不可行也。"**故知止其所不知，至矣**。成云："智不逮，不强知。知止其分，学之造极也。"**孰知不言之辩，不道之道？**不道，即上"不称"。**若有能知，此之谓天府**。宣云："浑然之中，无所不藏。"**注焉而不满，酌焉而不竭，而不知其所由来**，郭云："至理之来，自然无迹。"**此之谓葆光**。成云："葆，蔽也。韬蔽而其光弥朗。言藉言以显者非道，反复以明之。"

【新认识与新释译】

"有始也者，有未始有始也者，有未始有夫未始有始也者；有有也者，有无也者，有未始有无也者，有未始有夫未始有无也者。俄而有无矣，而未知有无之果孰有孰无也"的意涵是：宇宙万物有其初始的话，那么必然有它的"未始之前"，"未始之前"也有其初始；必然还有"未始之前"之"未始之前"，"未始之前"之"未始之前"还有其初始……也就是说，宇宙之初有"有"、有"无"的话，必然还有"未曾之前的'无'"；"未曾之前的'无'"必然还有"未曾之前的'无'"的"未曾之前的'无'"……宇宙初始间出现的"有"和"无"，却无从认知"有"是不是从来就存在着的"有"、是不是从来就存在的"无"。

"天下莫大于秋毫之末，而太山为小；莫寿乎殇子，而彭祖为夭。天地与我并生，而万物与我为一。既已为一矣，且得有言乎？既已谓之一矣，且得无言乎？一与言为二，二与一为三。自此以往，巧历不能得，而况其凡乎！故之无适有，以至于三，而况自有适有乎！无适焉，因是已"的意涵是①：（任何事物的大小、时间的长短，都是关联事物相比较而言的）不做关联对比的话，可以说：秋毫末端是天下最大的东西，泰山是天下最小的东西；夭折的孩子是最长寿的人，彭祖是最短命的人。（这样无所关联地论述大小、长短没有实质意义。）而从关联性的角度来认识事物的话，任何一个事物，时间层面天地与之共生，空间层面万物与之为一整体。作为一个整体，还可不可以对一个事物展开更进一步的认识？整体性加上具体化的特征，就可区分出二阶层级的事物，以此类推，就可区分出三阶层级的事物，以至于无穷。从"无"到"有"再到"有区别"，从"有区别"再到"细化的有区别"，无穷无尽。没有必要无限地区分下去，顺应事物根本特征即可。

《道德经》第四十二章有"道生一，一生二，二生三，三生万物"之句，借用《易经》的义理，来阐述"道"。"道生一，一生二，二生三，三生万物"，即《易传》之"易有太极，是生两仪，两仪生四象，四象生八卦"，或为"道生一（或- -），一生二，二生☰，☰生万物"之讹。其含义是：简单地理解"道"，那就是"阴"和"阳"；进一步深入理解的话，那就可以从"太阴、太阳、少阴、少阳"这样稍微复杂的角度来认识；更深入一步的话，

①　此处"言"，可理解为"做进一步的认识"之义。

则可以从"乾、坤、震、巽、坎、离、艮、兑"八卦的角度来认识；进而，由八卦演化为六十四卦，则可以认识和阐释世间万物及其关联变化。《庄子》此段文字的理解，或可参考之。

"夫道未始有封，言未始有常，为是而有畛也。请言其畛：有左有右，有伦有义，有分有辩，有竞有争，此之谓八德。六合之外，圣人存而不论；六合之内，圣人论而不议；春秋经世先王之志，圣人议而不辩"的意涵是①：自然之"道"是恒定不变的，而人为的论述则难以恒定不变，必然有其偏向。其偏向表现为：偏左或偏右，偏向人伦或偏向取义，偏向理据判断或偏向强行规定，偏向竞比或偏向相争，如此种种偏向。圣人对待事物是无偏的：对于天地四方之外的事物，总是存而不论（不认定其存在，也不认定其不存在）；对于宇宙之内的事物，则是讨论而不评判是非（不认定其正常，也不认定其不正常）；对于历代先王的治理事迹，则是只做继承性说明而不强制推行（不认定其合理，也不认定其不合理）。

"夫大道不称，大辩不言，大仁不仁，大廉不嗛，大勇不忮。道昭而不道，言辩而不及，仁常而不成，廉清而不信，勇忮而不成。五者园而几向方矣！故知止其所不知，至矣"的意涵是②：自然之"道"，是自然而然的，而不凸显于事物之外；好的治理是无为而治；真正的仁是一视同仁而没有偏私；真正的廉洁方正是让人亲近可信；真正的勇敢是从不逞强。如果自然之"道"凸显于外，那么就不是自然的规律了（而是人为归纳的）；如果治理是强制要求，那么，社会秩序就无法完全理顺；如果行仁有其偏向，那么就不成其为仁；如果廉洁方正到不近人情，那么就让人不可信；如果勇于逞强，则难以成事。这几个方面，看上去都是圆融，却更为接近于真正意义的方正。按照同样的道理可知：如果对于事物的"认知"能够达到"了解自己所不知"的程度，那么就接近于"认知"的最高境界了。

---

① "畛"，《说文解字》释为"井田閒陌也"，即"井田的界"；"分"，《说文解字》释为"别也"，本书作者认为，此处"分"可理解为"理据分析"之义；"辩"，《说文解字》释为"治也"，本书作者认为，此处"辩"，可理解为"强制规定、强行要求"之义。

② "言"，《说文解字》释义为"言，直言曰言，论难曰语"，本书作者认为，此处"言"可理解为"指令"之义。

《道德经》第二章有"是以圣人处无为之事，行不言之教"之句，其含义是：圣人统治社会，与其说他们所为之事都是符合"道"的，不如说他们坚守着符合"道"的"不为"；与其说他们所作对民众指令都是符合"道"的指令，不如说他们坚守"不作不符合'道'的指令"。《庄子》此段文字，与之有相近的意涵。

"**孰知不言之辩，不道之道？若有能知，此之谓天府。注焉而不满，酌焉而不竭，而不知其所由来，此之谓葆光**"的意涵是①：如果谁能够真正懂得"无为而治""自然而然之道"（没有规律的自然规律），谁就获得了所谓的"天府"。如同，一个器皿能够不断注入而不满、不断倾出而不竭尽，而且不知其源源而来源源不去的缘由，那么，就可称之为"葆光"之器。

《道德经》第四章有"道，冲而用之，或不盈"句，第四十五章"大盈若冲，其用不穷"句，其含义是：万物似乎是一个无缝隙的整体，但"道"之于万物，就好像水涌动而在其中冲出空虚部分。这些空虚部分，才是"道"使万物形成其功用的根本。这些空虚部分，是永远不会充盈的，也就是说，"道"所形成的功用，永远存在。《庄子》此段文字，与之有相近的意涵。

【生态文明启示】

"**春秋经世先王之志，圣人议而不辩**"的生态文明启示是："尊重自然、顺应自然、敬畏自然"，既是继承传统文化的重要内容，也是树立生态文明理念的重要内容。对此，可以向全社会民众倡导，但不可强制推行。只有在倡导过程中，使民众逐步自主认识到"尊重自然、顺应自然、敬畏自然"的意义，才有可能切实地推行。

"**故知止其所不知，至矣**"的生态文明启示是：人类对于自然生态系统的认知，如果能够认识到我们所不了解的范围并对此谨慎不为的话，那么，就是对于自然生态系统最好的认知。

"**注焉而不满，酌焉而不竭，而不知其所由来，此之谓葆光**"的生态文明启示是：自然生态系统，有其自身的"源泉"，有其自身运行准则。如，它对

---

① "葆"，《说文解字》释为"草盛貌"，此处可理解为"保有源源不断之状态"之义。

于人类活动，有其一定的承载力，对于污染排放有其自净化能力。只要人类的经济活动规模及强度不超过自然生态系统的承载力，污染排放不超过自然生态系统的自净化能力，那么，自然生态系统对于人类的"功用"是持续存在的。因此，只要自然生态系统是完好的，那么，它就能够为人类的生存发展提供完备的功用，人类也就可以永续性地不断传承。

第六节

【原文】

故昔者尧问于舜曰："我欲伐宗、脍、胥敖，南面而不释然。其故何也？"舜曰："夫三子者，犹存乎蓬艾之间。若不释然何哉！昔者十日并出，万物皆照，而况德之进乎日者乎！"

啮缺问乎王倪曰："子知物之所同是乎？"曰："吾恶乎知之！""子知子之所不知邪？"曰："吾恶乎知之！""然则物无知邪？"曰："吾恶乎知之！虽然，尝试言之：庸讵知吾所谓知之非不知邪？庸讵知吾所谓不知之非知邪？且吾尝试问乎女：民湿寝则腰疾偏死，鳅然乎哉？木处则惴慄恂惧，猨猴然乎哉？三者孰知正处？民食刍豢，麋鹿食荐，蝍且甘带，鸱鸦耆鼠，四者孰知正味？猨，猵狙以为雌，麋与鹿交，鳅与鱼游；毛嫱丽姬人之所美也，鱼见之深入，鸟见之高飞，麋鹿见之决骤。四者孰知天下之正色哉？自我观之，仁义之端，是非之涂，樊然淆乱，吾恶能知其辩！"啮缺曰："子不知利害，则至人固不知利害乎？"王倪曰："至人神矣！大泽焚而不能热，河汉沍而不能寒，疾雷破山、飘风振海而不能惊。若然者，乘云气，骑日月，而游乎四海之外，死生无变于己，而况利害之端乎！"

【庄子集解】

故昔者尧问于舜曰："我欲伐宗、脍、胥敖，崔云："宗一，脍二，胥敖三

57

国。"案人间世篇："尧攻丛枝、胥敖，国为虚厉。"是未从舜言矣。**南面而不释然。**成云："释然，怡悦貌也。"案：释同怿。语又见庚桑楚篇。**其故何也？"舜曰："夫三子者，**成云："三国君。"**犹存乎蓬艾之间。**存，犹在也。成云："蓬艾，贱草。"**若不释然，何哉？昔者十日并出，**淮南子："尧时十日并出，使羿射落其九。"故援以为喻。**万物皆照，而况德之进乎日者乎！"**成云："进，过也。欲夺蓬艾之愿，而伐使从我，于至道岂宏哉！"尧、舜一证。

　　啮缺问乎王倪曰：释文："倪，徐五稽反，李音义。高士传云：'王倪，尧时贤人也。'天地篇云：'啮缺之师。'"**"子知物之所同是乎？"曰："吾恶乎知之！"**郭云："所同未必是，所异不独非。彼我莫能相正，故无所用其知。"**"子知子之所不知邪？"**成云："子既不知物之同是，颇自知己之不知乎？"**曰："吾恶乎知之！"**郭云："若自知其所不知，即为有知，有知则不能任群才之自当。"**"然则物无知邪？"**汝既无知，然则物皆无知邪？**曰："吾恶乎知之！**成云："岂独不知我，亦乃不知物。物我都忘，故无所措其知也。"**虽然，尝试言之。庸讵知吾所谓知之非不知邪？庸讵知吾所谓不知之非知邪？**李云："庸，用也。讵，何也。"案：小知仍未为知，则不知未必非。**且吾尝试问乎女：民湿寝则腰疾偏死，**司马云："偏枯。"**鰌然乎哉？**案：言物则不然。成云："泥鳅。"**木处则惴慄恂惧，**释文："恂，徐音峻，恐貌。班固作眴。"**猨猴然乎哉？三者孰知正处？**民、鰌、猿，孰知所处为正？**民食刍豢，**刍，野蔬。豢，家畜。孟子："刍豢之悦我口。"**麋鹿食荐，**说文："荐，兽之所食。"**蝍且甘带，**释文："蝍且，字或作蛆。广雅云：'蜈公也。'崔云：'带，蛇也。'"**鸱鸦耆鼠，**鸱、鸦二鸟。耆，释文："字或作嗜。"**四者孰知正味？**民、兽、虫、鸟，孰知所食之味为正？**猨，猵狙以为雌，**释文："猵，徐敷面反，郭、李音偏。司马云：'猵狙，一名獦牂，似猨而狗头，意与雌猨交。'"**麋与鹿交，鰌与鱼游。毛嫱丽姬人之所美也，鱼见之深入，鸟见之高飞，麋鹿见之决骤。**崔云："决骤，疾走不顾。"**四者孰知天下之正色哉？自我观之，仁义之端，是非之涂，樊然淆乱，吾恶能知其辩！"**释文："樊音烦。"说文："淆，杂错也。"成云："行仁履义，损益不同，或于我为利，于彼为害，或于彼为是，于我为非，何能知其分别！"**啮缺曰："子不知利害，则至人固不知利害乎？"王倪曰："至人神矣！**成云："至者，妙极之体；神者，不测之用。"**大泽焚而不能热，河汉冱而不能寒，**向云："冱，冻也。"**疾雷破山、飘风振海而不能惊。**若然者，乘云气，**郭云："寄物而行，非为动也。"**骑日月，**郭云："有昼夜而无死生。"**而游乎四海之外。**三句与逍遥游篇同，"骑日月"作"御飞龙"。**死生无变于己，**郭云："与变为体，故死生若一。"**而况利害之端乎！"**啮缺、王倪二证。

【新认识与新释译】

"故昔者尧问于舜曰：我欲伐宗、脍、胥敖，南面而不释然。其故何也？舜曰：夫三子者，犹存乎蓬艾之间。若不释然何哉！昔者十日并出，万物皆照，而况德之进乎日者乎"的意涵是①：尧帝意图解救几个小国以使之脱离野蛮不开化之境，却感觉不是那么心安理得，这是为什么？这是因为：尧帝只是把自己的意愿当作别国的需要。那几个小国的需要，就是生存于蓬蒿艾草之中，需要阳光但只需要少量的阳光，如果不顾其需要而给予它们十日并出的阳光，其结果可想而知。

《道德经》第二十二章有"不自见，故明；不自是，故彰；不自伐，故有功；不自矜，故长"之句，其含义是：一个事物，在系统中有其地位和作用，但是，这个地位和作用，不可通过刻意增加某种有利因素就可强化。系统中每个因素的作用地位，都是在相互之间的协调平衡过程中得以确定的。《庄子》此段文字，也包含了不可人为地强化某方面的作用之意涵。

"庸讵知吾所谓知之非不知邪？庸讵知吾所谓不知之非知邪？且吾尝试问乎女：民湿寝则腰疾偏死，鳅然乎哉？木处则惴慄恂惧，猨猴然乎哉？三者孰知正处？民食刍豢，麋鹿食荐，蝍且甘带，鸱鸦耆鼠，四者孰知正味？猨猵狙以为雌，麋与鹿交，鳅与鱼游；毛嫱丽姬人之所美也，鱼见之深入，鸟见之高飞，麋鹿见之决骤。四者孰知天下之正色哉？自我观之，仁义之端，是非之涂，樊然淆乱，吾恶能知其辩"的意涵是②：（人们不应当把自己的认知当作他人也是如此认知。）你怎么知道我所说的"知道"不是"不知道"的意

---

① "释"，《说文解字》释为"解也"，本书作者认为，此处"释然"可参照《道德经》"涣兮其若凌释"之句，可理解为"对于某事感到自然而然，因而心安理得"之义。

② "庸讵"，按字面理解，即为"采用什么理据来说明……呢？"之义。

思呢？又怎么知道我所说的"不知道"不是"知道"的意思呢？人与万物之间，也不可以把人的认知当作各种动物的认知。例如，人们睡在潮湿的地方就会腰部患病甚至失去知觉，泥鳅在潮湿的地方也会这样吗？人们处在高高树木上就会心惊胆战、惶恐不安，猿猴也会这样吗？那么，人、泥鳅、猿猴，谁更懂得选择宜居之所呢？人以牲畜之肉为食物，麋鹿吃草芥，蜈蚣嗜吃带虫，猫头鹰和乌鸦则爱吃老鼠，人、麋鹿、蜈蚣、猫头鹰和乌鸦，谁更懂得真正的美味呢？猿猴以猵狙为偶，麋与鹿交配，泥鳅与鱼交尾；毛嫱和丽姬则是人们称道的美人，可是鱼儿见了她们深深潜入水底，鸟儿见了她们高飞而走，麋鹿见了她们撒开四蹄飞快逃离。那么，人、鱼、鸟、麋鹿，谁更懂得真正的美色呢？由此可知，人与人之间的仁义关系、是非关系，纷繁复杂，不是当事者，仅仅站在自己的视角，怎么能够去评判呢！

"**至人神矣！大泽焚而不能热，河汉冱而不能寒，疾雷破山、飘风振海而不能惊。若然者，乘云气，骑日月，而游乎四海之外，死生无变于己，而况利害之端乎**"的意涵是①：进入物我两忘境界的至人，其感受、其关切，是常人难以体会的。就好比，湖泽即使蒸腾它也不会感到热，江河即使封冻它也不会感到冷，雷霆即使劈山破岩、狂风即使翻江倒海它也不会感到震惊。如果能够达到这种程度的物我两忘境界，其精神层面，就能够驾驭云气，骑乘日月，在四海之外遨游。在这种思想境界下，"死"和"生"都是一样的自然而然，怎么可能去权衡"利"与"害"这些微不足道的问题呢？

【生态文明启示】

"**自我观之，仁义之端，是非之涂，樊然淆乱，吾恶能知其辩**"的生态文明启示是：在维护生态环境的过程中，人们往往以自我认知加诸各种自然物种，名义上是保护物种多样性。我们真正应当维护的是各类动植物的自然生存环境，而不是个别的动植物物种，那些人造环境下保护下来的动植物，也不是自然生态系统的组成部分，起不到生态系统的生态功能。

---

① 本书作者认为，此处"神"，可释为"常人难以理解"之义，犹如"阴阳不测谓之神"之用法。

"死生无变于己，而况利害之端乎"的生态文明启示是：真正关注自然生态系统的人们，能够认识到，在关乎生态系统完好性问题面前，汲汲计较个人或家国的利益得失，是毫无意义的。并且人类的命运是与自然生态系统共存共生的。

第七节

【原文】

瞿鹊子问乎长梧子曰："吾闻诸夫子：圣人不从事于务，不就利，不违害，不喜求，不缘道，无谓有谓，有谓无谓，而游乎尘垢之外。夫子以为孟浪之言，而我以为妙道之行也。吾子以为奚若？"

长梧子曰："是黄帝之所听荧也，而丘也何足以知之！且女亦大早计，见卵而求时夜，见弹而求鸮炙。予尝为女妄言之，女以妄听之，奚。旁日月，挟宇宙，为其脗合，置其滑涽，以隶相尊？众人役役，圣人愚芚，参万岁而一成纯。万物尽然，而以是相蕴。予恶乎知说生之非惑邪！予恶乎知恶死之非弱丧而不知归者邪！

丽之姬，艾封人之子也。晋国之始得之也，涕泣沾襟。及其至于王所，与王同筐床，食刍豢，而后悔其泣也。予恶乎知夫死者不悔其始之蕲生乎？梦饮酒者，旦而哭泣；梦哭泣者，旦而田猎。方其梦也，不知其梦也。梦之中又占其梦焉，觉而后知其梦也。且有大觉而后知此其大梦也，而愚者自以为觉，窃窃然知之。君乎，牧乎，固哉！丘也，与女皆梦也，予谓女梦亦梦也。是其言也，其名为吊诡。万世之后而一遇大圣知其解者，是旦暮遇之也。

既使我与若辩矣，若胜我，我不若胜，若果是也？我果非也邪？我胜若，若不吾胜，我果是也？而果非也邪？其或是也？其或非也邪？其俱是也？其俱非也邪？我与若不能相知也。则人固受其黮暗，吾谁使正之？使同乎若者正之，既与若同矣，恶能正之？使同乎我者正之，既同乎我矣，恶能正之？

使异乎我与若者正之，既异乎我与若矣，恶能正之？使同乎我与若者正之，既同乎我与若矣，恶能正之？然则我与若与人俱不能相知也，而待彼也邪？化声之相待，若其不相待。和之以天倪，因之以曼衍，所以穷年也。"

"何谓和之以天倪？"曰："是不是，然不然。是若果是也，则是之异乎不是也亦无辩；然若果然也，则然之异乎不然也亦无辩。忘年忘义，振于无竟，故寓诸无竟。"

【庄子集解】

瞿鹊子问于长梧子曰："吾闻诸夫子，长梧子，李云："居长梧下，因以为名。"崔云："名丘。"俞云："瞿鹊，必七十子之后人。夫子，谓孔子。下文'丘也何足以知之'，即孔子名。因瞿鹊述孔子之言而折之。崔说非也。下文'丘也与汝皆梦也，予谓女梦亦梦也'，予者，长梧子自谓。既云'丘与女皆梦'，又云'予亦梦'，则安得即以丘为长梧之名乎？"**圣人不从事于务，**郭云："务自来而理自应，非从而事之也。"**不就利，不违害，**成云："违，避也。"**不喜求，不缘道，**郭云："独至。"**无谓有谓，**谓，言也。或问而不答，即是答也。**有谓无谓，**有言而欲无言。**而游乎尘垢之外。夫子以为孟浪之言，**向云："孟浪，音漫澜，无所趋舍之谓。"宣云："无畔岸貌。"李云："犹较略也。"成云："犹率略也。"案：率略即较略。谓言其大略。**而我以为妙道之行也。吾子以为奚若？"**

长梧子曰："是黄帝之所听荧也，"黄"，元作"皇"，释文："本又作黄。"卢文弨云："黄、皇通用。今本作黄。"成云："听荧，疑惑不明之貌。"**而丘也何足以知之！且汝亦大早计，**释文："大音泰。"成云："方闻此言，便谓妙道，无异下云云也。"**见卵而求时夜，**崔云："时夜，司夜，谓鸡。"**见弹而求鸮炙。**司马云："鸮，小鸠，可炙。毛诗草木疏云：'大如斑鸠，绿色，其肉甚美。'"成云："即鹏鸟，贾谊所赋。"案：二句又见人间世篇。**予尝为女妄言之，女亦以妄听之，奚？**成云："何如？"**旁日月，**释文："旁，薄葬反，司马云：'依也。'"郭云："以死生为昼夜之喻。"**挟宇宙，**尸子云："天地四方曰宇，古往今来曰宙。"说文："舟舆所极覆曰宙。"成云："挟，怀藏也。"郭云："以万物为一体之譬。"**为其脗合，**脗，司马云："合也。"向音唇，云："若两唇之相合也。"成云："无分别貌。"**置其滑涽，**成云："置，任也。滑，乱也。向本作汩。涽，暗也。"**以隶相尊。**成云："隶，贱称，皂仆之类。"案：此贵贱一视。**众**

人役役，圣人愚芚，芚，徐徒奔反。司马云："浑沌不分察。"成云："忘知废照，芚然若愚。"**参万岁而一成纯。**参糅万岁，千殊万异，浑然汩然，不以介怀，抱一而成精纯也。**万物尽然，而以是相蕴。**释文："蕴，积也。"案：言于万物无所不然，但以一是相蕴积。**予恶乎知说生之非惑邪！**说音悦。**予恶乎知恶死之非弱丧而不知归者邪！**丧，失也。弱龄失其故居，安于他土。

丽之姬，艾封人之子也。成云："艾封人，艾地守封疆者。"**晋国之始得之，涕泣沾襟；及其至于王所，**崔云："六国诸侯僭称王，因谓晋献公为王也。"**与王同筐床，**释文："筐，本亦作匡，崔云：'方也。'"**食刍豢，而后悔其泣也。**又借喻。**予恶乎知夫死者不悔其始之蕲生乎！**郭云："蕲，求也。"**梦饮酒者，旦而哭泣；梦哭泣者，旦而田猎。方其梦也，不知其梦也。梦之中又占其梦焉，觉而后知其梦也。**觉、梦之异。**且有大觉而后知此其大梦也，**死为大觉，则生是大梦。**而愚者自以为觉，窃窃然知之。**自谓知之。**君乎，牧乎，固哉！**其孰真为君上之贵乎？孰真为牧圉之贱乎？可谓固陋哉！**丘也，与女皆梦也；予谓女梦亦梦也。是其言也，其名为吊诡。**释文："吊音的，至也。诡，异也。"苏舆云："言众人闻此言，以为吊诡，遇大圣则知其解矣。"**万世之后而一遇大圣知其解者，是旦暮遇之也。**解人难得，万世一遇，犹旦暮然。

既使我与若辩矣，若胜我，我不若胜，若果是也？我果非也邪？我胜若，若不吾胜，我果是也？而果非也邪？若、而，皆汝也。**其或是也，其或非也邪？**有是有非。**其俱是也，其俱非也邪？我与若不能相知也。则人固受其黮暗，吾谁使正之？**使我各执偏见，不能相知，则旁人亦因之不明，是受其黮暗也。我欲正之，将谁使乎？黮暗，不明之貌。**使同乎若者正之，既与若同矣，恶能正之？使同乎我者正之，既同乎我矣，恶能正之？使异乎我与若者正之，既异乎我与若矣，恶能正之？使同乎我与若者正之，既同乎我与若矣，恶能正之？然则我与若与人俱不能相知也，而待彼也邪？**同彼，我不信；同我，彼不服。别立是非，彼我皆疑，随人是非，更无定论，不能相知，更何待邪？极言辩之无益。**化声之相待，若其不相待。**郭嵩焘云："言随物而变，谓之化声。若，与也。是与不是，然与不然，在人者也。待人之为是为然，而是之然之，与其无待于人，而自是自然，一皆无与于其心，如下文所云也。"**和之以天倪，因之以曼衍，所以穷年也。**成云："天，自然也。倪，分也。曼衍，犹变化。因，任也。穷，尽也。和以自然之分，任其无极之化，尽天年之性命。"案：此二十五字，在后"亦无辩"下，今从宣本移正。又寓言篇亦云："卮言日出，和以天倪，因以曼衍，所以穷年。"

"何谓和之以天倪？"曰："是不是，然不然。是若果是也，则是之异乎不是也亦无辩；然若果然也，则然之异乎不然也亦无辩。"成云："是非然否，出自妄情，以理推求，举体虚幻，所是则不是，所然则不然。何以知其然邪？是若定是，是则异非；然若定然，然则异否。而今此谓之是，彼谓之非；彼之所然，此以为否。故知是非然否，理在不殊，彼我更对，妄为分别，故无辩也矣。"**忘年忘义**，成云："年者生之所禀，既同于生死，所以忘年。义者裁于是非，既一于是非，所以忘义。"**振于无竟，故寓诸无竟。"**成云："振，畅。竟，穷。寓，寄也。"案：理畅于无穷，斯意寄于无穷，不须辩言也。瞿鹊、长梧三证。

【新认识与新释译】

"众人役役，圣人愚芚，参万岁而一成纯。万物尽然，而以是相蕴。予恶乎知说生之非惑邪！予恶乎知恶死之非弱丧而不知归者邪"的意涵是①：人们总是一心忙于去争辩是非，圣人却好像十分愚昧无所关切，面对古往今来多少变异、沉浮的纷杂，不为之困扰而回归自然本真。万物同理，一切变化，都可回复到其自然本真之态。人们怎么就意识不到："贪生"就是一种被误导的人生歧途，"怕死"就是一种流落他乡找不到归途的人生窘境！

《道德经》第二十章有"众人熙熙，如享太牢，如春登台。我独泊兮，其未兆，如婴儿之未孩；儽儽兮，若无所归。众人皆有余，而我独若遗。我愚人之心也哉！俗人昭昭，我独昏昏。俗人察察，我独闷闷。澹兮其若海，飂兮若无止。众人皆有以，而我独顽且鄙。我独异于人，而贵食母"之论述，其含义是：人们自以为对世事规律了然于胸，往往认为"道"可以为人类解答一切问题。其实，"道"并不告知人们时空的终结、人生的意义、如何应对自然巨变之类的问题，"道"的根本只是告知人们顺应自然、顺应本性。理解

---

① "芚"，即"浑沌无知"之义；"万岁"，即"古往今来之事"之义；"说"，即"悦"；"弱"，即"幼小之时"之义；"丧"，即"遗忘（归途）"之义。

《庄子》此段文字的意涵，可参考之。

"丽之姬，艾封人之子也。晋国之始得之也，涕泣沾襟。及其至于王所，与王同筐床，食刍豢，而后悔其泣也。予恶乎知夫死者不悔其始之蕲生乎？梦饮酒者，旦而哭泣；梦哭泣者，旦而田猎。方其梦也，不知其梦。梦之中又占其梦焉，觉而后知其梦也。且有大觉而后知此其大梦也，而愚者自以为觉，窃窃然知之。君乎，牧乎，固哉！丘也，与女皆梦也，予谓女梦亦梦也。是其言也，其名为吊诡。万世之后而一遇大圣知其解者，是旦暮遇之也"的意涵是①：（人们的认识，即使是对于自己不同境遇下的认识，也会完全不同。）例如，艾国的丽姬，在晋国征伐时被俘获，当时哭得极为伤心。当她成为晋国国君夫人享受荣华后，也就后悔当初不该那么伤心。同样的道理，人们怎么知道那些死去的人会不会后悔当初不该有那么强烈的求生欲望呢？同样的道理，睡梦里饮酒作乐的人，天亮醒来后会不会痛哭呢？睡梦中痛哭的人，天亮醒来后会不会欢快地围猎呢？人们在做梦时，并不知道自己是在做梦。梦中还会占卜梦的吉凶，醒来以后方知是在做梦。其实，人们在清醒时的所作所为，也不过是一场大梦，而愚昧者自以为清醒，自以为知晓一切。孔子有关"君主臣民"之类的言论，其实就是自以为清醒、自以为知晓世事的错觉，只不过是在做不自以为梦的梦！上述道理，今人必然以为"吊诡"之论，若干世代之后的人们一旦悟出这个道理，一定会觉得极为简单平常！

"既使我与若辩矣，若胜我，我不若胜，若果是也？我果非也邪？我胜若，若不吾胜，我果是也？而果非也邪？其或是也？其或非也邪？其俱是也？其俱非也邪？我与若不能相知也。则人固受其黮暗，吾谁使正之？使同乎若者正之，既与若同矣，恶能正之？使同乎我者正之，既同乎我矣，恶能正之？使异乎我与若者正之，既异乎我与若矣，恶能正之？使同乎我与若者正之，既同乎我与若矣，恶能正之？然则我与若与人俱不能相知也，而待彼也邪"的意涵是②：假使两方展开辩论，一方获胜、一方落败，获胜一方的观点果真正确、落败一方的观点果真错误？谁的观点正确，谁的错误？或者都是正确的，或

---

① "牧"，即"牧民者"，代指"管理民众的官员"；"吊诡"，即"极其不符合常理的奇谈怪论"之义。

② "倪"，即"端倪"，指事物的头绪、由来。

者都是错误的？谁都无从判断！错误的一方无疑处于蒙昧之中，但是谁又能够去纠正呢？让认识相同者去纠正的话，既然认识相同，怎么可能做出纠正？让认识不同者去纠正的话，既然认识不同，又怎么能够认同其纠正呢？如果大家的认知都相同，何从纠正？如果大家都是错误的，谁又能说出错误来纠正大家？

"何谓和之以天倪？曰：是不是，然不然。是若果是也，则是之异乎不是也亦无辩；然若果然也，则然之异乎不然也亦无辩。化声之相待，若其不相待。和之以天倪，因之以曼衍，所以穷年也……忘年忘义，振于无竟，故寓诸无竟"的意涵是①：何谓以自然秩序将对立的认知协同起来？那就是：同类事物与异类事物扩展视作一个整体来考察，相符的认知与不相符的认知也扩展视作一个整体来考察。如果同类与异类能够扩展为一个整体，那么，就不必去区分同类异类了，如果相符的认知与不相符的认知也能够扩展为一个整体，也就没有必要区分相符不相符了。现实中的"教化"行为，就是强求改变不相符的认知而统一接受相符的认知，与其如此，不如将不相符的认知与相符的认知扩展视作一个整体。以自然秩序将对立的认知协同起来，使之更具普适性，这样就能够适用于无穷无尽的变化情形。自然秩序下的协同，无论时间如何延展、无论价值如何评判，都能够适用，都能够发挥其功能作用。

【生态文明启示】

"予恶乎知说生之非惑邪！予恶乎知恶死之非弱丧而不知归者邪"的生态文明启示是：在生态文明理念下，反思"经济至上"思潮下过度追求经济增长、过度追求投资和消费、过度防范经济低增长，导致不计后果和不计成效的生态破坏、污染排放、废弃物累积，其实质都是在不当世界观、价值观引导下走上"贪图增长忧惧衰退"的发展歧途和发展窘境。

---

① "竟"，《说文解字》释为"乐曲尽为竟"，即"止境"之义；"化"，《说文解字》释为"教行也"，即"教化推行"之义。

第八节

【原文】

罔两问景曰："曩子行，今子止；曩子坐，今子起。何其无特操与？"景曰："吾有待而然者邪！吾所待又有待而然者邪！吾待蛇蚹蜩翼邪！恶识所以然？恶识所以不然？"

【庄子集解】

罔两问景曰：郭云："罔两，景外之微阴也。"释文："景，本或作影，俗。""曩子行，今子止；曩子坐，今子起，何其无特操与？"成云："独立志操。"景曰："吾有待而然者邪！吾所待又有待而然者邪！影不能自立，须待形；形不自主，又待真宰。吾待蛇蚹蜩翼邪！言吾之待如之。释文："蚹音附。司马云：'蛇腹下龃龉，可以行者也。'"成云："若使待翼而飞，待足而走，禽兽甚多，何独蛇蚹可譬？蚹，蛇蜕皮。翼，蜩甲也。蛇蜕旧皮，蜩新出甲，不知所以，莫辩所然，独化而生，盖无待也。是知形影之义，与蚹甲无异也。"案：言吾之所待，其蛇蚹邪，蜩翼邪？谓二物有一定之形，此尚不甚相合也。以上与寓言篇同，而繁简互异。恶识所以然？恶识所以不然？"成云："待与不待，然与不然，天机自张，莫知其宰。"罔两、景四证。

【新认识与新释译】

"罔两问景曰：曩子行，今子止；曩子坐，今子起。何其无特操与？景曰：吾有待而然者邪？吾所待又有待而然者邪？吾待蛇蚹蜩翼邪？恶识所以然？恶识所以不然"的意涵是①：影子被问到这样的问题：人在走你就走，人

---

① "罔两"，通"魍魉"。一是表"无所依据貌"之义。如，《楚辞·七谏·哀命》"哀形体之离解兮，神罔两而无舍"；又如，《淮南子·览冥训》"浮游不知所成，魍魉不知所往"。二是表"山川精怪"之义。如，《左传·宣公三年》曰："螭魅罔两，莫能逢之"；"操"，《说文解字》释为"把持也"，即"把握……"之义；"待"，《说文解字注》释为"竢也。今人易其语曰等"，即"等待"之义。

停下你就停下；人坐着你就坐着，人站起你就站起。怎么没有把握自己行进的独立准则呢？影子回答说：我作为影子真的是等到人做出动作之后才跟着那样做的吗？人又是等到他人做出动作之后才那样做的吗？是不是就像蛇蜕和蝉蜕那样，一层交替一层的关系？所以，任何现象都很难穷究其动因一层又一层传递的终极根源。

【生态文明启示】

"吾有待而然者邪？吾所待又有待而然者邪"的生态文明启示是：自然生态环境受到破坏，是很难穷究生态破坏行为的终极责任者。也就是说，人类的各种经济活动，都会通过层层传递的方式，最终传递到生态破坏行为。所以，人类全体对于生态环境的破坏都负有其责任，并非只有直接破坏者负有责任。因此，人类全体对于生态环境的维护都应尽其注意义务。

第九节

【原文】

昔者庄周梦为胡蝶，栩栩然胡蝶也。自喻适志与！不知周也。俄然觉，则蘧蘧然周也。不知周之梦为胡蝶与，胡蝶之梦为周与？周与胡蝶，则必有分矣。此之谓物化。

【庄子集解】

昔者庄周梦为胡蝶，栩栩然胡蝶也，成云："栩栩，忻畅貌。"自喻适志与！李云："喻，快也。"自快适其志。与音余。不知周也。俄然觉，则蘧蘧然周也。成云："蘧蘧，惊动之貌。"不知周之梦为胡蝶与，胡蝶之梦为周与？周与胡蝶，则必有分矣。此之谓物化。周、蝶必有分，而其入梦方觉，不知周、蝶之分也，谓周为蝶可，谓蝶为周亦可。此则一而化矣。现身说法，五证。齐物极境。

【新认识与新释译】

"昔者庄周梦为胡蝶，栩栩然胡蝶也。自喻适志与！不知周也。俄然觉，则蘧蘧然周也。不知周之梦为胡蝶与，胡蝶之梦为周与？周与胡蝶，则必有分矣。此之谓物化"的意涵是①：庄周曾经梦见自己变成蝴蝶。在梦境中，那只欣然自得地飞舞着的蝴蝶，心情愉快惬意的蝴蝶，却不知道自己原本是庄周。从梦境中醒来，惊惶不定间才想起来自己原来是庄周。究其原本，到底是庄周梦中变成蝴蝶，还是蝴蝶梦中变成了庄周呢？在物质的层面看来，庄周与蝴蝶是两个完全不同的东西；而在超越物质的精神层面看来，二者则是无法区分的，这就是"物化"。

【生态文明启示】

"周与胡蝶，则必有分矣。此之谓物化"的生态文明启示是：人们总是从"人类中心"的视角来认识自然生态系统中的其他物种，如果人类换位思考，站在其他物种的角度来看待人类行为，或许就能够更加深刻地意识到人类的哪些行为方式是不当的。因此，在确立人类行为准则的过程中，不妨站在地球生态的角度、站在生物物种的角度，去认识和维护地球生态权利、生物物种权利。

---

① "志"，《说文解字》释为"意也"，即"情志、心情"之义。

第三章

养生主

第一节

【原文】

吾生也有涯，而知也无涯。以有涯随无涯，殆已；已而为知者，殆而已矣。为善无近名，为恶无近刑，缘督以为经，可以保身，可以全生，可以养亲，可以尽年。

【庄子集解】

养生主。顺事而不滞于物，冥情而不撄其天，此庄子养生之宗主也。

吾生也有涯，而知也无涯。生有穷尽，知无畔岸。**以有涯随无涯，殆已；**向云："殆，穷困。"**已而为知者，殆而已矣。**已，止也。事过思留，其殆更甚。言以物为事，无益于性命。**为善无近名，为恶无近刑。**王夫之云："声色之类，不可名为善者，即恶也。"二语浅说。**缘督以为经，**李颐云："缘，顺。督，中。经，常也。"李桢云："人身惟脊居中，督脉并脊而上，故训中。"王夫之云："身后之中脉曰督。缘督者，以清微纤妙之气，循虚而行，自顺以适得其中。"深说。**可以保身，可以全生，**全其有生之理。**可以养亲，**以受于亲者归之于亲，养之至也。**可以尽年。**天所与之年，任其自尽，勿夭折之，则有尽者无尽。从正意说入，一篇纲要，下设五喻以明之。

【新认识与新释译】

"养生主"的意涵是①：生命自然养成完成的要旨。

"吾生也有涯，而知也无涯。以有涯随无涯，殆已！已而为知者，殆而已矣！为善无近名，为恶无近刑，缘督以为经，可以保身，可以全生，可以养亲，可以尽年"，此段文字，本书作者认为，较为合理的断句应为**"吾生也，有涯；而知也，无涯。以有涯随无涯。殆已；已而为知者。殆而已矣，为善无近名，为恶无近刑，缘督以为经，可以保身，可以全生，可以养亲，可以尽年"**。之所以做出如此断句，其理据有三：理据之一，《人间世》中有类似的句式"已乎已乎，临人以德！殆乎殆乎，画地而趋"，同一作者应有其表述习惯，所以，本节中"殆已"，所评判的是其后文字"已而为知者"，而不是其前文字"以有涯随无涯"。同理，"殆而已矣"，所评判的是其后文字"为善无近名，为恶无近刑"，而不是其前文字"已而为知者"。理据之二，如果把"以有涯随无涯，殆已"断为一句话，那么，从论理角度来看，缺乏令人信服的论理性，以有限的生命去探寻无限的知识，有何不可？理据之三，如果把"为善无近名，为恶无近刑……可以尽年"断为一句话，不符合庄子的哲学思想。

"吾生也，有涯；而知也，无涯。以有涯随无涯"的意涵是②：人的生命是有限的，而人生过程各种相关知识却是无法穷尽的。因此，有限人生，必然伴随着无法穷尽的人生知识，这是一个永恒的问题。

---

① "养"，《汉字源流字典》释为：甲骨文是手持鞭牧羊形，会放牧饲养之意。此处"养"，可理解为"养成完成"之意。"生"，《说文解字》释为"生，进也。象草木生出土上"。此处"养生"，即为"如何使生命自然而然地养成完成"之意，不能理解为现代语义的"养生"；"主"，《说文解字》释为"主，灯中火主也"，引申为"最重要的、最基本的、起决定性作用的、最高的"之义。此处"养生主"，可理解为"养生的要旨"之义。

② "涯"，《说文解字》释为"涯，水边也"。引申为"边际"之义；"知"，《玉篇》释为"识也，觉也"。此处"知"，可理解为"有关人生的关联知识"之义；"随"，《说文解字》释为"随，从也"，即"伴随"之义。

"**殆已，已而为知者**"的意涵是①：希望通过掌握人生相关知识，去完善人生过程，是根本不可能做到的。明知这是不可行的路径，却偏要去这样做，其人生必然危殆。

"**殆而已矣，为善无近名，为恶无近刑**"的意涵是②：即使探寻到"为善无近名，为恶无近刑"之类的人生信条，这对于人生过程的不可穷尽的可能性而言，其作用是极为有限的，其人生亦必然危殆。

"**缘督以为经，可以保身，可以全生，可以养亲，可以尽年**"的意涵是③：真正的生命养成之道只有一条，那就是"遵循自然之道，以此作为生命过程的总领"。只要把握了这一生命养成之道，就能够保育身体不会遭受无谓的损害，保全生命成长之路不会遭遇无谓的挫折，保障生命的代际传承，保证生命能够顺利地达到自然寿命。

【生态文明启示】

"**吾生也有涯，而知也无涯。以有涯随无涯，殆已；已而为知者，殆而已矣。为善无近名，为恶无近刑，缘督以为经，可以保身，可以全生，可以养亲，可以尽年**"的生态文明启示是：人类之于自然系统而言，其生存传承时

---

① "殆"，《说文解字》释为"殆，危也"；"已"，《玉篇》释为"止也，毕也，讫也"；"已而为知者"，可理解为"明知不可行，却要去探求人生知识以完善人生的人们"之义。

② "殆已；已而为知者，殆而已矣。为善无近名，为恶无近刑"，以现代学术语言来理解，其含义就是：对于人生行为，无论是列出当为的"正面清单"，还是列出不当为的"负面清单"，都是无法穷尽的。那样的话，只能使人们行为无所适从。教导人们去求知以端正行为，教导人们去为善不为恶，都不可能起到根本性的作用。

③ "督"，有"主导、率领"之义。"缘督以为经"，字面含义就是"以督脉来引领全身的经络"，引申含义可理解为"必须以自然之道作为生命养成完成的总领，如同以督脉作为全身经络的总领那样"之义；"可以……"，其含义是"可以这一要旨作为……的保障"；"保"，《说文解字》释为"保，养也"，即"保护幼儿"之义。此处"保身"，可理解为"保全身体不受无谓的损害"之义；"全"，《说文解字》释为"全，完也"，即"完好"之义。"生"，《说文解字》释为"生，进也。象草木生出土上"。此处"全生"，可理解为"生命生长过程的完好"之义；"亲"，《说文解字》释为"亲，至也"，即"关系至近至密者"之义。此处"养亲"，可引申理解为"完成为人子的最重要责任——代际传承"之义；"年"，《说文解字》释为"年，谷熟也"，即"禾谷一熟为一年"之义。此处"尽年"，可理解为"完成生命的自然寿命"之义。

间也必然是短暂的，而人类生存过程之中的各种相关知识也是无法穷尽的。很显然，如果希望通过掌握自然的相关知识，去完善人类生存传承过程，是根本不可能做到的。一些所谓准则，对于无限可能的人类发展过程也起不到根本性的指导作用。真正的要旨只有一条，那就是"遵循自然之道，以此作为人类生存过程和行为的总领"。只要把握了这一人类发展之道，就能够保育人类种群不会遭受无谓的损害，保全人类种群传承之路不会遭遇无谓的挫折，保障人类的代际传承，以顺利地达到人类种群的自然寿命。

第二节

【原文】

庖丁为文惠君解牛，手之所触，肩之所倚，足之所履，膝之所踦，砉然响然，奏刀騞然，莫不中音。合于《桑林》之舞，乃中《经首》之会。

文惠君曰："嘻，善哉！技盖至此乎？"庖丁释刀对曰："臣之所好者道也，进乎技矣。始臣之解牛之时，所见无非全牛者；三年之后，未尝见全牛也；方今之时，臣以神遇而不以目视，官知止而神欲行。依乎天理，批大郤，导大窾，因其固然。技经肯綮之未尝，而况大軱乎！良庖岁更刀，割也；族庖月更刀，折也；今臣之刀十九年矣，所解数千牛矣，而刀刃若新发于硎。彼节者有间，而刀刃者无厚，以无厚入有间，恢恢乎其于游刃必有余地矣。是以十九年而刀刃若新发于硎。虽然，每至于族，吾见其难为，怵然为戒，视为止，行为迟，动刀甚微，謋然已解，如土委地。提刀而立，为之四顾，为之踌躇满志，善刀而藏之。"

文惠君曰："善哉！吾闻庖丁之言，得养生焉。"

【庄子集解】

庖丁为文惠君解牛，释文："丁其名。崔、司马云：'文惠君，梁惠王。'"成云：

"解，宰割。"**手之所触，肩之所倚，足之所履，膝之所踦，**苏舆云："说文：'踦，一足也。'膝举则足单，故曰踦。"**砉然向然，奏刀騞然，**司马云："砉，皮骨相离声。"崔云："砉音画。騞音近获，声大于砉也。"成云："砉然向应，进奏鸾刀，騞然大解。"**莫不中音。**释文："中，丁仲反。下同。"**合于《桑林》之舞，**司马云："桑林，汤乐名。"崔云："宋舞乐名。"释文："左传'舞师题以旌夏'是也。"**乃中《经首》之会。**向、司马云："经首，咸池乐章也。"即尧乐。宣云："会，节也。"

文惠君曰："嘻！李云："叹声。"**善哉！技盖至此乎？"**庖丁释刀对曰："**臣之所好者道也，进乎技矣。**成云："进，过也。"**始臣之解牛之时，所见无非牛者。三年之后，未尝见全牛也。**成云："操刀既久，顿见理间，才睹有牛，已知空郤。亦犹服道日久，智照渐明，所见尘境，无非虚幻。"**方今之时，臣以神遇，**向云："暗与理会。"**而不以目视，官知止而神欲行。**成云："官，主司也。"案："官"承上，专以目言。目方睹其迹，神已析其形。**依乎天理，**成云："依天然之腠理。"**批大郤，**字林："批，击也。"成云："大郤，间郤交际之处。"郭音却。**道大窾，**郭庆藩云："窾当为款。汉书司马迁传注：'款，空也。'谓骨节空处。"**因其固然。枝经肯綮之未尝，**俞云："技盖枝之误。枝，枝脉；经，经脉。枝经，犹言经络。素问王注引灵枢经云：'经脉为里，支而横者为络。'支、枝通作。经络相连处，必有碍于游刃，庖丁因其固然，故无碍。"释文："肯，著骨肉。司马云：'綮，犹结处也。'音启。"言枝经肯綮，皆刀所未到。尝，试也。**而况大軱乎！**軱音孤。崔云："盘结骨。"**良庖岁更刀，割也；族庖月更刀，折也。**崔云："族，众也。"俞云："谓折骨，非刀折。左传曰：'无折骨。'"**今臣之刀十九年矣，所解数千牛矣，而刀刃若新发于硎。**释文："磨石。"**彼节者有间，**节，骨节。**而刀刃者无厚，以无厚入有间，恢恢乎其于游刃必有余地矣。是以十九年而刀刃若新发于硎。虽然，每至于族，**郭云："交错聚结为族。"**吾见其难为，怵然为戒，视为止，**郭云："不属目他物。"**行为迟。**郭云："徐其手。"**动刀甚微，謋然已解，**謋与磔同，解脱貌。**如土委地。提刀而立，为之四顾，为之踌躇满志，**郭云："逸足容豫自得之谓。"案：田子方篇亦云："方将踌躇，方将四顾。"**善刀而藏之。**释文："善，犹拭。"

文惠君曰："善哉！吾闻庖丁之言，得养生焉。"牛虽多，不以伤刃，物虽杂，不以累心，皆得养之道也。一喻。

【新认识与新释译】

"庖丁为文惠君解牛，手之所触，肩之所倚，足之所履，膝之所踦，砉然响然，奏刀騞然，莫不中音。合于《桑林》之舞，乃中《经首》之会"的意涵是①：任何事物的顺畅进行，都必然以各方面关系和谐的方式展现出来（如同高妙的庖丁解牛过程）。

"臣之所好者道也，进乎技矣"的意涵是②：庖丁最为关切的是"解牛用刀的合理路径"，认知合理路径比娴熟的技巧更为重要。

"始臣之解牛之时，所见无非全牛者；三年之后，未尝见全牛也；方今之时，以神遇而不以目视，官知止而神欲行。依乎天理，批大郤，导大窾，因其固然。技经肯綮之未尝，而况大軱乎"的意涵是③：（对于一个事物的认识之初，对于事物内部机理一无所知，要对其进行解析往往无从下手）如同，庖丁解牛之初，面对一个没有缝隙的坚硬物体，只能以刀砍刀劈的方式去析解；（对于事物认识到一定程度之后，就能够认识到事物内部的机理）如同，经过三年认知的庖丁，对于所解之牛，看到的不再是一个没有缝隙的物体，而是认识到了其内部的缝隙所在，也就认识到了解牛的合理路径；（对于事物有着深刻认识之后，就会对事物内在机理完全洞悉）就如同，深刻认知牛的内在结构的庖丁，心神意会的认知能力远远超过感官的直接认知能力。（所以，要解析一个事物，只要认知了其内在机理，沿着其内在结构的缝隙去行进，就会迎刃而解，不需要过多的人为技巧和外力作用）这就如同，深刻认知牛之内在结构的庖丁，他在解牛时，只依照牛的天然结构，向筋骨相接处，

---

① "中"，"合于音节"之义；"会"，《说文解字》释为"合也"，此处可理解为"乐曲的节奏"之义。

② "好"，《说文解字》释为"好，爱而不释也"。此处"所好者"，可理解为"所念念不忘的"之义；"道"，《说文解字》释为"所行道也。一达谓之道"。此处"道"，应理解为"解牛之刀所行路径"之义。不宜理解为老子之"道"，因为庖丁解牛符合"道"理，是一种不自觉的领悟，并非学"道"而领悟。因此，后文文惠君是从庖丁解牛之言中得到"养生"的启发，而非直接受教于庖丁之"道"。

③ "全牛"，其含义是"一个没有缝隙的坚硬物体，只能依靠刀砍刀劈的方式去析解"。"未尝见全牛"，可理解为"对于所解之牛，看到的不再是一个没有缝隙的物体，而是认识到了其内部的缝隙所在，也就认识到了解牛的合理路径"。

顺着骨节间的缝隙进刀，这样一来，筋脉经络相连处和筋骨结合处，就会迎刃而解，大骨也必然随之自然分开。这一过程，用刀很少，更不需要用力和用技巧。

"良庖岁更刀，割也；族庖月更刀，折也；今臣之刀十九年矣，所解数千牛矣，而刀刃若新发于硎。彼节者有间，而刀刃者无厚，以无厚入有间，恢恢乎其于游刃必有余地矣"的意涵是①：（面对一个需要解决的问题，最为有效的方式是认识其内在的机理，而后认知到其合理的路径，依靠外在的强力或娴熟的技巧，并不是好的解决方法）这就如同，稍好的庖丁，每年都要更换刀具，因为他们是在用刀割肉；普通的庖丁每月都要更换刀具，因为他们是在用刀砍骨头；而高妙的庖丁，却解牛数千头，其刀刃还像新磨的一样，因为他只是游刃于骨节缝隙处。

"每至于族，吾见其难为，怵然为戒，视为止，行为迟，动刀甚微，謋然已解，如土委地"的意涵是②：（只要认知到了事物内部的根本机理，那么，即使是那些看上去错综复杂的难题也会迎刃而解）这就如同，庖丁解牛时，遇到筋腱、骨节交错的地方，感觉难于下刀，为此格外谨慎、目光专注、动作迟缓、动刀轻微，即便如此，由于完全依照牛体内部机理行事，整个牛体便霍霍地分解开来，就像是一堆泥土坍塌在地上一样。

"踌躇满志"的意涵是③：只要认知了根本机理，对于相关问题就能够坦然自若地应对解决。

《道德经》第四十三章有"天下之至柔，驰骋于天下之至坚。以无有入无间"之句。其意涵是：只有"至柔"，才能够"驰骋"（"无障碍地行进"之义）于"至坚"之境；只有"无有"（"无固化的形态"之义），才能够进入"无间"之所。什么是"至柔"，什么是"无有"，那就是"顺应"而不是

---

① 此处"族"，可理解为"为数众多的一般匠人"之义；"恢恢"，可理解为"很阔绰、宽松的情形"。

② 此处"族"，为"筋骨交错的地方"之义；"怵"，《说文解字》释为"恐也"，此处可理解为"戒惧谨慎、小心翼翼"之义。

③ "踌躇"，表"进退貌"；"志"，《说文解字》释为"志，意也"。此处"踌躇满志"，可理解为"坦然自若"之意，用以描述其解牛过程并没有费多大的气力，不宜以后世"洋洋自得"之义释之。

"强为"。《庄子》此段文字的意涵与之相近。

【生态文明启示】

"庖丁解牛"的生态文明启示是：面对"生态环境不可持续"这个需要解决的问题，最为有效的方式是认识生态系统的内在机理，而后认知实现"可持续发展"的合理路径，依靠外在强力或技巧不是有效的路径和方法。要认识到，"可持续发展"的本质机理源自：稳定的自然生态系统为人类及一切物种种群提供了适宜生存传承的环境，只要人类经济活动带来的影响在自然生态系统的可承受能力和自净化能力范围之内，那么，自然生态系统就能够保持稳定，也就能够为人类提供适宜的生存环境。反之，如果人类经济活动的影响超过了自然生态系统的承载力，那么，自然生态系统就会做出相应的反应，人类的生存环境将随之而劣化。因此，"可持续发展"的本质机理是，在人类赖以生存的自然生态系统的可持续性得以保障，生态可持续所限制的"地球经济规模"不被突破条件下的"人类发展"。

第三节

【原文】

公文轩见右师而惊曰："是何人也？恶乎介也？天与？其人与？"曰："天也，非人也。天之生是使独也，人之貌有与也。以是知其天也，非人也。"

【庄子集解】

公文轩见右师而惊曰：司马云："公文姓，轩名，宋人。"简文云："右师，官名。""是何人也？恶乎介也？介，一足。天与？其人与？"司马云："为天命与，抑人事也？"曰："天也，非人也。天之生是使独也，司马云："独，一足。"案：此与德充符篇三兀者不同：介者天生，兀者人患。人之貌有与也。郭云："两足并行。"以

77

是知其天也，非人也。"形残而神全也。知天则处顺。二喻。

【新认识与新释译】

"**天之生是使独也，人之貌有与也。以是知其天也，非人也**"的意涵是①：上天创造的一个个生命，不是让他们相互争竞的，而是各自有其独特的价值；而人的外在形象也不会完全相同。由此可知，（生就只有一足的人）是上天自然安排的差异性，而不是人为导致的差异性。

《道德经》第五章有"天地不仁，以万物为刍狗"之句。其哲学意涵是：天地对于万物之生命是重视的，赋予各自旺盛的生命力。但是，天地对于万物的成长生灭，是任其自生自成的，不会施加特定的影响。《庄子》此段文字与之有相近的意涵。

【生态文明启示】

"**天之生是使独也，人之貌有与也。以是知其天也，非人也**"的生态文明启示是：人类之于自然生态系统，人类与其他物种种群有其差异性，但本质上是没有区别的。因此，人类作为自然生态系统中的一个物种种群，自然生态系统也没有赋予它特别优越的生态权力和利益，它的"权利"就是在不损害自然生态系统稳定的原则，寻求自身适合的位置和发展路径；同时，它还有"责任"维护及不损害其他物种种群的生态权利。

第四节

【原文】

泽雉十步一啄，百步一饮，不蕲畜乎樊中。神虽王，不善也。

---

① "独"，《说文解字》释为"独（獨），犬相得而斗也。从犬蜀声。羊为群，犬为独也"。此处"使独也"，可以理解为"不是让其相互争竞的"之义；"有"，《说文解字》释为"有，不宜有也"；"与"，《说文解字》释为"与，党与也"，即党与徒众的意思。此处"有与也"，可理解为"不会完全相同"之义。

【庄子集解】

泽雉十步一啄，百步一饮，不蕲畜乎樊中。蕲同期。犹言不期而遇。下同。李云："樊，藩也，所以笼鸟。"神虽王，不善也。释文："王，于况反。"不善，谓不自得。鸟在泽则适，在樊则拘；人束缚于荣华，必失所养。三喻。

【新认识与新释译】

"泽雉十步一啄，百步一饮，不蕲畜乎樊中。神虽王，不善也"的意涵是①：沼泽边的野鸡，走上十步才能啄到一口食物，走上百步才能喝到一口水，可是它们并不期望被畜养在笼子里。即使把它们当作神灵供奉起来，它们也不会愿意失去其自由自在的生活。

《秋水篇》有"吾闻楚有神龟，死已三千岁矣，王巾笥而藏之庙堂之上。此龟者，宁其死为留骨而贵乎，宁其生而曳尾于涂中乎?"之句，此处"神虽王，不善也"与该段文字的意涵相近。

【生态文明启示】

"泽雉十步一啄，百步一饮，不蕲畜乎樊中。神虽王，不善也"的生态文明启示是：在生态环境保护的宣传与实践过程中，人们往往把人类的价值倾向加诸其他物种种群，如，激进的动物保护组织成员，他们对动物权利的保护，只是人类成员权利的直接移植，并没有考虑动物作为自然生态系统的存在物去认识。应当认识到，人类应当保护的是各种物种的自然生存传承环境，极端地保护物种个体对于维护自然生态系统中的物种并没有什么意义。还应认识到，在自然生态系统之中，人类和各种生物物种种群之间，其需求满足存在一定顺位，人类不能为了满足自身并不重要的需求而去损害其他物种种群繁衍的基本条件，这是维护生物多样性的一个基本原则。

---

① "蕲"，通"期"，即"希望、期待"之义；"善"，有"多"的释义，此处"不善也"，可理解为"没有多少选择，不能随心所欲"之义。

第五节

【原文】

老聃死，秦失吊之，三号而出。弟子曰："非夫子之友邪？"曰："然。""然则吊焉若此，可乎？"曰："然。始也，吾以为至人也，而今非也。向吾入而吊焉，有老者哭之，如哭其子；少者哭之，如哭其母。彼其所以会之，必有不蕲言而言，不蕲哭而哭者。是遁天倍情，忘其所受，古者谓之遁天之刑。适来，夫子时也；适去，夫子顺也。安时而处顺，哀乐不能入也，古者谓是帝之县解。"

【庄子集解】

老聃死，司马云："老子。"案：老子不知其年，此借为说。**秦失吊之，**释文："失音逸。"**三号而出。弟子曰："非夫子之友邪？"曰："然。""然则吊焉若此，可乎？"曰："然。始也，吾以为至人也，**谓真人不死。**而今非也。向吾入而吊焉，有老者哭之，如哭其子；少者哭之，如哭其母。彼其所以会之，必有不蕲言而言，不蕲哭而哭者。**所谓"不言而信，不比而周"也。会，交际。言，称誉。言老子诚能动物，我之不哭，自有说也。**是遁天倍情，忘其所受，**是，谓老聃。情，乃惠子所谓情，见德充符篇。受者，受其成形。**古者谓之遁天之刑。**语又见列御寇篇。德充符以孔子为天刑之，则知"遁天刑"是赞语。旧解并误。**适来，夫子时也；适去，夫子顺也。安时而处顺，哀乐不能入也，古者谓是帝之县解。"**释文："县音玄。"成云："帝，天也。"案：大宗师篇云："得者时也，失者顺也。安时而处顺，哀乐不能入也，此古之所谓县解也。"与此文大同。来去得失，皆谓生死。德充符郭注亦云："生为我时，死为我顺；时为我聚，顺为我散也。天生人而情赋焉，县也。冥情任运，是天之县解也。"言夫子已死，吾又何哀！四喻。

【新认识与新释译】

"有老者哭之，如哭其子；少者哭之，如哭其母。彼其所以会之，必有不蕲言而言，不蕲哭而哭者。是遁天倍情，忘其所受，古者谓之遁天之刑"的意涵是①：有老者表面上是哭吊老子，但更像是在哭吊自己的儿子；有少年表面上是哭吊老子，但更像是在哭吊自己的母亲。之所以如此，是他们在转借对象而诉说真情。这就是古代所谓"遁天之刑"（固化了的人为情感表达规范，可变通方式转化为自然情感的表达）。

"适来，夫子时也；适去，夫子顺也。安时而处顺，哀乐不能入也，古者谓是帝之县解"的意涵是②：秦失对于老子的哭吊，不是他人那种"转借对象而哭诉"，而是对于人的生死之自然真义的理解。人的生命，是因应时势的自然过程；人的死亡，是顺应自然循环的必然结果。因应自然而活、顺应自然而死，是不需要以快乐或哀伤的情感去表达的。这就是古代所说的"帝之县解"（自然的联结与自然的解脱）。

【生态文明启示】

"遁天之刑"的生态文明启示是：在人类历史进程中，已经形成了一些固化的人为规范。直接摒弃这些人为规范是困难的，但是可以通过变通的方式，将之转化为顺应自然的思维和行为。如历史上形成的"贵族修养"，不妨转化为"生态文明行为修养"，引导特定群体，进而引导跟随民众，逐步朝着生态文明生活方式转变。

"帝之县解"的生态文明启示是：人类成员应当认识到，人类之于自然生态系统，只是自然生态系统中的物种种群，人类形成于自然生态系统之中、消亡于自然生态系统之中都是必然的。人类成员能够做的，就是在人类种群在存续过程中与自然生态系统的和谐共生。

---

① "倍"，《说文解字》释为"倍，反也"，即"违反、违背"之义；"遁"，《说文解字》释为"遁（遯），迁也。一曰逃也"。此处可理解为"转移情感于其他对象之上"之义。"遁天"和"遁天之刑"，可理解为"转借对象而诉说真情"之义。

② "天之刑"，本书作者认为，可理解为"一些人为规定，已经给人类思维或行为烙上了深深的烙印"之义；"县"，《说文解字》释为"县，系也"，《说文解字注》释为"……古悬挂字皆如此作。引伸之，则为所系之称"。"帝之县解"，可理解为"自然的联结与自然的解脱"之义。

第六节

【原文】

指穷于为薪，火传也，不知其尽也。

【庄子集解】

指穷于为薪，以指析木为薪，薪有穷时。**火传也，不知其尽也**。形虽往，而神常存，养生之究竟。薪有穷，火无尽。五喻。

【新认识与新释译】

"指穷于为薪，火传也，不知其尽也"的意涵是：短暂的生命，很快就会走向尽头，但其生命价值是永存的。如同，只有一指长的引火之物，在点燃柴火的过程中很快就燃尽了，但起到了引火燃烧的作用，所燃之火就是其价值的延续，并没有因其燃尽而消失。

【生态文明启示】

"指穷于为薪，火传也，不知其尽也"的生态文明启示是：人类成员之于自然生态系统，不能仅以当代人的生存价值作为根本考量，还要考虑到人类世代的生存传承，即：要基于人类世代间对于自然资源和自然生态环境的"代际公平"形成价值观，进而确立其行为准则和行为方式。所以，"可持续发展"的基本定义是：当代人在满足自身需求过程中，不损害后代人满足其需求的能力。简言之，"可持续发展"是当代人在保障人类世代可持续条件下追求的"发展"。

第四章

人间世

第一节

【原文】

颜回见仲尼，请行。曰："奚之？"曰："将之卫。"曰："奚为焉？"曰："回闻卫君，其年壮，其行独。轻用其国而不见其过。轻用民死，死者以国量，乎泽若蕉，民其无如矣！回尝闻之夫子曰：'治国去之，乱国就之。医门多疾。'愿以所闻思其则，庶几其国有瘳乎！"

仲尼曰："嘻，若殆往而刑耳！夫道不欲杂，杂则多，多则扰，扰则忧，忧而不救。古之至人，先存诸己而后存诸人。所存于己者未定，何暇至于暴人之所行！且若亦知，夫德之所荡而知之所为出乎哉？德荡乎名，知出乎争。名也者，相轧也；知也者，争之器也。二者凶器，非所以尽行也。且德厚信矼，未达人气；名闻不争，未达人心。而强以仁义绳墨之言术暴人之前者，是以人恶有其美也，命之曰菑人。菑人者，人必反菑之，若殆为人菑夫。且苟为人悦贤而恶不肖，恶用而求有以异？若唯无诏，王公必将乘人而斗其捷。而目将营之，而色将平之，口将营之，容将形之，心且成之。是以火救火，以水救水，名之益多。顺始无穷，若殆以不信厚言，必死于暴人之前矣！且昔者桀杀关龙逢，纣杀王子比干，是皆修其身以下伛拊人之民，以下拂其上者也，故其君因其修以挤之。是好名者也。昔者尧攻丛枝、胥敖，禹攻有扈，国为虚厉，身为刑戮，其用兵不止，其求实无已，是皆求名实者也，而独不闻之乎？名实者，圣人之所不能胜也，而况若乎！虽然，若必有以也，尝以语我来。"

颜回曰："端而虚，勉而一，则可乎？"曰："恶！恶可！夫以阳为充孔扬，采色不定，常人之所不违，因案人之所感，以求容与其心，名之曰日渐之德不成，而况大德乎！将执而不化，外合而内不訾，其庸讵可乎！"

"然则我内直而外曲，成而上比。内直者，与天为徒。与天为徒者，知天子之与己皆天之所子，而独以己言蕲乎而人善之，蕲乎而人不善之邪？若然者，人谓之童子，是之谓与天为徒。外曲者，与人之为徒也。擎跽曲拳，人臣之礼也。人皆为之，吾敢不为邪？为人之所为者，人亦无疵焉，是之谓与人为徒。成而上比者，与古为徒。其言虽教，謫之实也，古之有也，非吾有也。若然者，虽直而不病，是之谓与古为徒。若是则可乎？"仲尼曰："恶！恶可！大多政，法而不谍。虽固，亦无罪。虽然，止是耳矣，夫胡可以及化！犹师心者也。"

颜回曰："吾无以进矣，敢问其方。"仲尼曰："斋，吾将语若。有心而为之，其易邪？易之者，暤天不宜。"颜回曰："回之家贫，唯不饮酒不茹荤者数月矣，如此则可以为斋乎？"曰："是祭祀之斋，非心斋也。"回曰："敢问心斋？"仲尼曰："若一志，无听之以耳而听之以心；无听之以心而听之以气。听止于耳，心止于符。气也者，虚而待物者也。唯道集虚。虚者，心斋也。"

颜回曰："回之未始得使，实自回也；得使之也，未始有回也，可谓虚乎？"夫子曰："尽矣！吾语若：若能入游其樊而无感其名，入则鸣，不入则止。无门无毒，一宅而寓于不得已则几矣。绝迹易，无行地难。为人使易以伪，为天使难以伪。闻以有翼飞者矣，未闻以无翼飞者也；闻以有知知者矣，未闻以无知知者也。瞻彼阕者，虚室生白，吉祥止止。夫且不止，是之谓坐驰。夫徇耳目内通而外于心知，鬼神将来舍，而况人乎！是万物之化也，禹、舜之所纽也，伏羲、几蘧之所行终，而况散焉者乎！"

【庄子集解】

人间世。人间世，谓当世也。事暴君，处污世，出与人接，无争其名，而晦其德，此善全之道。末引接舆歌云："来世不可待也，往世不可追也。"此漆园所以寄慨，而以人间世名其篇也。

颜回见仲尼，请行。曰："奚之？"曰："将之卫。"曰："奚为焉？"曰："回闻卫君，释文："司马云：'卫庄公蒯聩。'案左传，庄公以鲁哀十五年冬入国，时颜回已死。此是出公辄也。"姚鼐云："卫君，托词，以指时王糜烂其民者。"**其年壮，其行独，**宣云："自用。"**轻用其国，**役民无时。**而不见其过，**郭云："莫敢谏。"**轻用民死，**视用兵易。**死者以国量，乎泽若蕉，**国中民死之多，若以比量泽地，如以火烈而焚之之惨也。郭嵩焘云："蕉与焦通。左成九年传'蕉萃'，班固宾戏作'焦瘁'。广雅：'蕉，黑也。'"**民其无如矣。**无所归往。**回尝闻之夫子曰：'治国去之，**宣云："无所事。"**乱国就之，**宣云："欲相救。"**医门多疾。'**入喻。**愿以所闻思其则，**崔、李云："则，法也。"**庶几其国有瘳乎！"**李云："瘳，愈也。"

仲尼曰："嘻，若殆往而刑耳！成云："若，汝也。往恐被戮。"**夫道不欲杂，杂则多，多则扰，扰则忧，忧而不救。**成云："道在纯粹，杂则事绪繁多，事多则心扰乱，扰则忧患起。药病既乖，彼此俱困，己尚不立，焉能救物？"**古之至人，先存诸己而后存诸人。**成云："存，立也。"**所存于己者未定，何暇至于暴人之所行！**至，犹逮及也。暴人，谓卫君。**且若亦知，夫德之所荡而知之所为出乎哉？德荡乎名，知出乎争。**成云："德所以流荡丧真者，矜名故也。智所以横出逾分者，争善故也。"**名也者，相轧也；知也者，争之器也。二者凶器，非所以尽行也。**成云："轧，伤也。"案：言皆凶祸之器，非所以尽乎行世之道。苏舆云："瘳国，美名也；医疾，多智也。持是心以往，争轧萌矣，故曰凶器。"此浅言之，下复深言。虽无用智争名之心，而持仁义绳墨之言以讽人主，尚不可游乱世而免于灾，况怀凶器以往乎！**且德厚信矼，未达人气；名闻不争，未达人心。**简文云："矼，慤实貌。"案：虽悫厚不用智，而未孚乎人之意气；虽不争名，而未通乎人之心志，人必疑之。**而强以仁义绳墨之言术暴人之前者，是以人恶有其美也，**释文："强，其两反。"术同述。郭嵩焘云："祭义'而术省之'，郑注：'术当作述。'"案：人若如此，则是自有其美，人必恶之。**命之曰菑人。菑人者，人必反菑之，若殆为人菑夫！**成云："命，名也。"释文："菑音灾。"**且苟为悦贤而恶不肖，恶用而求有以异？**下而，汝也。且卫君苟好善恶恶，则朝多正人，何用汝之求有以自异乎？**若唯无诏，王公必将乘人而斗其捷。**成云："诏，言也。王公，卫君。"言汝唯无言，卫君必将乘汝之隙，而以捷辩相斗。**而目将荧之，而色将平之，口将营之，容将形之，心且成之。是以火救火，以水救水，名之益多。顺始无穷，**成云："形，见也。"言汝目将为所眩，汝色将自降，口将自救，容将益恭，心且舍己之是，以成彼之非。彼恶既多，汝又从而益之。始既如此，后且顺之无尽。**若殆以不信厚言，**宣云："未信而深谏。"案：此"若"字训如。**必死于暴人之前矣。且昔者桀杀关龙逢，纣杀王子比干，是皆修其身以下伛拊人之民，**李云："伛拊，谓怜爱之。"宣云："人，谓君。"**以下拂其上者也，故其君因其修以挤之。是好名者也。**因其好修名之心而陷之。一证。**昔者尧攻丛枝、胥敖，禹攻有扈，**三国名。**国为虚厉，**宣云："地为丘墟，人为厉鬼。"**身为刑戮，其用兵不止，其求实无已。**求实，贪利。三国如此，故尧、禹攻灭之。**是皆求名、实者也，**再证。苏舆云："龙、比修德，而桀、纣以为好名，因而挤之。桀、纣恶直臣之有其美，而自耻为辟王，是亦好名也。丛枝、胥敖、有扈，用兵不止，以求实也，尧、禹因而攻灭之，亦未始非求实也。故曰：'是皆求名、实者也。'"**而独不闻之乎？名实者，圣人之所不能胜也，而况若乎！**夫子又举所闻告之。言人主据高位之名，有威权之实，虽以圣人为之臣，亦不能不为所屈，况汝乎！**虽然，若必有以也，尝以语我来！"**以者，挟持之具。尝，试也。

颜回曰："**端而虚，**端肃而谦虚。**勉而一，**黾勉而纯一。**则可乎？"**曰："**恶！恶可？**上恶，惊叹词。下恶可，不可也。**夫以阳为充孔扬，**卫君阳刚之气充满于内，甚扬于外。**采色不定，**容外见者无常。**常人之所不违，**平人莫之敢违。**因案人之所感，以求容与其心。**成云："案，抑也。容与，犹快乐。人以箴规感动，乃因而挫抑之，以求放纵其心意。"**名之曰日渐之德不成，而况大德乎！**虽日日渐渍之以德，不能有成，而况进于大德乎！**将执而不化，**宣云："自以为是。"**外合而内不訾，**宣云："外即相合，而内无自讼之心。"姚鼐云："訾，量也。闻君子之言，外若不违，而内不度量其义。"**其庸讵可乎！"**

"**然则我内直而外曲，成而上比。**"然则"下，颜子又言也。**内直者，与天为徒。与天为徒者，知天子之与己皆天之所子，而独以己言蕲乎而人善之，蕲乎而人不善之邪？**成云："内心诚直，共自然之理而为徒类。"宣云："天子，人君。"

郭云："人无贵贱，得生一也。故善与不善，付之公当，一无所求于人也。"**若然者，人谓之童子，是之谓与天为徒。**依乎天理，纯一无私，若婴儿也。**外曲者，与人之为徒也。擎跽曲拳，**宣云："擎，执笏。跽，长跪。曲拳，鞠躬。"**人臣之礼也，人皆为之，吾敢不为邪！为人之所为者，人亦无疵焉，是之谓与人为徒。成而上比者，与古为徒。**成云："忠谏之事，乃成于今；君臣之义，上比于古。"**其言虽教，讁之实也。**所陈之言，虽是古教，即有讽责之实也。**古之有也，非吾有也。若然者，虽直而不病，**郭云："寄直于古，无以病我。"**是之谓与古为徒。若是，则可乎？"仲尼曰："恶！恶可？大多政，**释文："大音泰。"郭云："当理无二，而张三条以政之，所谓大多政也。"案：政、正同。**法而不谍，**俞云："四字为句。列御寇篇：'形谍成光。'释文：'谍，便僻也。'此谍义同。言有法度，而不便僻。"**虽固，亦无罪。**虽未宏大，可免罪咎。**虽然，止是耳矣，夫胡可以及化！**不足化人。**犹师心者也。"**成云："师其有心。"

颜回曰："吾无以进矣，敢问其方。"仲尼曰："**齐，吾将语若！**释文："齐，本亦作斋。"**有而为之，其易邪？**郭云："有其心而为之，诚未易也。"**易之者，皞天不宜。"**成云："尔雅：'夏曰皞天。'言其气皞汗也。"案：与虚白自然之理不合。苏舆云："易之者，仍师心也。失其初心，是谓违天。"于义亦通。**颜回曰："回之家贫，唯不饮酒、不茹荤者数月矣。如此，则可以为斋乎？**成云："荤，辛菜。"**曰："是祭祀之斋，非心斋也。"回曰："敢问心斋。"仲尼曰："若一志，**宣云："不杂也。"**无听之以耳而听之以心，**成云："耳根虚寂，凝神心符。"**无听之以心而听之以气。**成云："心有知觉，犹起攀缘；气无情虑，虚柔任物。故去彼知觉，取此虚柔，遣之又遣，渐阶玄妙。"**听止于耳，**宣云："止于形骸。"俞云："当作'耳止于听'，传写误倒也。此申说无听之以耳之义，言耳之为用，止于听而已，故无听之以耳也。"**心止于符。**俞云："此申说无听之以心之义，言心之用，止于符而已，故无听之以心。符之言合，与物合也，与物合，则非虚而待物之谓矣。"**气也者，虚而待物者也。**俞云："此申说气。"宣云："气无端，即虚也。"**唯道集虚。虚者，心斋也。"**成云："唯此真道，集在虚心。故虚者，心斋妙道也。"

颜回曰："回之未始得使，**未得使心斋之教。**实自回也；**自见有回。**得使之也，未始有回也。**既得教令，遂忘物我。**可谓虚乎？"夫子曰："尽矣！**成云："心齐之妙尽矣。"**吾语若：若能入游其樊而无感其名，**汝入卫，能游其藩内，而无以虚名相感动。**入则鸣，不入则止。**入吾言则言，不入则姑止。**无门无毒，**宣云："不开一隙，不发一药。"郭云："使物自若，无门者也；付天下之自安，无毒者也。"李桢云："门、毒对文，毒与门不同类。《说文》：'毒，厚也。害人之草，往往而生。'义亦不合。毒盖壔之借字。说文壔下云：'保也，亦曰高土也，读若毒。'与郭注'自安'义合。张行孚说文发疑云：'壔者，累土为台以传信，即《吕览》所谓"为高保祷于王路，置鼓其上，远近相闻"是也。'祷是壔之讹。壔者，保卫之所，故借其义为保卫。《周易》'以此毒天下，而民从之'，《老子》'亭之毒之'，与此'无门无毒'，三'毒'字，皆是此义。《广雅》：'毒，安也。'亦即此训。桢案：壔为毒本字，正与门同类，所以'门、毒'对文，读'都皓切'，音之转也。"案：宣说望文生义，不如李训最合。门者，可以沿为行路；毒者，可以望为标的。无门无毒，使人无可窥寻指目之意。**一宅而寓于不得已则几矣。**成云："宅，居处也。处心至一之道，不得已而应之，非预谋也，则庶几矣。"**绝迹易，无行地难。**宣云："人之处世，不行易，行而不著迹难。"**为人使易以伪；为天使难以伪。**成云："人情驱使，浅而易欺；天然驭用，为而难矫。"**闻以有翼飞者矣，未闻以无翼飞者也；闻以有知知者矣，未闻以无知知者也。**释文："上音智，下如字。"宣云："以神运，以寂照。"**瞻彼痊阕者，虚室生白，**司马云："阕，空也。室，喻心。心能空虚，则纯白独生也。"成云："彼，前境也。观察万有，悉皆空寂，故能虚其心室，乃照真源。"**吉祥止止。**成云："吉祥善福，止在凝静之心，亦能致善应也。"俞云："'止止'连文，于义无取。淮南俶真训：'虚室生白，吉祥止也。'疑此文下止字亦也字之误。列子天瑞篇卢重元注云'虚室生白，吉祥止耳'，亦可证'止止'连文之误。"案：下"止"字，或"之"之误。**夫且不止，是之谓坐驰。**若精神外骛而不安息，是形坐而心驰也。**夫徇耳目内通崦外于心知，鬼神将来舍，而况人乎！**李云："徇，使也。"宣云："耳目在外，而徇之于内；心智在内，而黜之于外。"成云："虚怀任物，鬼神将冥附而舍止。人伦归依，固其宜矣。"**是万物之化也，禹、舜之所纽也，伏羲、几蘧之所行终，而况散焉者乎！"**此禹、舜应物之纲纽，上古帝王之所行止，而况凡散之人，有不为所化乎！成云："几蘧，三皇以前无文字之君。"苏舆云："言知此可为帝王，可以宰世，而况为支离之散人乎！"于义亦通。

【新认识与新释译】

"且昔者桀杀关龙逢，纣杀王子比干，是皆修其身以下伛拊人之民，以下拂其上者也，故其君因其修以挤之。是好名者也。昔者尧攻丛枝、胥敖，禹攻有扈。国为虚厉，身为刑戮。其用兵不止，其求实无已，是皆求名实者也，而独不闻之乎？名实者，圣人之所不能胜也，而况若乎"的意涵是①：古代桀王所杀之关龙逄、纣王所杀之比干，都是修身立德试图以臣下地位爱恤君主之民众、以臣下地位违逆君主，所以君主因他们修身立德而不容。这就是好名的结果。古代尧帝征伐丛枝、胥敖，夏禹攻打有扈，这些国家疆土皆为废墟、民众皆成厉鬼，他们不断用兵，贪求别国土地和人口，都是逐利的结果。名利，即使是圣人也很难超脱，何况是一般人呢？

"若一志，无听之以耳而听之以心；无听之以心而听之以气。听止于耳，心止于符。气也者，虚而待物者也。唯道集虚。虚者，心斋也"的意涵是②：（如何真正使人摒弃名利追逐？唯有回归人类基于自然的需求，而摒弃自然之外的欲求。只有通过认识万物本真之理，才能真正地放下名利。认识万物本真，唯有回归本真之内心感知。）精神完完全全集中，不是用耳朵去听闻，而是用心灵去体会。不仅要用心灵去体会，而且要用"气"（贯通于一理的意念）去感应。耳听只能局限于听觉感官所能接收到的事物，心灵感受只能局限于事物的种种具体特征或迹象，而"气"则是"放空"万物而又包容万物。"道"就是在"放空一切"的心境之中所认识到的（万物本质）。"心斋"（精神上的斋敬），就是放空自然之外的一切欲求，去认识万物的本真。

"若能入游其樊而无感其名，入则鸣，不入则止。无门无毒，一宅而寓于不得已则几矣。绝迹易，无行地难。为人使易以伪，为天使难以伪。闻以有翼飞者矣，未闻以无翼飞者也；闻以有知知者矣，未闻以无知知者也。瞻彼阒者，虚室生白，吉祥止止。夫且不止，是之谓坐驰。夫徇耳目内通而外于心知，鬼神将来舍，而况人乎！是万物之化也，禹、舜之所纽也，伏羲、

---

① "胜"，《说文解字》释为"胜（勝），任也"，即"担当"之义。

② "气"，《说文解字》释为"云气也"，引申指称"不可见且没有一定形态的某种存在物"。本书作者认为，此处"气"可理解为"贯通于一理的意念"之义。"斋"，《说文解字》释为"戒洁也，从示"，即"祭祀前不饮酒、不茹荤。沐浴更衣，清心寡欲，以示虔敬"之义。本书作者认为，此处"心斋"可理解为"摒弃一切自然之外的欲求，不仅是物质方面自然之外的欲求，也包括精神方面自然之外的欲求"。

几蘧之所行终，而况散焉者乎"的意涵是①：在尘世中自由自在地遨游而无有名利之心，可行则行，不可行则不行；不以超凡智能，只保持赤子之心回复到本真状态，将现实视角的"可行""不可行"现象视为同一，则接近于达到"道"的境界。只要走路就会留下痕迹，不走路就不会留下痕迹；只要顺应自然法则就不会作伪，不顺应自然法则而顺应人为规则就不可能不作伪。有翅膀才有可能飞行，没有翅膀是不可能飞行的；有才智的人才会去解读自然、利用自然，无智能的人则不会。（就是这样的道理，只要有自然之外的欲求，就会带来无谓的后果，）只有摒弃无谓的欲求，虚其心室，就能够照见本真，那样的话，各种顺应自然之真知则可源源而来。之所以源源而来，不是源于感官知觉，而是源于精神层面思维不由自主之驰骋，感官感受与心灵感知就内外相通而融为一体了，那样，鬼神之心性也能够感受认知，更遑论人之心性！认识了事物的本真，也就认识了事物变化万端之态。这是历代圣贤把握事物关键、行为遵循法则之所在！人类成员个体，亦应把握之遵循之！

《道德经》第三章有"是以圣人之治，虚其心，实其腹；弱其志，强其骨。常使民无知无欲，使夫智者不敢为也。为无为，则无不治"，之句，其意涵是：提倡什么，就会使民众无端地增加欲望，使得民心不安定。社会系统的混乱，多半是由统治者自身"建功立业"的有为、激励民众而造成的。所以，"无为而治"，社会反倒有序而不混乱。《庄子》中的"虚"，所表达的意涵与之相近。

《道德经》第五十二章、第五十六章有"塞其兑，闭其门"之句②，其含义是：要将外在强化于自然事物的内容，回复到自然事物的本真状态，才能

---

① "纽"，《说文解字》释为"系也。一曰结而可解"。此处可理解为"关键节点"之义；"散"，本书作者认为，此处"散"可理解为"相对于圣人统治的社会而言的个体"之义；"坐"，《汉字源流字典》释为"古文是二人相对居于祭坛前，会面对土地神争讼曲直之意"，引申有"因……而获罪"之用法。本书作者认为，此处"坐"可按其意涵释译为"不由自主地……"

② "门"，可从《道德经》的角度理解为"天门开阖"之义，《道德经》第十章有"天门开阖，能为雌乎？明白四达，能无为乎？"之句，其含义是：即使"天门开阖"而拥有超凡能力，也能够保持平常心而坚守其本色（"守雌"），才是"为道"的精髓。《道德经》多次提及的"塞其兑，闭其门"，其中"门"的含义亦同此。

够认识到自然事物的本质。比照《道德经》相关论述，对于《庄子》中的"无门"，可理解为"不以超凡的智能，只以本真以认识和对待事物"之义。

《道德经》第五十五章有"含德之厚，比于赤子。毒虫不螫，猛兽不据，攫鸟不搏"之句，其含义是：什么状态下，与"道"的本真状态最为接近？类似于初生婴儿的阶段，是最为接近的"道"的本真状态的。换言之，万物随着不断生长，其必然越来越远离"道"的本真状态，则越是具有不受外力侵害的生命力。比照《道德经》相关论述，对于《庄子》中的"无毒"，可理解为"以毒虫不螫的赤子之心认识和对待事物"之义。

【生态文明启示】

本节的生态文明启示是：不要让各种追逐物质财富的认识充满社会成员之心，只要让他们的基本需求得到满足，不要诱使他们有各种不顾自然约束的念头和指向，让他们能够适应自然条件而生存。生态环境的破坏，多半是由"建功立业"的有为而造成的。所以，放空自然之外的欲求，是树立生态文明理念的思想基石。

第二节

【原文】

叶公子高将使于齐，问于仲尼曰："王使诸梁也甚重。齐之待使者，盖将甚敬而不急。匹夫犹未可动，而况诸侯乎！吾甚慄之。子常语诸梁也曰：'凡事若小若大，寡不道以欢成。事若不成，则必有人道之患；事若成，则必有阴阳之患。若成若不成而后无患者，唯有德者能之。'吾食也执粗而不臧，爨无欲清之人。今吾朝受命而夕饮冰，我其内热与！吾未至乎事之情，而既有阴阳之患矣；事若不成，必有人道之患，是两也。为人臣者不足以任之，子其有以语我来！"

仲尼曰："天下有大戒二：其一命也，其一义也。子之爱亲，命也，不可解于心；臣之事君，义也，无适而非君也，无所逃于天地之间。是之谓大戒。是以夫事其亲者，不择地而安之，孝之至也；夫事其君者，不择事而安之，忠之盛也；自事其心者，哀乐不易施乎前，知其不可奈何而安之若命，德之至也。为人臣子者，固有所不得已。行事之情而忘其身，何暇至于悦生而恶死！夫子其行可矣！

丘请复以所闻：凡交，近则必相靡以信，远则必忠之以言。言必或传之。夫传两喜两怒之言，天下之难者也。夫两喜必多溢美之言，两怒必多溢恶之言。凡溢之类妄，妄则其信之也莫，莫则传言者殃。故法言曰：'传其常情，无传其溢言，则几乎全。'且以巧斗力者，始乎阳，常卒乎阴，泰至则多奇巧；以礼饮酒者，始乎治，常卒乎乱，泰至则多奇乐。凡事亦然，始乎谅，常卒乎鄙；其作始也简，其将毕也必巨。

夫言者，风波也；行者，实丧也。夫风波易以动，实丧易以危。故忿设无由，巧言偏辞。兽死不择音，气息茀然，于是并生心厉。剋核太至，则必有不肖之心应之而不知其然也。苟为不知其然也，孰知其所终！故法言曰：'无迁令，无劝成。过度益也。'迁令劝成殆事。美成在久，恶成不及改，可不慎与！且夫乘物以游心，托不得已以养中，至矣。何作为报也！莫若为致命，此其难者？"

【庄子集解】

叶公子高将使于齐，问于仲尼曰："王使诸梁也甚重。**成云："委寄甚重。"** 齐之待使者，盖将甚敬而不急。**宣云："貌敬而缓于应事。"** 匹夫犹未可动，而况诸侯乎！吾甚慄之。**惧也。** 子常语诸梁也曰：'凡事若小若大，寡不道以欢成。**事无大小，鲜不由道而以欢然成遂者。** 事若不成，则必有人道之患；**王必降罪。** 事若成，则必有阴阳之患。**宣云："喜惧交战，阴阳二气将受伤而疾作。"** 若成若不成而后无患者，唯有德者能之。'**成云："任成败于前涂，不以忧喜累心者，唯盛德之人。" 以上述子言。苏舆云："谓事无成败，而卒可无患者，惟盛德为能。"案：成说颇似张浚符离之败，未可为训。苏说是也。** 吾食也执粗而不臧，**宣云："甘守粗粝，不求精**

善。" **爨无欲清之人。** 成云："清，凉也。然火不多，无热可避。" **今吾朝受命而夕饮冰，我其内热与！** 忧灼之故。**吾未至乎事之情，** 宣云："未到行事实处。" **而既有阴阳之患矣；事若不成，必有人道之患。是两也，为人臣者不足以任之，子其有以语我来！"**

仲尼曰："**天下有大戒二：** 成云："戒，法也。" **其一，命也；其一，义也。子之爱亲，命也，不可解于心；** 受之于天，自然固结。**臣之事君，义也，无适而非君也，无所逃于天地之间。** 成云："天下未有无君之国。" **是之谓大戒。是以夫事其亲者，不择地而安之，** 不论境地何若，惟求安适其亲。**孝之至也；夫事其君者，不择事而安之，** 成云："事无夷险，安之若命。" **忠之盛也；自事其心者，哀乐不易施乎前，** 王念孙云："施读为移。此犹言不移易。晏子春秋外篇'君臣易施'，荀子儒效篇'哀虚之相易也'，汉书卫绾传'人之所施易'，义皆同。正言之则为易施，倒言之则为施易也。" 宣云："事心如事君父之无所择，虽哀乐之境不同，而不为移易于其前。" **知其不可奈何而安之若命，德之至也。为人臣子者，固有所不得已，行事之情而忘其身，** 情，实也。**何暇至于悦生而恶死！** 宣云："尚何阴阳之患！" **夫子其行可矣！**

丘请复以所闻： 更以前闻告之。**凡交，** 交邻。**近则必相靡以信，** 宣云："相亲顺以信行。" **远则必忠之以言，** 宣云："相孚契以言语。" **言必或传之。** 宣云："必托使传。" **夫传两喜两怒之言，** 宣云："两国君之喜怒。" **天下之难者也。夫两喜必多溢美之言，两怒必多溢恶之言。** 郭云："溢，过也。喜怒之言，常过其当。" **凡溢之类妄，** 成云："类，似也。似使人妄构。" **妄则其信之也莫，** 成云："莫，致疑貌。" **莫则传言者殃。故法言曰：** 引古格言。扬子法言名因此。**'传其常情，** 宣云："但传其平实者。" **无传其溢言，** 郭云："虽闻临时之过言而勿传。" **则几乎全。'** 宣云："庶可自全。" 案：引法言毕。**且以巧斗力者，始乎阳，常卒乎阴，大至则多奇巧；** 释文："大音泰，本亦作泰。" 案：斗力属阳，求胜则终于阴谋，欲胜之至，则奇谲百出矣。**以礼饮酒者，始乎治，常卒乎乱，泰至则多奇乐。** 礼饮象治，既醉则终于迷乱，昏醉之至，则乐无不极矣。**凡事亦然。始乎谅，常卒乎鄙；** 宣云："谅，信。鄙，诈。" 俞云："谅与鄙，文不相对。谅盖诸之误。诸读为都。释地'宋有孟诸'，史记夏本纪作'明都'，是其例。'始乎都，常卒乎鄙'，都、鄙正相对。因字通作诸，又误而为谅，遂失其恉矣。淮南诠言训'故始于都者，常大于鄙'，即本庄子，可据以订正。彼文大字，乃卒字之误。说见王氏杂志。"**其作始也简，其将毕也必巨。**

夫言者，风波也；如风之来，如波之起。**行者，实丧也。**郭嵩焘云："实者，有而存之；丧者，纵而舍之。实丧，犹得失也。"**夫风波易以动，实丧易以危。**得失无定，故曰"易以危"。**故忿设无由，巧言偏辞。**忿怒之设端，无他由也，常由巧言过实，偏辞失中之故。**兽死不择音，气息茀然，于是并生心厉。**兽困而就死，鸣不择音，而忿气有余。于其时，且生于心而为恶厉，欲噬人也。以兽之心厉，譬下人有不肖之心。**克核太至，则必有不肖之心应之而不知其然也。**克求精核太过，则人以不肖之心起而相应，不知其然而然。**苟为不知其然也，孰知其所终！**宣云："必罹祸。"**故法言曰'无迁令，**成云："君命实传，无得迁改。"**无劝成。'**成云："弗劳劝奖，强令成就。"再引法言毕。**过度益也。**若过于本度，则是增益语言。**迁令劝成殆事，**事必危殆。**美成在久，恶成不及改，**成而善，不在一时；成而恶，必有不及改者。**可不慎与！且夫乘物以游心，托不得已以养中，至矣。**宣云："随物以游寄吾心，托于不得已而应，而毫无造端，以养吾心不动之中，此道之极则也。"**何作为报也！**郭云："任齐所报，何必为齐作意于其间！"**莫若为致命。此其难者。"**但致君命，而不以己与，即此为难。若人道之患，非患也。

【新认识与新释译】

"**天下有大戒二：其一命也，其一义也。子之爱亲，命也，不可解于心；臣之事君，义也，无适而非君也，无所逃于天地之间。是之谓大戒。是以夫事其亲者，不择地而安之，孝之至也；夫事其君者，不择事而安之，忠之盛也。自事其心者，哀乐不易施乎前，知其不可奈何而安之若命，德之至也。为人臣子者，固有所不得已。行事之情而忘其身，何暇至于悦生而恶死**"的意涵是①：身处人类社会之中，必然担负着无可推卸的职责，最主要的有两个职责：一是基于自然的"天性"，二是基于社会关系的"道义"。为人子女敬爱双亲，是自然天性，无法不放在心上；为人臣民忠心君国，是不可逃脱的社会道

---

① "戒"，《说文解字》释为"警也，持戈以戒不虞"，即"戒备、提防"之义。本书作者认为，此处可理解为"无可推卸的职责"之义；"忠"，《说文解字》释为"敬也。尽心曰忠"，即"尽心尽力"之义。

义。敬爱双亲，无论何种境遇都力所能及地使之安适，就是最好的孝顺；忠心君国，无论何种情势都力所能及地使之安适，就是最好的忠心。（只要尽心尽力，力所不能及的，并不影响其孝忠之心。）同样的道理，遵"道"而修心养性者，不因外在的哀伤喜乐而改变其内在心性，对待不可回避的天性职责和道义职责尽心尽力，就是最好的修道。如同在担负人子之责、人臣之责的过程中，虽有无法达成的情形，但必定尽心尽力而不计较自身得失。同样的道理，真正的修道过程，必定忘记自身，也就不可能去考虑生之欢愉、死之哀伤之类的问题了！

"'无迁令，无劝成。过度益也。'迁令劝成殆事。美成在久，恶成不及改，可不慎与！且夫乘物以游心，托不得已以养中，至矣"的意涵是①：不要随意改变进行中的规划，不要勉强去做力不从心的事，无论什么事过了一定的度必定导致不可收拾的后果。改变成命、勉为其难，都必然导致前功尽弃。一个规划趋于完美达成，必定是持久坚持一定之规的结果，一个规划不尽完美，到了将要完工之时也来不及改进了，所以一定要审慎！同样的道理，顺应自然而使心志自在遨游，就是修道要持久坚持的一定之规，即使过程之中有不尽完美的种种问题出现，也要在各种不完美过程中去修养内心，既不要随意改变既有路径，也不要勉为其难地追求完美过程。

《道德经》第六十四章有"民之从事，常于几成而败之。慎终如始，则无败事"之论，其含义是：为什么有些事，眼看就要成功了，却功败垂成？那是因为，成功需要每一过程都是遵从"道"，而失败则可能因某一过程未遵从"道"就失败了。"慎终如始，则无败事"，强调的不是"一步一个脚印"的踏实累积，而是强调自始至终不要轻易外加作为。《庄子》此段文字，与之有相近的意涵。

【生态文明启示】

"迁令劝成殆事。美成在久，恶成不及改，可不慎与"的生态文明启示

---

① "劝"，《说文解字》释为"劝，勉也"，即"奖勉"之义。此处可理解为"不切实际地激励自身或他人勉强为之"之义；"益"，《说文解字》释为"饶也。从水、皿、皿，益之意也"，即"水满溢出"之义。本书作者认为，此处可理解为"溢出导致祸患"之义。

是：自然生态系统中的事物，不宜施加人为影响，尤其不要以人类有限的认识轻易作用于自然事物发展初期过程，不要自以为高明地去"纠正"问题。那种自以为是的行为，往往是导致生态环境风险的肇因。对待自然生态系统，不要轻易对万物万众"作为"。这个原则，要贯彻始终，一旦在某一过程实施了"作为"，就可能对自然生态系统导致不可逆转的破坏性影响。

第三节

【原文】

颜阖将傅卫灵公太子，而问于蘧伯玉曰："有人于此，其德天杀。与之为无方则危吾国，与之为有方则危吾身。其知适足以知人之过，而不知其所以过。若然者，吾奈之何？"

蘧伯玉曰："善哉问乎！戒之，慎之，正女身哉！形莫若就，心莫若和。虽然，之二者有患。就不欲入，和不欲出。形就而入，且为颠为灭，为崩为蹶；心和而出，且为声为名，为妖为孽。彼且为婴儿，亦与之为婴儿；彼且为无町畦，亦与之为无町畦；彼且为无崖，亦与之为无崖；达之，入于无疵。

汝不知夫螳螂乎？怒其臂以当车辙，不知其不胜任也，是其才之美者也。戒之，慎之，积伐而美者以犯之，几矣！

汝不知夫养虎者乎？不敢以生物与之，为其杀之之怒也；不敢以全物与之，为其决之之怒也。时其饥饱，达其怒心。虎之与人异类，而媚养己者，顺也；故其杀者，逆也。

夫爱马者，以筐盛矢，以蜄盛溺。适有蚊虻仆缘，而拊之不时，则缺衔毁首碎胸。意有所至而爱有所亡。可不慎邪？"

【庄子集解】

颜阖将傅卫灵公太子，释文："颜阖，鲁贤人。太子，蒯聩。"**而问于蘧伯玉**

曰："有人于此，其德天杀。天性嗜杀。与之为无方则危吾国；宣云："纵其败度，必覆邦家。"与之为有方则危吾身。制以法度，先将害己。其知适足以知人之过，而不知其所以过。释文："其知，音智。"但知责人，不见己过。若然者，吾奈之何？"

蘧伯玉曰："善哉问乎！戒之，慎之，正汝身哉！先求身之无过。形莫若就，心莫若和。宣云："外示亲附之形，内寓和顺之意。"虽然，之二者有患。宣云："犹未尽善。"就不欲入，和不欲出。附不欲深，必防其纵；顺不欲显，必范其趋。形就而入，且为颠为灭，为崩为蹶。颠，坠。灭，绝。崩，坏。蹶，仆也。心和而出，且为声为名，为妖为孽。郭云："自显和之，且有含垢之声；济彼之名，彼且恶其胜己，妄生妖孽。"彼且为婴儿，亦与之为婴儿；喻无知识。彼且为无町畦，亦与之为无町畦；无界限。喻小有逾越。彼且为无崖，亦与之为无崖。不立崖岸。达之，入于无疵。顺其意而通之，以入于无疵病。

汝不知夫螳螂乎？怒其臂以当车辙，不知其不胜任也，是其才之美者也。戒之，慎之，积伐而美者以犯之，几矣！而，汝也。伐，夸功也。美不可恃，积汝之美，伐汝之美，以犯太子，近似螳螂矣。一喻。

汝不知夫养虎者乎？不敢以生物与之，为其杀之之怒也；不敢以全物与之，为其决之之怒也。成云："以死物投虎，亦先为分决，不使用力。"时其饥饱，达其怒心。虎之与人异类，而媚养己者，顺也；故其杀者，逆也。虎逆之则杀人，养之则媚人。喻教人不可怒之。再喻。

夫爱马者，以筐盛矢，以蜄盛溺。成云："蜄，大蛤也。"爱马之至者。适有蚊虻仆缘，王念孙云："仆，附也。言蚊虻附缘于马体。诗'景命有仆'，毛传：'仆，附也。'"而拊之不时，成云："拊，拍也。不时，掩马不意。"则缺衔毁首碎胸。成云："衔，勒也。"马惊至此。意有所至而爱有所亡，可不慎邪！"亡，犹失也。欲为马除蚊虻，意有偏至，反以爱马之故，而致亡失，故当慎也。三喻。

【新认识与新释译】

"汝不知夫螳螂乎？怒其臂以当车辙，不知其不胜任也，是其才之美者也。戒之，慎之，积伐而美者以犯之，几矣"的意涵是①：要从螳臂当车的行为中去感悟行为理性！螳螂在自身认知范围内，认为自己的臂膀是最有力量的，因此它奋起自己的臂膀试图去阻挡车轮的前行，它意识不到对比车轮巨大的力量自己根本无力对抗。所以，只从自身角度去考虑力量而不考虑力量对比而作为的话，就如同螳臂当车的思维。

"汝不知夫养虎者乎？不敢以生物与之，为其杀之之怒也；不敢以全物与之，为其决之之怒也。时其饥饱，达其怒心。虎之与人异类，而媚养己者，顺也；故其杀者，逆也"的意涵是②：养虎之人是如何因应老虎天性的？不拿活的动物去喂老虎，因为那样会激发它扑杀敌手的凶残；不拿整个的动物去喂老虎，因为那样会激发它撕碎敌手的凶残。只有顺应它饥饱状态，才能疏解它凶残的本性。老虎虽不同于人类，却顺从喂养它的人，这是因为顺向疏解它的天性；而被老虎咬死的人，则是因为逆向强化了它的天性。

"夫爱马者，以筐盛矢，以蜃盛溺。适有蚉虻仆缘，而拊之不时，则缺衔毁首碎胸。意有所至而爱有所亡。可不慎邪"的意涵是：那些所谓爱马的人，在马身上安上精美贵重器物以盛接马粪马溺，以为这样就是珍爱马的表现。可是，如果蚊虻叮咬的话，就会影响马拍打蚊虻，导致口勒、笼头、肚带被损坏，好意的结果却适得其反。因此，任何情形下，基于自我价值判断而不适合他者的所谓善意，都应当审慎！

【生态文明启示】

"汝不知夫螳螂乎？怒其臂以当车辙，不知其不胜任也，是其才之美者也。戒之，慎之"的生态文明启示是：人类历史发展过程中，"人定胜天"是长久存在于人类对处自然关系的一种认识，之所以这种思想长久流存，就在于人类只在自身认识范围内认知自身的力量，而对于自然的力量缺乏认知，更缺乏对自然力量的敬畏。"人定胜天"思维、"改造自然"思维，与"螳臂

---

① "伐"，即"自夸"。"积伐而美者以犯之"，可理解为"对于自身的能力，自以为是，久而久之就当作真的，从而不自量力地作为"之义。

② "决"，《说文解字》释为"行流也"，即"导引洪水畅流"之义，此处可理解为"激发、诱导"之义。

当车"思维是一样的。人类不断地以自身力量去侵扰自然，其结果不仅无损于自然系统，反而势必给自身赖以生存传承的生态环境条件带来难以逆转的危害。

"积伐而美者"的生态文明启示是：人们常常自夸"人定胜天"，久而久之就当作真的有此能力，从而自不量力地去改造自然。这是人类应当谨防的。

"汝不知夫养虎者乎？不敢以生物与之，为其杀之之怒也；不敢以全物与之，为其决之之怒也。时其饥饱，达其怒心。虎之与人异类，而媚养己者，顺也；故其杀者，逆也"的生态文明启示是：在人类与自然的关系之中，人类只有顺应自然的特性，而可与之和谐相处；如果，人类不断地逆抗自然，那么，只能强化自然系统的应对力量，而人类则无法与之和谐相处。例如，现实社会中，自然灾害不断加频加剧，其实质就是人类过度经济活动导致自然系统的强化因应。

"夫爱马者，以筐盛矢，以蜃盛溺。适有蚊虻仆缘，而拊之不时，则缺衔毁首碎胸。意有所至而爱有所亡。可不慎邪"的生态文明启示是：在生态文明行为中，人类提出了"维护生态"的口号。但是，要认识到，最好的"维护"就是"尊重自然、敬畏自然、顺应自然"，最好的行为就是"不对自然系统做什么"，而不是想当然地"建设自然、保护自然"。不适当的植树造林、不适当的生态建设工程，极有可能导致破坏自然生态系统的后果。此外，更应认识到，人类自身力量怎么可能去"保护自然"呢？自然系统也不需要人类的保护，人类所能够做的就是"顺应自然"，人类所保护的也只是适合自身生存传承的生态环境状态。

第四节

【原文】

匠石之齐，至于曲辕，见栎社树。其大蔽数千牛，絜之百围，其高临山十仞而后有枝，其可以为舟者旁十数。观者如市，匠伯不顾，遂行不辍。弟子厌观之，走及匠石，曰："自吾执斧斤以随夫子，未尝见材如此其美也。先生不肯视，行不辍，何邪？"曰："已矣，勿言之矣！散木也，以为舟则沉，以为棺椁则速腐，以为器则速毁，以为门户则液樠，以为柱则蠹，是不材之木也。无所可用，故能若是之寿。"

匠石归，栎社见梦曰："女将恶乎比予哉？若将比予于文木邪？夫楂梨橘柚果蓏之属，实熟则剥，剥则辱。大枝折，小枝泄。此以其能苦其生者也。故不终其天年而中道夭，自掊击于世俗者也。物莫不若是。且予求无所可用久矣！几死，乃今得之，为予大用。使予也而有用，且得有此大也邪？且也，若与予也皆物也，奈何哉其相物也？而几死之散人，又恶知散木！"

匠石觉而诊其梦。弟子曰："趣取无用，则为社何邪？"曰："密！若无言！彼亦直寄焉！以为不知己者诟厉也。不为社者，且几有翦乎！且也，彼其所保与众异，而以义喻之，不亦远乎！"

【庄子集解】

匠石之齐，至乎曲辕，见栎社树。 石，匠名。之，往也。司马云："曲辕，曲道。"成云："如輠辕之道也。社，土神。栎树，社木。" **其大蔽数千牛，絜之百围，** 文选注引司马云："絜，匝也。"李云："径尺为围，盖十丈。" **其高临山十仞而后有枝，其可以为舟者旁十数。** 俞云："旁、方古通。方，且也。言可为舟者且十数。" **观者如市，匠伯不顾，遂行不辍。** 遂，竟也。文选注引司马云："匠石，字伯。" **弟子厌观之，** 厌，饱也。 **走及匠石，曰："自吾执斧斤以随夫子，未尝见材如此其美也。先生不肯视，行不辍，何邪？"曰："已矣，勿言之矣！散木也，以为舟则沉，** 体重。 **以为棺椁则速腐，** 多败。 **以为器则速毁，** 疏脆。 **以为门户则液樠，** 李桢云："广韵：'樠，松心，又木名也。'松心有脂，液樠正取此义。" **以为柱则蠹，** 虫蚀。 **是不材之木也，无所可用，** 已见逍遥游诸篇。 **故能若是之寿。"**

匠石归，栎社见梦曰："女将恶乎比予哉？若将比予于文木邪？ 郭云："凡可用之木为文木，可成章也。" **夫楂梨橘柚果蓏之属，** 成云："蓏，瓜瓠之类。" **实熟则剥，剥则辱，大枝折，小枝泄。** 俞云："泄，当读为抴。荀子非相篇'接人则用拽'，杨注：'拽，牵引也。'小枝拽，谓见牵引也。"**此以其能苦其生者也，故不终其天年而中道夭，自掊击于世俗者也。**掊击由其自取。成云："掊，打。"**物莫不若是。且予求无所可用久矣，几死，**儿伐而死。**乃今得之，**郭云："数有睥睨己者，唯今匠石明之。"**为予大用。**成云："方得全身，为我大用。"**使予也而有用，且得有此大也邪？且也，若与予也皆物也，奈何哉其相物也？而几死之散人，又恶知散木！"**而，汝。几，近也。

匠石觉而诊其梦。**王念孙云："诊读为畛。尔雅：'畛，告也。'告其梦于弟子。"**弟子曰："趣取无用，则为社何邪？"**既急取无用以全身，何必为社木以自荣？**曰："密！**犹言秘之。姚鼐云："密、默字通。田子方篇仲尼曰：'默！女无言！'达生篇：'公密而不应。'"**若无言！彼亦直寄焉，以为不知己者诟厉也。**彼亦特寄于社，以听不知己者诟病之而不辞也。司马云："厉，病也。"**不为社者，且几有翦乎！**如不为社木，且几有翦伐之者，谓或析为薪木。**且也，彼其所保与众异，**保于山野，究与俗众异，非城狐、社鼠之比。**而以义誉之，不亦远乎！"**宣云："义，常理。"案：彼非托社神以自荣，而以常理称之，于情事远也。

【新认识与新释译】

"**夫楂梨橘柚果蓏之属，实熟则剥，剥则辱。大枝折，小枝泄。此以其能苦其生者也。故不终其天年而中道夭，自掊击于世俗者也。物莫不若是。且予求无所可用久矣！几死，乃今得之，为予大用。使予也而有用，且得有此大也邪？且也若与予也皆物也，奈何哉其相物也？而几死之散人，又恶知散木**"的意涵是①：那些楂梨橘柚之类的树木，果实成熟后就会被打落，打落过程必然受辱，大枝被折断，小枝被拉拽。它之所以受苦就是因为它有用，因而不能享其天年而中途夭折。任何事物都是如此。在孜孜追寻"有用"的过程中，终于明白了一个大道理："无用"正是大用！还有比"无用"更有价值的吗？人与树木，都是自然界的事物，不能用普通人视角的"有用""无用"去评判万事万物！孜孜追寻"有用"的普通人，是无法理解树木等万物"无用即大用"的道理！

"**彼亦直寄焉！以为不知己者诟厉也。不为社者，且几有翦乎！且也彼其**

---

① "泄"，此处通"拽"；"散"，本书作者认为，此处可理解为"无用的"之义。

所保与众异，而以义喻之，不亦远乎"的意涵是①：那个托梦的社神树，只不过以"无用"的说辞来寄寓保护自身之本意，任由那些不理解它的人诟病它"无用"。实际上，如果它不能成为社神树，多半会被砍伐掉！他以"无用"之辞保全自身的方法与众不同，不应以常理去理解它。

【生态文明启示】

"且也若与予也皆物也，奈何哉其相物也？而几死之散人，又恶知散木"的生态文明启示是：自然界的人类、动物、植物、微生物以及各种非生物，都是自然生态系统的组成部分，都在自然生态系统中发挥着其作用。而人类总是以其在生产生活中是否有用来界定评判自然万物的价值。这种站在人类生产生活狭隘视角来评判自然万物价值的倾向，应当改变，应当站在其他自然之物视角、站在整个生态系统的视角去认识自然万物的价值。

"彼亦直寄焉！以为不知己者诟厉也。不为社者，且几有翦乎！且也，彼其所保与众异，而以义喻之，不亦远乎"的生态文明启示是：对于自然生态系统及其组成部分，可持续发展研究者尝试采用相对于"使用价值"概念的"非使用价值"来界定。其实，这只是迁就人类成员价值思维的一种无奈之举。因为，只要使用了"价值"的概念，就依然是站在人类经济活动视角的评判。最根本的还应当是改变人类成员的思维方式，站在自然生态系统的视角去认识去评判。但是，在当今人类成员思维方式普遍停留在"价值"层面的情形下，暂且采用"非使用价值"概念，也是保全自然生态系统及其组成部分的合理方法，使生态系统在"非使用价值"的人类意识下得以不被开发。

---

① "诟厉"，即"诟病"之义。

第五节

【原文】

南伯子綦游乎商之丘，见大木焉有异：结驷千乘，隐将芘其所藾。子綦曰："此何木也哉！此必有异材夫！"仰而视其细枝，则拳曲而不可以为栋梁；俯而见其大根，则轴解而不可为棺椁；咶其叶，则口烂而为伤；嗅之，则使人狂酲三日而不已。子綦曰："此果不材之木也，以至于此其大也。嗟乎！神人以此不材！"

宋有荆氏者，宜楸柏桑。其拱把而上者，求狙猴之杙斩之；三围四围，求高名之丽者斩之；七围八围，贵人富商之家求樿傍者斩之。故未终其天年而中道已夭于斧斤，此材之患也。故解之以牛之白颡者，与豚之亢鼻者，与人有痔病者，不可以适河。此皆巫祝以知之矣，所以为不祥也，此乃神人之所以为大祥也。

【庄子集解】

南伯子綦游乎商之丘，李云："即南郭也。伯，长也。"司马云："商之丘，今梁国睢阳县。"见大木焉有异：结驷千乘，隐将芘其所藾。向云："藾，荫也。"崔云："隐，伤于热也。"成云："驷马曰乘。言连结千乘，热时可庇于其荫。"子綦曰："此何木也哉？此必有异材夫！"言必可为材也。仰而视其细枝，则拳曲而不可以为栋梁；俯而见其大根，则轴解而不可为棺椁；成云："轴，如车轴之转，谓转心木也。案：解者，文理解散，不密缀。咶其叶，则口烂而为伤；嗅之，则使人狂酲三日而不已。李云："狂如酲也。病酒曰酲。"子綦曰："此果不材之木也，以至于此其大也。成云："不材为全生之大材，无用乃济物之妙用，故能不夭斧斤，而庇荫千乘也。"嗟夫！神人以此不材！"由木悟人。宣云："神人亦以不见其材，故无用于世，而天独全也。"

宋有荆氏者，宜楸柏桑。司马云："荆氏，地名。"宜此三木。**其拱把而上者，求狙猴之杙者斩之；**司马云："两手曰拱，一手曰把。"宣云："杙，系猕也。"**三围四围，求高名之丽者斩之；**崔云："环八尺为一围。"郭庆藩云："名，大也。"（详天下"名山三百"下。）成云："丽，屋栋也。"**七围八围，贵人富商之家求禅傍者斩之。**释文："禅，本亦作檀。"成云："棺之全一边而不两合者，谓之禅傍。其木极大，当斩取大板。"**故未终其天年而中道已夭于斧斤，此材之患也。故解之以牛之白颡者，与豚之亢鼻者，与人有痔病者，不可以适河。**郭云："解，巫祝解除也。"成云："颡，额也。亢，高也。三者不可往灵河而设祭。古者将人沉河以祭，西门豹为邺令，方断之，即其类是也。"**此皆巫祝以知之矣，**以、已同。郭云："巫祝于此，亦知不材者全也。"**所以为不祥也，此乃神人之所以为大祥也。**宣云："可全生，则祥莫大焉。"

【新认识与新释译】

"**此果不材之木也，以至于此其大也。嗟乎神人，以此不材**"的意涵是：那些什么用处也没有的树木，才能够不被砍伐，以至于长到又高又大。精神世界超脱物外的"神人"，就像这没有什么用处的树木，不会因各种外在欲求而导致自身的内在被扼杀！

"**故未终其天年而中道已夭于斧斤，此材之患也。故解之以牛之白颡者，与豚之亢鼻者，与人有痔病者，不可以适河。此皆巫祝以知之矣，所以为不祥也，此乃神人之所以为大祥也**"的意涵是①：树木生长过程中所呈现的各种用处，必然导致其不能完整地生长，无法避免生长过程中被砍伐的命运。这是"有用"带来的祸患。与之相对，"不可用"却能够得以保全。例如，人们去祭祀河神时不会选择那些外观有缺陷的牛、猪、人作为牺牲品投入河中，因为巫师认为有缺陷的牺牲是不吉祥的。其实，精神世界超脱物外的"神人"，则把"不可用"作为最大的吉祥。外在表现的"不可用"，实质上就是内在追求过程中抵御外在欲求所呈现出的特征。

---

① 此处"河"，即"投入河中以祭河神"之义。

【生态文明启示】

"此果不材之木也，以至于此其大也。嗟乎神人，以此不材"的生态文明
启示是：对于区域或全域发挥重要生态功能的生态系统，永远不要去考虑其
任何方面的经济价值，永久不予开发、永久保全其生态功能，就是其最大的
价值。一旦考察其某方面的经济价值，就极有可能导致其被开发利用，其重
要的生态功能也必然随之毁于一旦。

"此皆巫祝以知之矣，所以为不祥也，此乃神人之所以为大祥也"的生态
文明启示是：某些重要的生态功能区，如河流、湖泊，往往会被人们盯上其
经济开发的价值。为了保全这些重要功能区不被开发，单纯地论证其生态功
能未必能够起到有效的阻止作用。面对经济价值思维的人们，最有效的保全
方法是：寻求其经济不合理性（巨大的经济开发成本、巨额的交易成本、高
概率的不确定性经济风险等）。

第六节

【原文】

支离疏者，颐隐于脐，肩高于顶，会撮指天，五管在上，两髀为胁。挫
针治繲，足以糊口；鼓筴播精，足以食十人。上征武士，则支离攘臂而游于
其间；上有大役，则支离以有常疾不受功；上与病者粟，则受三钟与十束薪。
夫支离其形者，犹足以养其身，终其天年，又况支离其德者乎！

【庄子集解】

支离疏者，司马云："支离，形体不全貌。疏其名。" **颐隐于脐，肩高于顶，**司
马云："言脊曲头缩也。"淮南曰："脊管高于顶也。" **会撮指天，**司马云："会撮，髻也。
古者髻在项中，脊曲头低，故髻指天。"崔云："会撮，项椎也。"李桢云："崔说是。大

宗师篇：'句赘指天。'李云：'句赘，项椎也，其形如赘。'亦与崔说证合。素问刺热篇：'项上三椎，陷者中也。'王注：'此举数脊椎大法也。'沈彤释骨云：'项大椎以下二十一椎，通曰脊，骨曰脊椎。'难经四十五难云：'骨会大杼。'张注：'大杼，穴名，在项后第一椎，两旁诸骨自此檠架往下支生，故骨会于大杼。'会撮，正从骨会取义，又在大椎之间，故曰'项椎'也。初学记十九引撮作樶。玉篇：'樶，木樶节也。'与脊节正相似。从木作樶，于义为长。"**五管在上**，李云："管，腧也。五藏之腧，并在人背。"李桢云："颐、肩属外说，会撮、五管属内说。"**两髀为胁**。司马云："脊曲脾竖，故与胁肋相并。"**挫针治繲，足以糊口**；司马云："挫针，缝衣也。繲，浣衣也。"**鼓筴播精，足以食十人**。司马云："鼓，簸也。小箕曰筴。简米曰精。"成云："播，扬土。"**上征武士，则支离攘臂而游于其间**；郭云："恃其无用，故不自窜匿。"**上有大役，则支离以有常疾不受功**；宣云："不任功作。"**上与病者粟，则受三钟与十束薪**。司马云："六斛四斗曰钟。"**夫支离其形者，犹足以养其身，终其天年，又况支离其德者乎！**"成云："忘形者犹足免害，况忘德乎！"

【新认识与新释译】

"夫支离者其形者，犹足以养其身，终其天年，又况支离其德者乎"的意涵是①：形体与常人有所不同，虽然生活有所不便，但并不能真正影响其生存能力，甚至相较于常人更利于免受外在的驱使，而比常人更能够终享天年。身体残缺尚且如此，更何况减损了许多外在约束的内心世界呢？一定比那些有太多外在束缚的心灵能够更为自由自在地遨游！

【生态文明启示】

"夫支离者其形者，犹足以养其身，终其天年，又况支离其德者乎"的生态文明启示是：大自然赋予了人类各方面的潜能，但是并不要求人类都将其潜能发挥到极致。而且，人类潜能得到充分发挥，就能更好地享受生命过程。其实，人类大部分潜能不必被挖掘，或者说，每一个人类成员并不需要各方面的潜能都得到发掘，每个人只需要用好极小部分的能力，就能够很好地享

---

① 从字面含义上来看，"支离"隐含形体不全之义，"疏"隐含疏远其智之义。

受生命的完整过程。尤其是在精神层面，一个人按照外在规范去塑造自己的精神世界越多，所得到的精神满足反而越少。

第七节

【原文】

孔子适楚，楚狂接舆游其门曰："凤兮凤兮，何如德之衰也。来世不可待，往世不可追也。天下有道，圣人成焉；天下无道，圣人生焉。方今之时，仅免刑焉！福轻乎羽，莫之知载；祸重乎地，莫之知避。已乎已乎，临人以德！殆乎殆乎，画地而趋！迷阳迷阳，无伤吾行。吾行却曲，无伤吾足。"

【庄子集解】

孔子适楚，楚狂接舆游其门曰："**凤兮凤兮，何如德之衰也！**成云："何如，犹如何。"**来世不可待，往世不可追也。**郭云："当尽临时之宜耳。"**天下有道，圣人成焉；**宣云："成其功。"苏舆云："庄引数语，见所遇非时。苟生当有道，固乐用世，不仅自全其生矣。"**天下无道，圣人生焉。**宣云："全其生。"**方今之时，仅免刑焉。福轻乎羽，莫之知载；**易取不取。**祸重乎地，莫之知避。**当避不避。**已乎已乎，临人以德！**宣云："亟当止者，示人以德之事。"**殆乎殆乎，画地而趋！**宣云："最可危者，拘守自苦之人。"**迷阳迷阳，**谓棘刺也，生于山野，践之伤足。至今吾楚舆夫遇之，犹呼"迷阳踢"也。迷音读如麻。**无伤吾行！吾行却曲，**宣云："却步委曲，不敢直道。"**无伤吾足！"**

【新认识与新释译】

"天下有道，圣人成焉；天下无道，圣人生焉"的意涵是①：社会运行符

---

① "生"，《说文解字》释为"生，进也。象艸木生出土上"。此处可理解为"出现于、活跃于社会"之义。

合"道"之时，"圣人"是无所作为的，只是乐观其成；当社会运行破坏"道"之时，所谓的"圣人"就会出现各种人为规范的主张。正如老子《道德经》所评说的"大道废，有仁义"。

"**方今之时，仅免刑焉**"的意涵是：正如老子《道德经》所说"失道而后德，失德而后仁，失仁而后义，失义而后礼"，当下甚至更进一步已经演进到了"失礼而后刑"的状态，其实都是"偏离自然"与"人为规范"之间恶性循环导致的。

"**福轻乎羽，莫之知载；祸重乎地，莫之知避**"的意涵是：遵从"道"以得福，是轻而易举的，但人们却不去选择；违逆"道"以招祸，其实是欲望深重导致的，人们不仅不回避反而趋之。正如老子《道德经》所说"大道甚夷，而人好径"，也就是说：去往一个目的地，走大道是最好的选择，而人们却往往喜欢去走捷径。这就犹如日常所见的那些放纵欲望的行为，看似"捷径"，却偏离了真正能够带来"福"的正道。

"**已乎已乎，临人以德！殆乎殆乎，画地而趋**"的意涵是①：向人们宣扬德仁义礼，应当停止了；向人们指出前行方向，更是问题的根源。按照《道德经》的思想来认识，"临人以德""画地而趋"，实质上就是不断缔结"人为规范"之网绳、不断密织"人为规范"之网眼的过程，也就是导致"道"的功能不断丧失的过程。

"**迷阳迷阳，无伤吾行。吾行却曲，无伤吾足**"的意涵是②：人们已经被过当的欲望所遮蔽，即使荆棘遍地，也无法阻止他们去追求欲望；即使追求欲望的道路多么曲折，也无法阻止他们前行的步伐。结合《道德经》的思想来理解，"迷阳迷阳"的具象含义是"遍地荆棘"，其抽象含义是"人们不断增加的欲望"。

《庄子》的这一段文字，所阐述的思想，与《道德经》"失道而后德，失德而后仁，失仁而后义，失义而后礼"的认识，是一脉相承的，从理解"失

---

① "临"，《说文解字》释为"临，监临也"，即"俯视察看"之义。此处可理解为"教导"之义。

② "迷阳"，指称"荆棘"，或为楚地方言。

道而后德，失德而后仁，失仁而后义，失义而后礼"出发，就能够准确地理解"已乎已乎，临人以德！殆乎殆乎，画地而趋"的意涵。《道德经》关于"道""德""仁""义""礼"的意涵及其关系，可以一张"网"来比拟。道，如同一张具有完整功能的网；德，如同网的一根根网绳的规定性；仁，则在"网眼"部分，依据自身的价值判断增加一定的网格，虽然是本意是堵塞"漏洞"，但它已经妨害了网的整体性功能；义，则只是遵从仁者所"缔结"的网绳，而完全不再关注网的整体性功能；礼，则是完全依据自身的价值判断来"缔结"过密的网眼，表面上是堵塞了"漏洞"，但使完整网的各种功能丧失殆尽。《道德经》还有"使我介然有知，行于大道，唯施是畏。大道甚夷，而人好径。朝甚除，田甚芜，仓甚虚；服文彩，带利剑，厌饮食，财货有余；是为盗夸。非道也哉"之句。其哲学意涵是：去往一个目的地，走大道是最好的选择，而那些有彩旗飘舞指引的小路，是最容易让人做出错误选择的方向。大路之所以成为大路，是众多经验的加总。但是人们却往往喜欢去走捷径。这就犹如日常所见的那些贪婪行径，看似都是"捷径"，而不是正道。过于贪婪、过于放纵欲望，是不符合自然而然之"道"的。结合《道德经》的相关论述，来理解《庄子》的这一段文字，其意涵可做上述理解。

【生态文明启示】

"天下有道，圣人成焉；天下无道，圣人生焉"的生态文明启示是：生态文明理念的根本是维护地球生态系统的可持续性，尤其是维护重要生态功能区生态系统的完好性，这才是"道"。反之，那些被凸显出来"生态环境保护"行为，诸如保护濒危野生动物行为、被污染被破坏区域的治理恢复行为、重视局部区域的生态环境保护的行为，都只是"圣人生焉"行为。这些凸显出来的"生态环境保护行为"，表面上与"可持续"目标一致，实质上已经加入了自身的价值评判。他们自身的价值评判就是：保护了濒危动植物，也就保护了自然生态系统；被污染的环境、被破坏的生态，是可以恢复到原有功能的；生态环境是可以区隔为局部区域的，保护了自身周边区域，自身的生态环境利益就得到了保障。这些所谓的"生态环境保护行为"，其实就是

《庄子》所阐述的"天下无道，圣人生焉"现象，这样的认识和做法对于"可持续"这个"大道"作用是极其有限的，越是强调这些行为的状态，越是表明生态环境问题越严峻。也就是说，真正的"可持续"，人们发自内心地"尊重自然、顺应自然"，人类经济社会活动自然而然地约束在"生态承载力"范围之内。超出了生态承载力的行为必定带来不可逆的生态环境影响，事后的补救行为是无济于事的。

"福轻乎羽，莫之知载；祸重乎地，莫之知避"的生态文明启示是：去往"追求幸福"的目的地，走大道是最好的选择，而人们却往往喜欢去走捷径。这就犹如日常所见的那些放纵欲望的行为，看似是"捷径"，却偏离了真正能够带来"幸福"的正道。例如，以较少的自然资源消耗和生态环境损耗为代价满足基本的物质需求，就是每一个社会成员达成幸福目标的正常路径，也是最为理性的行为方式。而过度追求物质财富，超出基本需求之外的消费追求，则是非理性的行为方式，也未必能够提升幸福的程度。

第八节

【原文】

山木自寇也；膏火自煎也。桂可食，故伐之；漆可用，故割之。人皆知有用之用，而莫知无用之用也。

【庄子集解】

山木自寇也，膏火自煎也。司马云："木为斧柄，还自伐；膏起火，还自消。"桂可食，故伐之；漆可用，故割之。成云："桂心辛香，故遭斫伐，漆供器用，所以割之，俱为才能，夭于斤斧。"人皆知有用之用，而莫知无用之用也。喻意点清结局，与上接舆歌不连，歌有韵，此无韵。

【新认识与新释译】

"山木自寇也；膏火自煎也。桂可食，故伐之；漆可用，故割之。人皆知有用之用，而莫知无用之用也"的意涵是①：山中之木做成斧柄，成为耗竭性砍伐同类的工具；油膏燃烧，成为煎熬同类的燃料；桂树因可食用，所以遭人砍伐；漆树因流漆可用，所以遭人割取。面对现实中诸多的事例，人们却还是趋从于"有用"以从中获益，却不懂得借鉴"无用"以保全自身。

【生态文明启示】

"人皆知有用之用，而莫知无用之用也"的生态文明启示是：人类对于自然世界的认识而形成的突飞猛进的科学技术，就是人类追求"有用"而走向极端的典型方面。然而，科学技术的过当发展，必然导致人类自身赖以生存传承的生态系统遭受破坏，这就是对应《庄子》所说"山木，自寇也；膏火，自煎也"的典型事例。在"生态文明"理念下，科学技术的发展一定要有其节制，对于存在巨大不确定性生态环境风险的技术，不应尝试任何形式的推广应用。也就是说，对于高风险技术，采取"无用"态度是保全人类赖以生存传承的自然生态系统的最高方式。

---

① "寇"，《说文解字》释为"暴也"，本书作者认为，此处可理解为"耗竭性砍伐"之义；"煎"，《说文解字》释为"熬也"。

第五章

德充符

第一节

【原文】

鲁有兀者王骀，从之游者，与仲尼相若。常季问于仲尼曰："王骀，兀者也，从之游者与夫子中分鲁。立不教，坐不议。虚而往，实而归。固有不言之教，无形而心成者邪？是何人也？"仲尼曰："夫子，圣人也，丘也直后而未往耳！丘将以为师，而况不若丘者乎！奚假鲁国，丘将引天下而与从之。"

常季曰："彼兀者也，而王先生，其与庸亦远矣。若然者，其用心也，独若之何？"仲尼曰："死生亦大矣，而不得与之变；虽天地覆坠，亦将不与之遗；审乎无假而不与物迁，命物之化而守其宗也。"

常季曰："何谓也？"仲尼曰："自其异者视之，肝胆楚越也；自其同者视之，万物皆一也。夫若然者，且不知耳目之所宜，而游心乎德之和。物视其所一而不见其所丧，视丧其足犹遗土也。"

常季曰："彼为己，以其知得其心，以其心得其常心。物何为最之哉？"仲尼曰："人莫鉴于流水而鉴于止水。唯止能止众止。受命于地，唯松柏独也正，在冬夏青青；受命于天，唯尧、舜独也正，在万物之首。幸能正生，以正众生。夫保始之征，不惧之实。勇士一人，雄入于九军，将求名而能自要

112

者而犹若是，而况官天地、府万物、直寓六骸、象耳目、一知之所知而心未尝死者乎！彼且择日而登假，人则从是也。彼且何肯以物为事乎！"

【庄子集解】

鲁有兀者王骀，李云："刖足曰兀。"从之游者，与仲尼相若。郭云："弟子多少敌孔子？"常季问于仲尼曰："王骀，兀者也，从之游者与夫子中分鲁。释文："常季，或云：孔子弟子。"或云：鲁贤人。立不教，坐不议，虚而往，实而归。弟子皆有所得。固有不言之教，无形而心成者邪？宣云："默化也。"是何人也？"仲尼曰："夫子，圣人也。丘也直后而未往耳。直，特也。未及往从。丘将以为师，而况不如丘者乎！奚假鲁国，何但假借鲁之一邦！丘将引天下而与从之。"

常季曰："彼兀者也，而王先生，言居然王先生也。其与庸亦远矣。固当与庸人相远。若然者，其用心也，独若之何？"仲尼曰："死生亦大矣，而不得与之变，其人与变俱，故死生不变。虽天地覆坠，亦将不与之遗。成云："遗，失也。"言不随之而遗失。审乎无假而不与物迁，郭庆藩云："假是瑕之误。淮南精神训正作'审乎无瑕。'谓审乎己之无可瑕疵，斯任物自迁，而无役于物也。左传'傅瑕'，郑世家作'甫假'，礼檀弓'公肩假'，汉书人表作'公肩瑕'。瑕、假形近，易致互误。"命物之化而守其宗也。"宣云："主宰物化，执其枢纽。"

常季曰："何谓也？"仲尼曰："自其异者视之，肝胆楚越也；本一身，而世俗异视之。自其同者视之，万物皆一也。皆天地间一物。夫若然者，且不知耳目之所宜，耳目之宜于声色，彼若冥然无所知。而游心于德之和，郭云："放心于道德之间，而旷然无不适也。"物视其所一而不见其所丧，宣云："视万物为一致，无有得丧。"视丧其足犹遗土也。"

常季曰："彼为己，言骀但能修己耳。以其知得其心，以其真知，得还吾心理。以其心得其常心，又以吾心理，悟得古今常然之心理。物何为最之哉？"最，聚也。众人何为群聚而从之哉？仲尼曰："人莫鉴于流水而鉴于止水，唯止能止众止。成云："鉴，照也。"宣云："水不求鉴，而人自来鉴。唯自止，故能止众之求止者。"受命于地，唯松柏独也正，句。在冬夏青青；受命于天，唯舜独也正，在万物之首郭云："下首唯有松柏，上首唯有圣人，故凡不正者皆来求正。若物皆青全，则无贵于松柏；人各自正，则无羡于大圣而趋之。"成云："人头在上，去上则死；木头在下，去下则死。是以呼人为上首，呼木为下首。故上首食傍首，傍首食下首。下首草木，傍首虫兽。"**幸能正生，以正众生。**宣云："舜能正己之性，而物性自皆受正。"**夫保始之征，**保守本始之性命，于何征验？**不惧之实。勇士一人，雄入于九军。**崔云："天子六军，诸侯三军，通为九军。"**将求名而能自要者而犹若此，**将求功名而能自必者，犹可如此。**而况官天地、府万物，**成云："纲维二仪，苞藏宇宙。"**直寓六骸、**宣云："直，犹特。以六骸为吾寄寓。"成云："六骸，身首四肢也。"**象耳目，**宣云："以耳目为吾迹象。"**一知之所知**上知谓智，下知谓境。纯一无二。**而心未尝死者乎！**宣云："得其常心，不以死生变。"**彼且择日而登假，**假，徐音遐。宣云："曲礼：'天王登假。'此借言遗世独立。择日，犹言指日。"案：言若黄帝之游于太清。**人则从是也。**宣云："人自不能舍之。"**彼且何肯以物为事乎！**因常季疑骈有动众之意，故答之。

【新认识与新释译】

"**立不教，坐不议。虚而往，实而归。固有不言之教，无形而心成者邪**"的意涵是：（王骈）只是在日常生活中体现了其遵循"道"的"为"和"不为"，并没有直接向学生们传授任何知识。跟随在王骈身边，学生们更多的是摒除了各种既有认知，而不是增加了什么实际知识。这就是"不言之教"！这就是不作刻意"修为"而心中自然领悟的"道者"！

对于《庄子》这一段论述的意涵，可以比照《道德经》第四十八章"为学日益，为道日损。损之又损，以至于无为。无为而无不为"来认识，其含义是："为道"的路径是，不断去除那些外在发展而来的形式性内容，逐步回溯到系统整体的本真要求，直至所留存的都是符合"道"之本质的认识。只有真正认识了符合"道"的行为以及符合"道"的"不为"，并秉持这样的"为"与"不为"，才是真正"得道"。"虚而往，实而归"的意涵，可理解为"使自身认知不断地向本真之态回归"之义。

"**死生亦大矣，而不得与之变；虽天地覆坠，亦将不与之遗；审乎无假而**

不与物迁，命物之化而守其宗也"的意涵是①：真正的得道，其所得之"道"，就是万物的本真，这一本真不会随生死之类的大事而变化；即使是发生天翻地覆之类的变故，其本真也不会丧失的；万物之间各种关联可以发生改变，但其本真不会因之而改变；万物可以自然演化，但并不改变其本真。

"人莫鉴于流水而鉴于止水，唯止能止众止。受命于地，唯松柏独也正，在冬夏青青；受命于天，唯尧、舜独也正，在万物之首。幸能正生，以正众生。夫保始之征，不惧之实"的意涵是：任何事物或人心，都只有回归到其初始的本真状态，才能认识其本质、保守其本质。如同，只能在静止的水面上才能照出人的真实形象，在流水水面上是无法照出其真实形象的。如同最能够体现植物本真的只有四季常青的松柏，最能够关怀人的本真天性而受命于天进行社会统治的只有尧、舜之类的圣王。他们的本真状态，是万物认知自身本真、回归本真的最好参照。万物，唯有保有其本真天性，才能不因情势变幻而发生根本性的改变。

对于《庄子》这一段论述的意涵，可以比照《道德经》第十六章"致虚极，守静笃。万物并作，吾以观复。夫物芸芸，各复归其根。归根曰静，静曰复命，复命曰常，知常曰明"来认识，其含义是：万物在发展过程中已经有所偏离其本真，只有回复到初始状态，才能认识到其本真。《庄子》此段文字的"止"，即相当于《道德经》的"静"，都是指称事物的本真状态。

"勇士一人，雄入于九军，将求名而能自要者而犹若是，而况官天地、府万物、直寓六骸、象耳目、一知之所知而心未尝死者乎"的意涵是：一个士兵，如果保有其本真初心，那么他就有勇气冲入千军万马之中。回归本真初心，即使对于求名求显赫地位的士兵，尚且如此重要，更何况对于那些得道之人呢？（得道之人，认知天地道理、对于万物通理了然于心，只把躯体作为

---

① "假"，本字为"叚"，《汉字源流字典》释为"借助山崖攀援而上"之义。此处"无假"，可理解为"关联之物与之脱离关系"之义；"命"，《说文解字》释为"命，使也"，《说文解字注》释为"使也。从口令。令者，发号也。君事也。非君而口使之，是亦令也。故曰命者，天之令也"，此处"命物之化"，可理解为"任其万物自然变化"之义；"宗"，《说文解字》释为"宗，尊祖庙也"，引申义为"根本""主旨"，此处"守其宗"，可理解为"不改变其本真"之义。

精神寓所、只把耳目作为表象的认知工具，认识事物只追究其整体性而不究其局部性，其认知的道理不会因其生死之类的巨变而改变）。

"官天地、府万物"的意涵是①：感知认知天地道理、对于万物通理了然于心。"直寓六骸、象耳目"的意涵是②：身体只是精神的寄所，耳目只是观察的表象工具。"一知之所知"中的"一"的含义，可参照《道德经》第三十九章"昔之得一者：天得一以清；地得一以宁；神得一以灵；谷得一以盈；万物得一以生；侯王得一以为天下正"来理解。《道德经》中"一"的意涵是：一个事物整体的有机联系及其稳定系统。《庄子》的"一知之所知"的含义就是：对于所认知的事物，以其"整体性"去认知，而不是以其构造的局部性去认知。"心未尝死"的含义，就是前文"死生亦大矣，而不得与之变"的另一种说法。

"**自其异者视之，肝胆楚越也；自其同者视之，万物皆一也。夫若然者，且不知耳目之所宜，而游心乎德之和。物视其所一而不见其所丧，视丧其足犹遗土也**"的意涵是③：认识事物，从整体性角度来认知是至为关键的。如果只是从局部特征来认识事物，那么，就认识不到事物之间的一般规律（如同对于人体的认知，会认为"肝是肝，胆是胆，两者之间千差万别"）。如果从整体性角度来认知，那么，万物都存在其一般规律（同样是对于人体的认知，会认为"肝胆是同一系统"）。若能如此去认识事物，那么，就不会以外在的所闻所见来认知，而是以事物的本质（"道"）以及事物的内在和谐关系（"德"）来认知。这样认识事物的话，他所关注的只是事物的本质，而不会去关注其外在的完好与否。

---

① 此处"官"，指称人体五官，引申可理解为"认知"之义；此处"府"，指称人体脏腑，引申可理解为"存藏知识"之义。

② "直"，通"值"，即"措置、处置"之义；"寓"，《说文解字》释为"寓，寄也"，即"寄居"之义；"六骸"，指称身首及四肢，此处可理解为"人的躯体"之义；"象"，此处可理解为"表象"之义。

③ "游心"，以现代语言来表述，可理解为"通过思考而深刻认识事物的本质"之义；"德之和"的含义，参见本章有关"德者，成和之修也。德不形者，物不能离也"的阐释，其意涵相近。

【生态文明启示】

"**虚而往，实而归**"的生态文明启示是：致力于可持续发展，即对既有经济活动方式和增长模式的清理，凡是不符合"可持续性"原则的经济方式都要逐步去除。通过不断清理，直至所有活动都符合"可持续性"原则。

"**固有不言之教，无形而心成者邪**"的生态文明启示是：如何使生态文明理念成为全社会各群体共同的价值选择、利益选择？不可能通过强制要求各群体及其成员放弃物质追求，只能通过自然生态系统的"不言之教"利导之。亦即：自然生态系统的"不言之教"，使各群体和社会成员认识到生态需求是优位于非必需的物质需求的。

"**自其同者视之，万物皆一也**"的生态文明启示是：人类，因生活在同一个地球，因生活在同一个无法区隔的自然生态环境系统中，因维护人类世世代代生存传承繁衍的共同目标，而构成了共同的利益和需求。这个共同利益和共同需求的本质，就是永续性地维护人类赖以生存传承的生态系统及其生态功能的完好性。因为，如果生态系统的完好性无法永续，那么人类世代的生存环境就将日益劣化。因此，这一共同利益，构成了人类各主体行为的前提条件和基础性约束。生态环境问题必须从"人类整体"的共同利益角度来认识，经济活动的生态环境影响必须从全球范围来看待，有关"可持续发展"的行动必须在全球范围内来协同推行。因此，"生态文明""可持续发展"理念，只有在"人类整体"视野下才能真正认识到其本质意义。

第二节

【原文】

申徒嘉，兀者也，而与郑子产同师于伯昏无人。子产谓申徒嘉曰："我先出，则子止；子先出，则我止。"其明日，又与合堂同席而坐。子产谓申徒嘉曰："我先出，则子止，子先出，则我止。今我将出，子可以止乎？其未邪？且子见执政而不违，子齐执政乎？"申徒嘉曰："先生之门，固有执政焉如此哉？子而说子之执政而后人者也。闻之曰：'鉴明则尘垢不止，止则不明也。久与贤人处，则无过。'今子之所取大者，先生也，而犹出言若是，不亦过乎！"

子产曰："子既若是矣，犹与尧争善。计子之德，不足以自反邪？"申徒嘉曰："自状其过以不当亡者众，不状其过以不当存者寡。知不可奈何而安之若命，唯有德者能之。游于羿之彀中，中央者，中地也；然而不中者，命也。人以其全足笑吾不全足者众矣，我怫然而怒，而适先生之所，则废然而反。不知先生之洗我以善邪？吾之自寐邪？吾与夫子游十九年，而未尝知吾兀者也。今子与我游于形骸之内，而子索我于形骸之外，不亦过乎！"子产蹴然改容更貌曰："子无乃称！"

【庄子集解】

申徒嘉，兀者也，而与郑子产同师于伯昏无人。杂篇作"瞀人"。子产谓申徒嘉曰："我先出，则子止；子先出，则我止。"郭云："羞与刖者并行。"其明日，又与合堂同席而坐。子产谓申徒嘉曰："我先出，则子止；子先出，则我止。今我将出，子可以止乎，其未邪？郭云："质而问之，欲使必不并已。"且子见执政而不违，子齐执政乎？"执政，子产自称。违，避，也齐，同也。斥其不逊让。申徒嘉曰："先生之门，固有执政焉如此哉？言伯昏先生之门，以道德相高，固有以执政自多如此者哉？子而说子之执政而后人者也。子乃悦爱子之执政，而致居人后者也！闻之曰：'鉴明则尘垢不止，止则不明也。久与贤人处，则无过。'止，犹集也。明镜无尘，亲贤无过。今子之所取大者，先生也，而犹出言若是，不亦过乎！宣云："取大，求广见识。"案：取大，犹言引重。子产曰："子既若是矣，既已残形。犹与尧争善，宣云："尧乃善之至者，故以为言。"计子之德，不足以自反邪？"宣云："计子之素行，必有过而后致兀，尚不足自反邪？"申徒嘉曰："自状其过以不当亡者众，不状其过以不当存者寡。状，犹显白也。自显言其罪过，以为不至亡足者多矣；不显言其罪过，而自反以为不当存足者少也。知不可奈何而安之若

命，唯有德者能之。宣云："以兀为自然之命而不介意，非有德者不能。"**游于羿之**
彀中，中央者，中地也；然而不中者，命也。上二中，如字。下二中，竹仲反。以
羿彀喻刑网。言同居刑网之中，孰能自信无过？其不为刑罚所加，亦命之偶值耳。**人以**
其全足笑吾不全足者多矣，我怫然而怒，而适先生之所，则废然而反。郭云：
"废向者之怒而复常。"**不知先生之洗我以善邪？吾之自寐邪？**以善道净我心累。**吾**
与夫子游十九年，而未尝知吾兀者也。未闻先生以残形见摈。**今子与我游于形骸**
之内，以道德相友。**而子索我于形骸之外，**以形迹相绳。**不亦过乎！"子产蹴然**
改容更貌曰："子无乃称！"蹴然起谢。乃者，犹言如此。子无乃称，谓子毋如此言
也。大宗师篇"不知其所以乃"，亦谓不知其所以如此也。

【新认识与新释译】

"**自状其过以不当亡者众；不状其过以不当存者寡。知不可奈何而安之若**
命，唯有德者能之"的意涵是①：对待自己遭遇的困境，能够反省寻找自身原
因的人很少，多数人会认为自身遭受了不公正对待。如同受刑者，多数人认为自
身行为不应遭受这样的惩罚，只有少数人能够反省自身而认为理应受到如此惩
罚。认识到自身无力把控的情形，坦然接受自然之命运安排，也只有真正有德之
人才能做到。

"**游于羿之彀中，中央者，中地也；然而不中者，命也**"的意涵是：对于
自己遭遇的困境，要认识到是自身行为的必然结果，偶尔避过了这一困境，
只能看作命运的暂时安排。犹如后羿箭囊中的箭，射中目标中心，是必然结
果，个别箭支没有射中目标中心，则是偶然结果。

《道德经》第五章有"多言数穷，不如守中"之语，其含义是：过多地
关注影响自己命运（"数"）的因素，反倒使得自己的人生无所适从。例如，
天地气候的变化，大体上是有规律可循的。偶尔的气候反常，很快就会过去
而回归正常。如果我们总是想方设法地预测气候的非正常变化，反而导致我

---

① "状"，《说文解字注》释为"状，犬形也。引伸为形状"，此处"自状"可理解为"自
我对照而反省"之义；此处"安之若命"，本书作者认为，可理解为"自然之命运安排
（自然之必然性和偶然性）"之义。

们无所适从，不如稳定地遵循一般的气候变化规律，而顺应其变化，对于偶尔反常的气候大可不必刻意关注。"守中"，就是遵循正常状态下的一般运动规律，而不过多地考虑偶尔的异常波动变化。《庄子》此段文字，与《道德经》"多言数穷，不如守中"之语的意涵相近，

"人以其全足笑吾不全足者众矣，我怫然而怒，而适先生之所，则废然而反。不知先生之洗我以善邪？吾之自寐邪？吾与夫子游十九年，而未尝知吾兀者也。今子与我游于形骸之内，而子索我于形骸之外，不亦过乎"的意涵是①：人与人交流的实质是心灵层面的精神交流，而不是外在的比较竞争。如同，过去人们总是以手足完好来嘲笑我申徒嘉手足不全，我因此很气愤，实质上那不是人们心灵层面的交流。当我师从伯昏无人先生之后，便完全不会有那样的感受了。既不是先生涤除了我的负面感受，也不是自我省悟，而是先生只与我进行心灵层面的交流，十九年来从未关注我是不是手足完好。而子产你和我，也应当是在心灵层面进行交流的，而今却在进行外在层面的比较竞争，这恐怕是我们还没有很好地把握人与人交流的本质吧！

【生态文明启示】

"知不可奈何而安之若命"的生态文明启示是：自然生态系统有其自身的波动，并可能由此而给人类带来自然灾害，这是难以避免的。但对于这些可能的自然灾害，与其刻意地预防或通过改造自然的方式去抵御，还不如坦然地面对。因为，人类对于自然变化的防范抵御能力，与大自然的威力相比，是极为有限的。即使想方设法去预防去抵御，也不一定起到多大的作用。应当充分认识到的是，人类对大自然过多过强的"抵抗"行为，反倒会加剧加频自然灾害的发生。

---

① "洗"，《说文解字》释为"洒足也"，即"以水把脚冲洗干净"之义，此处可理解为"把外在的感受涤除掉"之义。

第三节

【原文】

　　鲁有兀者叔山无趾，踵见仲尼。仲尼曰："子不谨，前既犯患若是矣。虽今来，何及矣！"无趾曰："吾唯不知务而轻用吾身，吾是以亡足。今吾来也，犹有尊足者存，吾是以务全之也。夫天无不覆，地无不载，吾以夫子为天地，安知夫子之犹若是也！"孔子曰："丘则陋矣！夫子胡不入乎？请讲以所闻。"无趾出。孔子曰："弟子勉之！夫无趾，兀者也，犹务学以复补前行之恶，而况全德之人乎！"

　　无趾语老聃曰："孔丘之于至人，其未邪？彼何宾宾以学子为？彼且以蕲以諔诡幻怪之名闻，不知至人之以是为己桎梏邪？"老聃曰："胡不直使彼以死生为一条，以可不可为一贯者，解其桎梏，其可乎？"无趾曰："天刑之，安可解？"

【庄子集解】

　　鲁有兀者叔山无趾，李云："叔山，氏。"宣云："无足趾，遂为号。"踵见仲尼。崔云："无趾，故踵行。"仲尼曰："子不谨，前既犯患若是矣。虽今来，何及矣！"无趾曰："吾唯不知务而轻用吾身，吾是以亡足。今吾来也，犹有尊足者存，宣云："有尊于足者，不在形骸。"吾是以务全之也。夫天无不覆，地无不载，吾以夫子为天地，安知夫子之犹若是也！"孔子曰："丘则陋矣！夫子胡不入乎？请讲以所闻！"无趾出。宣云："径去。"孔子曰："弟子勉之！夫无趾，兀者也，犹务学以复补前行之恶，而况全德之人乎！"前恶亏德，求学以补之，况无恶行而全德者乎！无趾语老聃曰："孔丘之于至人，其未邪！彼何宾宾以学子为？俞云："宾宾，犹频频也。宾声、频声之字，古相通。广雅释训：'频频，比也。'"郭云："怪其方复学于老聃。"彼且以蕲以諔诡幻怪之名闻，不知至人之以是为己桎梏邪?"李云:"諔诡,奇异也。"案:吕览伤乐篇作"俶诡"。木在足曰桎,在手曰梏。蕲、期同。言彼期以异人之名闻于天下,不知至人之于名,视犹己之桎梏邪?

老聃曰:**"胡不直使彼以死生为一条,以可不可为一贯者,解其桎梏,其可乎?"**言生死是非,可通为一,何不使以死生是非为一条贯者,解其迷惑,庶几可乎!**无趾曰:"天刑之,安可解?"**言其根器如此,天然刑戮,不可解也。

【新认识与新释译】

"孔丘之于至人,其未邪?彼何宾宾以学子为?彼且以蕲以諔诡幻怪之名闻,不知至人之以是为己桎梏邪"的意涵是①:孔子达到了"至人"的境界吗?恐怕还没有吧!他为什么还不断地向老子您请教呢?更何况,他总是希望以一套似乎有理有据之说辞以获得治理者的采纳,殊不知真正的"至人"怎么会以这些外在的东西作为约束人类自身的桎梏呢?

"胡不直使彼以死生为一条,以可不可为一贯者,解其桎梏,其可乎"的意涵是②:或许可以去纠正其思路,使之认识到生死是一个整体、是非是一个整体,以此来解脱其内心的桎梏(内心固有的认识)?

《道德经》第二章有一段文字:"天下皆知美之为美,其恶已;皆知善之为善,斯不善已。有无相生,难易相成,长短相形,高下相盈,音声相和,前后相随。是以圣人处无为之事,行不言之教",其含义是:对于一个整体事物而言,对立的两个方面是一体的,如果对一个方面做出了具体界定,其实与之相对的另一方面也已经被界定了。例如,"美"界定了,那么,"恶"也就相应地界定了;再如,"无为"界定了,那么,"无不为"也就界定。由此可认识圣人统治社会的思路,亦即,"统治"本意是"作为",却可以转而采取"无为而治""不言而教"方式去治理社会。"无为",其实就是坚守符合

---

① "诡",《说文解字》释为"诡,责也",即"责令"之义;"幻",《说文解字》释为"幻,相诈惑也",即"欺诈、迷惑"之义;"怪",《说文解字》释为"怪,异也"。此处"諔诡幻怪",可理解为"一套貌似有理有据的说辞"之义。

② "直",《说文解字注》释为"正见也。左传曰:正直为正,正曲为直。其引申之义也。见之审则必能矫其枉,故曰正曲为直",即"纠正"之义;"条",《说文解字》释为"条,小枝也",即"小树枝"之义;"贯",《说文解字》释为"贯,钱贝之贯也",即"将钱贝串成一串"之义。

"道"的"不为"。对照《道德经》的这一认识，"以死生为一条，以可不可为一贯"的意涵就是：如同，应当把"生""死"作为生命事物的整体来认识和对待，"为""无为"也应当作为社会治理事物的整体来认识和对待。"解其桎梏"的意涵就是：把孔子"有为之治""有言之教"的思想转变为"无为之治""不言之教"的思想。

"天刑之，安可解"的意涵是：这种内心桎梏几乎是与生俱来的（人类长久以来以人为创设的观念对人们的认知刻下了难以磨灭的烙印），恐怕难以解脱。

《道德经》第七十章有一段文字："吾言甚易知，甚易行。天下莫能知，莫能行。言有宗，事有君"，其含义是：《道德经》所阐述的为道之理，是易懂易行的，但是人们很少能够真正去认识去践行。因为，凡是对事物做出认识判断，都有其逻辑起点。对照《道德经》的这一论述，"天刑之，安可解"可理解为"孔子思想的出发点就是偏离'道'的，所以，他很难去认知'道'、去践行'道'"之义。

【生态文明启示】

"以可不可为一贯者，解其桎梏"的生态文明启示是："可持续发展"，是一种整体性思维。经济活动与生态环境破坏，两者之间是相随相行的（是一个事物的双面），如果过度强调经济发展，那么，必然强化对生态环境的破坏。如果强化经济增长的要素，亦即意味着强化生态环境破坏的要素；反之，如果过度强调"保护生态环境"，如果经济活动的影响远远低于自然生态系统的承载力，其实也不会对生态环境有促进作用。"可持续发展"，作为一种发展理念，并不是要主张什么样的发展模式，而是要求经济活动必须顾及自然生态系统的承载力限度，在生态承载力范围之内的发展。

第四节

【原文】

鲁哀公问于仲尼曰："卫有恶人焉，曰哀骀它。丈夫与之处者，思而不能去也；妇人见之，请于父母曰'与为人妻，宁为夫子妾'者，数十而未止也。未尝有闻其唱者也，常和人而已矣。无君人之位以济乎人之死，无聚禄以望人之腹，又以恶骇天下，和而不唱，知不出乎四域，且而雌雄合乎前，是必有异乎人者也。寡人召而观之，果以恶骇天下。与寡人处，不至以月数，而寡人有意乎其为人也；不至乎期年，而寡人信之。国无宰，而寡人传国焉。闷然而后应，氾而若辞。寡人丑乎，卒授之国。无几何也，去寡人而行。寡人恤焉若有亡也，若无与乐是国也。是何人者也！"

仲尼曰："丘也尝使于楚矣，适见豚子食于其死母者。少焉眴若，皆弃之而走。不见己焉尔，不得其类焉尔。所爱其母者，非爱其形也，爱使其形者也。战而死者，其人之葬也不以翣资；刖者之屦，无为爱之。皆无其本矣。为天子之诸御：不爪翦，不穿耳；取妻者止于外，不得复使。形全犹足以为尔，而况全德之人乎！今哀骀它未言而信，无功而亲，使人授己国，唯恐其不受也，是必才全而德不形者也。"

哀公曰："何谓才全？"仲尼曰："死生存亡，穷达贫富，贤与不肖，毁誉、饥渴、寒暑，是事之变，命之行也。日夜相代乎前，而知不能规乎其始者也。故不足以滑和，不可入于灵府，使之和豫通而不失于兑。使日夜无郤而与物为春，是接而生时于心者也。是之谓才全。"

"何谓德不形？"曰："平者，水停之盛也。其可以为法也，内保之而外不荡也。德者，成和之修也。德不形者，物不能离也。"

哀公异日以告闵子曰："始也吾以南面而君天下，执民之纪而忧其死，吾自以为至通矣。今吾闻至人之言，恐吾无其实，轻用吾身而亡吾国。吾与孔丘非君臣也，德友而已矣！"

【庄子集解】

鲁哀公问于仲尼曰："卫有恶人焉，曰哀骀它。释文："恶，丑。李云：'哀骀，丑貌。它其名。'"丈夫与之处者，思而不能去也；妇人见之，请于父母曰'与为人妻，宁为夫子妾'者，十数而未止也。未尝有闻其唱者也，常和人而已矣。未尝先人，感而后应。无君人之位以济乎人之死，宣云："济犹拯也。"无聚禄以望人之腹。李桢云："说文：'望，月满也。'腹满为饱，犹月满为望，故以拟之。"又以恶骇天下，非以美动人。和而不唱，未尝招引人。知不出乎四域，知名不出四境之远。且而雌雄合乎前。宣云："妇人、丈夫，皆来亲之。"是必有异乎人者也。寡人召而观之，果以恶骇天下。与寡人处，不至以月数，而寡人有意乎其为人也；郭云："未经月，已觉其有远处。"不至乎期年，而寡人信之。国无宰，寡人传国焉。成云："国无良宰，传以国政。"释文："传，丈专反。"闷然而后应，闷然不合于其意，而后应焉。泛而若辞。泛然不系于其心，而若辞焉。寡人丑乎，李云："丑，惭也。"卒授之国。无几何也，去寡人而行，成云："俄顷之间，逃遁而去。"寡人恤焉若有亡也，宣云："恤，忧貌。"若无与乐是国也。是何人者也？"

仲尼曰："丘也，尝使于楚矣，适见豚子食于其死母者，释文：郭注："食，乳也。"少焉眴若，皆弃之而走。释文："眴，本亦作瞬，司马云：'惊貌。'"俞云："眴若，犹眴然。徐无鬼篇：'众狙恂然弃而走。'始就其母食，少焉，觉其死，皆惊走也。"不见己焉尔，不得类焉尔。郭云："生者以才德为类，死而才德去矣，故生者以失类而走也。"案：言豚子以母之不顾见己而惊疑，又不得其生之气类而舍去也。所爱其母者，非爱其形也，爱使其形者也。成云："使其形者，精神也。"战而死者，其人之葬也不以翣资，郭云："翣者，武所资也。战而死者，无武也，翣将安施！"成云："翣者，武饰之具，武王为之，或云周公作也。其形似方扇，使车两边。军将行师，陷阵而死，及其葬日，不用翣资。是知翣者，武之所资，无武则翣无所资，以喻无神则形无所爱也。"李云："资，送也。"刖者之屦，无为爱之，释文："为，于伪反。"郭云："爱屦者，为足故耳。"皆无其本矣。翣本于武，屦本于足。为天子之诸御：不爪翦，不穿耳；御女不加修饰，使其质全。娶妻者止于外，不得复使。匹夫娶妻，休止于外，官不役之，使其形逸。形全犹足以为尔，上二事，皆全其形。而况全德之人乎！宣云："德全则有本，人岂能不爱乎！"今哀骀它未言而信，无功而亲，使人授己国，唯恐其不受也，是必才全而德不形者也。"

哀公曰："何谓才全?"仲尼曰："死生存亡，穷达贫富，贤与不肖，毁誉、饥渴、寒暑，是事之变，命之行也，成云："并事物之变化，天命之流行。"日夜相代乎前，语又见齐物论篇。而知不能规乎其始者也。宣云："虽有智者，不能诘所自始。"故不足以滑和，不可入于灵府。成云："滑，乱也。"郭云："灵府，精神之宇。"宣云："惟其如是，故当任其自然，不足以滑吾之天和，不可以扰吾之灵府。"使之和豫通而不失于兑，使日夜无郤而与物为春，李云："兑，悦也。郤，间也。"宣云："使和豫之气流通，不失吾怡悦之性，日夜无一息间隙，随物所在，同游于春和之中。"是接而生时于心者也。宣云："是四时不在天地，而吾心之春，无有间断，乃接续而生时于心也。"是之谓才全。"

"何谓德不形?"曰："平者，水停之盛也。郭云："天下之平，莫盛于停水。"其可以为法也，郭云："无情至平，故天下取正焉。"内保之而外不荡也。荡，动也。内保其明，外不动于物。德者，成和之修也。宣云："修太和之道既成，乃名为德也。"德不形者，物不能离也。"含德之厚，人乐亲之。

哀公异日以告闵子曰："始也吾以南面而君天下，执民之纪而忧其死，成云："执持纲纪，忧于兆庶，饮食教诲，恐其夭死。"吾自以为至通矣。今吾闻至人之言，宣云："孔子之言哀骀它者。"恐吾无其实，轻用吾身而亡其国。吾与孔丘非君臣也，德友而已矣。"

【新认识与新释译】

"死生存亡，穷达贫富，贤与不肖，毁誉、饥渴、寒暑，是事之变，命之行也。日夜相代乎前，而知不能规乎其始者也。故不足以滑和，不可入于灵府。使之和豫通而不失于兑。使日夜无隙，而与物为春，是接而生时于心者也。是之谓才全"的意涵是①：死与生、存与亡、穷与达、贫与富、贤与不肖、受责与受誉、饥渴与饱暖，都是事物发展变化中的状态，都是生命运行过程的阶段，只不过是随着时间的推移，后一状态对前一状态的变更、后一阶段对前一阶段的替代，而有关这些更替变化并不能作为认知事物本真的依据，更不能改变其本真。所以，不可把这些因素融入精神世界之中，或可与人的感情相融通，但不可将之转化成人为造作的情感表现。尽管时间不断地行进，但本真之心，总是和万物一样保持着初始的生命力。"本真保持完好"，这就是所谓的"才全"。

《道德经》第五十六章有"塞其兑，闭其门，挫其锐，解其纷，和其光，同其尘"之语，其含义是：将被外在力量强化的事物回归到平常状态，以便于更准确地认识事物的本质。对照《道德经》，"使之和豫通而不失于兑"的意涵②，可理解为"不将死生之类的自然变化转化为人为做作的情感表现"之义，或者理解为"摒弃那些被人为扭曲的情感表现，回归到接近自然事物本真的角度去认识"。

"平者，水停之盛也，其可以为法也，内保之而外不荡也。德者，成和之修也。德不形者，物不能离也" 的意涵是③：一个盛水的容器，水静止下来所形成的平面，就是所谓的"平"，它的特征就是内在保有而不受容器器型的影响。同样的道理，所谓的"德"，它的特征就是使事物实现和谐，而不是要决定事物的具体形态、状态。所谓"德不形"，就是引导事物保持其本质，而不干预事物呈现的具体方式。

《道德经》第五十一章有"道生之，德畜之，物形之，势成之"之句，

---

① "日夜相代乎前"，《齐物论》篇亦有此语；"规"，《说文解字》释为"规，有法度也"，此处"规"，可理解为"理据"之义；"滑"，《说文解字》释为"滑，利也"，即"流利"之义。"和"，《说文解字》释为"和，相应也"。即"相呼应"之义。此处"滑和"，可理解为"融合、融为一体"之义；"春"，《说文解字》释为"春，推也。从艸屯，从日，艸春时生也"，即"催生"之义。此处"与物为春"，可理解为"和万物一样保持着初始的生命力"之义。"才"，《说文解字注》释为"才，艸木之初也。引伸为凡始之称"。此处"才全"，可理解为"本真保持完好"之义。

② 《庄子》此处"兑"及《道德经》之中的"兑"，是相近的含义，可理解为类似"笑穴"之类的特殊欢愉部位。引申理解就是"人为造作的感情状态"之义。

③ "成"，《说文解字》释为"成，就也"，即"实现"之义；"修"，《说文解字》释为"修，饰也"，即"修治整齐"之义。

其含义是：一个事物之基本特性的决定者是"道"；根据其特性使之与系统相适应的引导者是"德"；同类（"物"）既是其学习者、相辅相成者，也是相互竞争者，在这种关系中决定了该事物在同一群体中的地位和状态。对照《道德经》，此处"德不形者，物不能离也"的意涵与之相近。

"始也吾以南面而君天下，执民之纪而忧其死，吾自以为至通矣。今吾闻至人之言，恐吾无其实，轻用吾身而亡吾国"的意涵是①：作为统治天下的治理者，总以为治理民众纲纪秩序、为民众的生存生活着想，便是最为称职的统治者。真正认识"道"之后，才懂得：那样的治理方式并没有掌握统治天下的真谛，只是统治者自身轻率地"大有作为、建功立业"而使家国民众陷入危亡之中。

《道德经》第三章"不尚贤，使民不争；不贵难得之货，使民不为盗；不见可欲，使民心不乱。是以圣人之治，虚其心，实其腹；弱其志，强其骨。常使民无知无欲，使夫智者不敢为也。为无为，则无不治"，其意涵是：提倡什么，就会使社会成员（包括统治者自身和民众）无端地增加欲望，就会使社会成员为满足无端的欲望而争夺，使得民心不安定。社会系统的混乱，多半是由于统治者自身"建功立业"的有为。所以，"无为而治"，社会系统反倒有序而不混乱。《庄子》此段文字的意涵与之相近。

【生态文明启示】

"德者，成和之修也。德不形者，物不能离也"的生态文明启示是：生态系统之于人类，其作用就是引导人类保持其自然本质，而不干预人类发展的具体方式。人类作为稳定传承的物种种群，有其完好的生存传承条件，是自然生态系统所赋予的；人类作为物种种群，之所以能够传承至今，在于自然生态系统的基本格局尚未发生根本性的变化。人类作为物种种群，之所以能够稳定传承至今，还在于其在不断演进变化的自然生态系统之中顺应了其演进变化。人类推行"可持续发展"，其最根本的目的是维护人类的生存传承条件。所以，人类要从既有的认识中，努力地维护自然生态系统的稳定性；人

---

① "友"，《说文解字注》释为"同志为友。周礼注曰：同师曰朋，同志曰友"。

类还要从既有的历史经验中总结哪些理念和行为是有利于维护自然生态系统而应当维持的，哪些理念和行为是有害于自然生态系统而必须纠正的；在历史长河之中，自然生态系统是不断演进变化的，人类经济活动不可着意抑制或加快自然世界的演变，而应顺应生态系统的自然演进变化。

"轻用吾身而亡吾国"的生态文明启示是：社会系统的混乱、生态环境的破坏，多半是由宏观管理者"建功立业"的有为而造成的。所以，"轻用吾身"思维，是生态文明理念下国家治理过程中所必须摒弃的。不要让过度追逐"国富民强"的认识充满社会成员之心，不要诱使他们有各种不顾自然约束的念头和指向，让他们能够适应自然条件而生存传承。

第五节

【原文】

阘跂支离无脤说卫灵公，灵公说之，而视全人，其脰肩肩；瓮盎大瘿说齐桓公，桓公说之，而视全人，其脰肩肩。故德有所长，而形有所忘。人不忘其所忘，而忘其所不忘，此谓诚忘。

故圣人有所游，而知为孽，约为胶，德为接，工为商。圣人不谋，恶用知？不斫，恶用胶？无丧，恶用德？不货，恶用商？四者，天鬻也。天鬻者，天食也。既受食于天，又恶用人！

有人之形，无人之情。有人之形，故群于人；无人之情，故是非不得于身。眇乎小哉！所以属于人也；警乎大哉！独成其天。

【庄子集解】

阘跂支离无脤成云："阘，曲也。谓挛曲企踵而行。脤，唇也。谓支体坼裂，伛偻残病，复无唇也。"释文："脤，徐市轸反。又音唇。"**说卫灵公，灵公说之，而视全人，其脰肩肩**；上说言说，下说音悦。其下同。释文："脰，颈也。李云：'肩肩，羸小貌。'"李桢云："考工梓人文'数目顾脰'，注云：'顾，长脰貌。'与肩肩义合。知肩是省借，本字当作顾。"案：卫君悦之，顾视全人之脰，反觉其赢小也。**瓮㼌大瘿说齐桓公，桓公说之，而视全人，其脰肩肩。**说文："瘿，瘤也。"李云："瓮㼌，大瘿貌。"**故德有所长，而形有所忘，**总上。**人不忘其所忘，而忘其所不忘，此谓诚忘。**形宜忘，德不宜忘；反是，乃真忘也。

故圣人有所游，游心于虚。**而知为孽，**智慧运动，而生支孽。**约为胶，**礼信约束，而相胶固。**德为接，**广树德意，以相交接。**工为商。**工巧化居，以通商贾。**圣人不谋，恶用知？**心无图谋，故不用智。**不斫，恶用胶？**质不雕琢，何须约束？**无丧，恶用德？**德之言得也。本无丧失，何用以德相招引？**不货，恶用商？**不贵货物，无须通商。**四者，天鬻也。天鬻者，天食也。**释文："鬻，养也。"知、约、德、工四者，天所以养人也。天养者，天所以食之也。**既受食于天，又恶用人！**既受食于天矣，则当全其自然，不用以人为杂之。

有人之形，无人之情。屏绝情感。**有人之形，故群于人；**成云："和光混迹。"**无人之情，故是非不得于身。**绝是非之端。**眇乎小哉！所以属于人也。警乎大哉！独成其天。**崔云："类同于人，所以为小；情合于天，所以为大。"成云："警，高大貌也。"

【新认识与新释译】

"**故德有所长，而形有所忘。人不忘其所忘，而忘其所不忘，此谓诚忘**"的意涵是①：在认识"道"、践行"道"方面有独到之处的人，不会在意其身体是否有缺陷。可是，现实中的大多数人，总是在计较外在方面的东西，而不去计较对内在本质的认知。也就是说，人们总是计较那些不该计较的外在事物，却忘记了本应深究的内在本质。只计"外在"而不计"内在"的忘记，才是真正的"忘记"。

"**故圣人有所游，而知为孽，约为胶，德为接，工为商。圣人不谋，恶用知？不斫，恶用胶？无丧，恶用德？不货，恶用商？四者，天鬻也。天鬻者，**

---

① "忘"，《说文解字》释为"不识也"，此处可合理理解为"不计较于……"之义。

天食也。既受食于天，又恶用人"的意涵是①："圣人"的思维行动之所以总是能够自由自在，是因为他们认识到：人为的智慧是祸根，人为的盟约是禁锢，人为的德行只是交接外物的手段，工巧只是商贾利益的意识。"圣人"从不谋虑，何用智慧？"圣人"从不人为割裂自然关联，何用盟约？"圣人"从不认为自然和谐关系沦丧，何用推行德行？"圣人"从不以人为价值看待自然事物，何来商人利益意识？这就是"天养"。所谓"天养"，就是一切禀受自然因素而自由自在地生活在自然关系之中。既然受养于自然，又哪里用得着维护人为关系的各种手段呢！

"有人之形，无人之情。有人之形，故群于人；无人之情，故是非不得于身。眇乎小哉，所以属于人也；謷乎大哉，独成其天"的意涵是②：拥有常人的体貌，未必更多留存人类的内在真情；成为人类成员，就不得不人为地结成群体而谋求群体的利益。缺失了人类基于自然的内在真情，基于自然的"是非"观念也就难以体现在其行为之中。所以说，人类成员的行为越是偏离自然就越是渺小，只有与自然融为一体才能呈现人类的伟大。

【生态文明启示】

"圣人不谋，恶用知？不斲，恶用胶？无丧，恶用德？不货，恶用商"的生态文明启示是：人类为满足自身需求而进行各种经济活动的过程中，形成了各种产业技术、各种行为契约、各种行为规范、各种价值评判、各种交易形式。然而，这些技术、契约、规范、价值评判，都是有利于利益相关者的，但这些利益都是以"成本外部化"得以维护和保障的，并且往往最终以自然生态系统作为"成本外部化"对象而实现的。例如，各种产业技术的发展，使得人类需求满足程度不断提升，但产业技术的演进与推广，却对自然生态系统遗留了巨大的生态风险；再如，人类群体之间的贸易发展，大大提升了需求满足程度，却由此而大幅度加剧了自然资源的消耗与自然生态环境的

---

① "接"，《说文解字》释为"交也"，原指手与手之交接，此处可合理理解为"人与人之交接"之义。

② "謷"，通"嗷"，《说文解字》释为"众口愁也"，此处可合理理解为"众人齐声颂赞般"之义。

损耗。

"有人之形，无人之情。有人之形，故群于人；无人之情，故是非不得于身"的生态文明启示是：在人类中心主义思想的主导下，人类成员越来越远离了自然的属性与情感，越来越走向自然的对立面，"尊重自然、顺应自然、敬畏自然"的是非观则越来越偏离。人类在经济活动中的价值判断，往往是与维护自然生态系统的价值相对立的。也就是说，越是有利于人类经济利益的思维和行为，则越是有损于自然生态系统的。

第六节

【原文】

惠子谓庄子曰："人故无情乎？"庄子曰："然。"惠子曰："人而无情，何以谓之人？"庄子曰："道与之貌，天与之形，恶得不谓之人？"惠子曰："既谓之人，恶得无情？"庄子曰："是非吾所谓情也。吾所谓无情者，言人之不以好恶内伤其身，常因自然而不益生也。"惠子曰："不益生，何以有其身？"庄子曰："道与之貌，天与之形，无以好恶内伤其身。今子外乎子之神，劳乎子之精，倚树而吟，据槁梧而瞑。天选子之形，子以坚白鸣。"

【庄子集解】

惠子谓庄子曰："人故无情乎？"庄子曰："然。"惠子曰："人而无情，何以谓之人？"庄子曰："道与之貌，天与之形，成云："虚通之道，为之相貌；自然之理，遗其形质。"恶得不谓之人？"惠子曰："既谓之人，恶得无情？"庄子曰："是非吾所谓情也。宣云："言惠子先误认情字。"案：郭以是非承上言，非。吾所谓无情者，言人之不以好恶内伤其身，常因自然而不益生也。"宣云："本生之理，不以人为加益之。"惠子曰："不益生，何以有其身？"成云："若不资益生道，何以有其身乎？"**庄子曰："道与之貌，天与之形，无以好恶内伤其身。有其身者如此。今子外乎子之神，劳乎子之精，倚树而吟，据槁梧而瞑。**成云："槁梧，夹膝几也。言惠子疏外神识，劳苦精灵，故行则倚树而吟咏，坐则隐几而谈说，形劳心倦，疲怠而瞑。"**天选子之形**，选，解如孟子"选择而使子"之选。**子以坚白鸣！"**言子以此自鸣，与公孙龙"坚白"之论何异？齐物论所谓"以坚白之昧终"也。解见前。

【新认识与新释译】

"**吾所谓无情者，言人之不以好恶内伤其身，常因自然而不益生也**"的意涵是①：道者所论及的"无情"，并不是说对待所遇事物完全无动于衷，而是说，人不要因对所遇事物或喜好或厌恶而做出强烈反应乃至无谓地伤损自己的身体，对所遇事物做出自然反应即可，而不要人为地滋生各种情感表达。

"**道与之貌，天与之形，无以好恶内伤其身。今子外乎子之神，劳乎子之精，倚树而吟，据槁梧而瞑。天选子之形，子以坚白鸣**"的意涵是②：天道赋予人的容貌、人的结构和功能，并不希望人们因无谓事物去损耗其身体和精力。而现实中，有些人却耗费智能、精力，去做无病呻吟之事。上天赋予你人的结构，就是遣使你发挥人应当发挥的自然功能，而你却置人的自然功能而不顾，却以人的智能、精力去争辩"石之白色与石之坚质是否独立于石"之类无谓的论题。

【生态文明启示】

"**吾所谓无情者，言人之不以好恶内伤其身，常因自然而不益生也**"的生态文明启示是：追求可持续发展、追求生态文明，否定"人类中心主义"思维，并不是要让人类完全无视于人类生存发展的需求，而是希望：人类不能人为地放大、扩张欲望，将人类的智慧和能力最大限度用于满足不断膨胀的欲望的话，最终损害的必然是人类自身的生存发展条件。人类所满足的需求，

---

① "益"，《说文解字》释为"饶也"，此处可理解为"过度地、额外地"之义。

② "选"，《说文解字》释为"遣也"，即"遣使"之义；"坚白"："坚白论"是名家的论辩之题。他们以石为喻，认为石之白色与石之坚质都独立于"石"。庄子不屑于此类论辩。

应当是自然而然的需求，而不要人为地去创造更多的需求。

"道与之貌，天与之形，无以好恶内伤其身。今子外乎子之神，劳乎子之精，倚树而吟，据槁梧而瞑。天选子之形，子以坚白鸣"的生态文明启示是：人类成员所应当关注的是人类与自然生态系统的和谐相处，而不是关注那些既无谓损耗自然资源和自然生态环境又不能真正增进人类幸福的经济活动（如以占有物质财富多寡做比较的经济活动等），不要去推进那些为需求而需求、为生产而生产、为消费而消费、为投资而投资的所谓经济活动，也不要去推进为维护而维护的所谓生态建设活动。

第六章

大宗师

第一节

【原文】

知天之所为，知人之所为者，至矣！知天之所为者，天而生也；知人之所为者，以其知之所知，以养其知之所不知，终其天年而不中道夭者，是知之盛也。虽然，有患：夫知有所待而后当，其所待者特未定也。庸讵知吾所谓天之非人乎？所谓人之非天乎？且有真人，而后有真知。

何谓真人？古之真人，不逆寡，不雄成，不谟士。若然者，过而弗悔，当而不自得也。若然者，登高不栗，入水不濡，入火不热，是知之能登假于道者也若此。

古之真人，其寝不梦，其觉无忧，其食不甘，其息深深。真人之息以踵，众人之息以喉。屈服者，其嗌言若哇。其耆欲深者，其天机浅。

古之真人，不知说生，不知恶死。其出不欣，其入不距。翛然而往，翛然而来而已矣。不忘其所始，不求其所终。受而喜之，忘而复之。是之谓不以心捐道，不以人助天，是之谓真人。若然者，其心志，其容寂，其颡頯，凄然似秋，暖然似春，喜怒通四时，与物有宜，而莫知其极。故圣人之用兵也，亡国而不失人心。利泽施乎万世，不为爱人。故乐通物，非圣人也；有亲，非仁也；天时，非贤也；利害不通，非君子也；行名失己，非士也；亡身不真，非役人也。若狐不偕、务光、伯夷、叔齐、箕子、胥余、纪他、申徒狄，是役人之役，适人之适，而不自适其适者也。

古之真人，其状义而不朋，若不足而不承；与乎其觚而不坚也，张乎其虚而不华也；邴邴乎其似喜也，崔崔乎其不得已也，滀乎进我色也，与乎止我德也，广乎其似世也，謷乎其未可制也，连乎其似好闭也，悗乎忘其言也。以刑为体，以礼为翼，以知为时，以德为循。以刑为体者，绰乎其杀也；以礼为翼者，所以行于世也；以知为时者，不得已于事也；以德为循者，言其与有足者至于丘也，而人真以为勤行者也。故其好之也一，其弗好之也一。其一也一，其不一也一。其一与天为徒，其不一与人为徒，天与人不相胜也，是之谓真人。

【庄子集解】

大宗师。本篇云："人犹效之。"效之言师也。又云："吾师乎！吾师乎！"以道为师也。宗者，主也。

知天之所为，知人之所为者，至矣！知天之所为者，天而生也；凡物皆自然而生，则当顺其自然。**知人之所为者，以其知之所知，以养其知之所不知，终其天年而不中道夭者，是知之盛也**。两其知，音智。不强知，则智得所养。郭云："知人之所为者有分，故任而不强也；知人之所知者有极，故用而不荡也。故所知不以无涯自困。"**虽然，有患**：成云："知虽盛美，犹有患累，不若忘知而任独也。"**夫知有所待而后当，其所待者特未定也**。成云："知必对境，非境不当。境既生灭不定，知亦待夺无常。唯当境、知两忘，然后无患。"**庸讵知吾所谓天之非人乎？所谓人之非天乎**？成云："知能运用，无非自然。是知天之与人，理归无二，故谓天即人，谓人即天。所谓吾者，庄生自称。此则泯合天人，混同物我也。"**且有真人，而后有真知**。郭云："有真人，而后天下之知皆得其真而不可乱。"

何谓真人？古之真人，不逆寡，虚怀任物，虽寡少，不逆忤。**不雄成**，不以成功自雄。**不谟士**。成云："虚夷而士众自归，非谋谟招致。"**若然者，过而弗悔，当而不自得也**。成云："天时已过，曾无悔吝之心；分命偶当，不以自得为美。"**若然者**，登高不栗，入水不濡，入火不热，是知之能登假于道者也若此。危难生死，不以介怀。其能登至于道，非世之所为知也。

古之真人，其寝不梦，成云："绝思想，故寝寐寂泊。"其觉无忧，郭云："随所寓而安。"其食不甘，成云："不耽滋味。"其息深深。李云："内息之貌。"真人之息以踵，成云："踵，足根。"宣云："呼吸通于涌泉。"众人之息以喉。宣云："止于厌会之际。"屈服者，其嗌言若哇。屈服，谓议论为人所屈。嗌，喉咽也。嗌，声之未出；言，声之已出。吞吐之际，如欲哇然，以状无养之人。其嗜欲深者，其天机浅。情欲深重，机神浅钝。

古之真人，不知说生，不知恶死。郭云："与化为体。"其出不欣，其入不距。释文："距，本又作拒。李云：'欣出则营生，拒入则恶死。'"翛然而往，翛然而来而已矣。成云："翛然，无系貌。"不忘其所始，不求其所终。宣云："知生之源，任死之归。"受而喜之，宣云："受生之后，常自得。"忘而复之。宣云："忘其死，而复归于天。"是之谓不以心捐道，不以人助天，是之谓真人。郭云："物之感人无穷，人之逐欲无节，则天理灭矣。真人知用心则背道，助天则伤生，故不为也。"俞云："据郭注，捐疑偝之误。"若然者，其心志，宣云："志当作忘。无思。"其容寂，宣云："无为。"其颡頯，宣云："颡，额也。"頯，大朴貌，宣云："恢，上声。"凄然似秋，暖然似春，郭云："杀物非为威，生物非为仁。"喜怒通四时，宣云："喜怒皆无心，如四时之运。"与物有宜，而莫知其极。随事合宜，而莫窥其际。故圣人之用兵也，亡国而不失人心。崔云："亡敌国而得其人心。"利泽施乎万世，不为爱人。由仁义行，非行仁义。故乐通物，非圣人也；不求通物，而物情自通，为圣人。有亲，非仁也；至仁则无私亲。天时，非贤也；宣云："择时而动，有计较成败之心。"利害不通，非君子也；利害不观其通，故有趋避。行名失己，非士也；成云："必所行求名而失己性，非有道之士。"亡身不真，非役人也。宣云："徒弃其身，而无当真性，为世所役，非能役人。"若狐不偕、成云："姓狐，字不偕，尧时贤人，不受尧让，投河而死。"务光、成云："夏时人，饵药养性，好鼓琴，汤让天下，不受，负石自沈于庐水。"伯夷、叔齐、箕子、胥余、司马云："胥余，箕子名。尸子曰：'箕子胥余，漆身为厉，被发佯狂。'"纪他、成云："汤时逸人，闻汤让务光，恐及乎己，遂将弟子，蹈于窾水而死。申徒狄闻之，因以踣河。"申徒狄、释文："殷时人，负石自沈于河。"**是役人之役，适人之适，而不自适其适者也。**郭云："斯皆舍己效人，徇彼伤我者。"宣云："为人用，快人意，与真性何益！"**古之真人，其状义而不朋，**郭云："与物同宜，而非朋党。"俞云："郭注非也。此言其状，非言其德。义读为峨。天道篇'而状义然'，即峨然也。朋读为崩。易'朋来无咎'，汉书五行志引作'崩来无咎'，是也。义而不朋，言其状峨然高大而不崩坏也。"**若不足而不承；**宣云："卑以自牧，而非居人下。"**与乎其觚而不坚也，**王云："觚，特立不群也。"崔云："觚，棱也。"李桢云："觚是孤借字。释地'觚竹'，释文：'本又作孤。'此孤、觚通作之证。孤特者，方而有棱，故字亦借觚为之。'与乎其觚'，与'张乎其虚'对文。"案：不坚，谓不固执。**张乎其虚而不华也；**成云："张，广大貌。"案：廓然清虚，而不浮华。**邴邴乎其似喜也，**向云："邴邴，喜貌。"郭云："至人无喜，畅然和适，故似喜也。"**崔崔乎其不得已也，**向云："崔，动貌。"成云："迫而后动，非关先唱，故不得已而应之也。"**滀乎进我色也，**简文云："滀，聚也。"宣云："水聚则有光泽。言和泽之色，令人可亲。"**与乎止我德也，**与，相接意。宣云："宽闲之德，使我归止。"**广乎其似世也，**崔本"厉"作"广"，当从之。俞云："世乃泰之借字。广与泰义相应。"郭庆藩云："厉、广古通借。泰字作大。世、大古亦通借。"**謷乎其未可制也，**成云："謷然高远，超于世表，不可禁制。"**连乎其似好闭也，**李云："连，绵长貌。"郭云："绵邈深远，莫见其门。"成云："默如关闭，不闻见也。"释文："好，呼报反。"**悗乎忘其言也。**释文："悗，忘本反。"成云："悗，无心貌。以上言真人德行，下明其利物为政之方。"**以刑为体，**郭云："刑者治之体，非我为。"**以礼为翼，**郭云："礼者，世所以自行，非我制。"**以知为时，**郭云："知者时之动，非我唱。"**以德为循。**郭云："德者自彼所循，非我作。"**以刑为体者，绰乎其杀也；**郭云："任治之自杀，故虽杀而宽。"**以礼为翼者，所以行于世也；**郭云："顺世所行，故无不行。"**以知为时者，不得已于事也；**知以应时，不得已于世事，随宜付之。**以德为循者，言其与有足者至于丘也，**宣云："德之所在，人人可至，我特循之耳。如丘之所在，有足者皆可至，我特与同登耳，非自立异。"案：无意于行，自然而至，故曰"与有足者至"也。**而人真以为勤行者也。**宣云："人视真人为勤行不怠，岂知其毫末以我与乎！"**故其好之也一，其弗好之也一。**成云："既忘怀于美恶，亦遗荡于爱憎。故好与弗好，出自凡情，而圣智虚融，未尝不一。"**其一也一，其不一也一。**成云："其一，圣智也；其不一，凡情也。凡、圣不二，故不一皆一之。"**其一与天为徒，其不一与人为徒。**成云："同天人，齐万致，与天而为类也。彼彼而我我，与人而为徒也。"**天与人不相胜也，是之谓真人。**成云："虽天无彼我，人有是非，确然谕之，咸归空寂。若使天胜人劣，岂谓齐乎！此又混一天人，冥同胜负，体此趣者，可谓真人。"

【新认识与新释译】

"**知天之所为，知人之所为者，至矣！知天之所为者，天而生也；知人之所为者，以其知之所知，以养其知之所不知，终其天年而不中道夭者，是知之盛也**"的意涵是①：能够通晓天地的自然运化规律，进而知晓在自然规律之下人的可为范围，就达到人的认识极致了。通晓自然运化之理，就是顺应自然而认知万事万物；知晓人的可为范围，是用其有限的知识去领悟未知万物的自然之理，如果终其一生而不改变顺应自然这一认知原则的话，或可算作达到人的认识最高境界了。

"**虽然，有患：夫知有所待而后当，其所待者特未定也。庸讵知吾所谓天之非人乎？所谓人之非天乎？且有真人，而后有真知**"的意涵是②：即使如此，其中还是存在认识缺陷的。因为，认识自然规律必须依赖于一定的条件，而这个条件是不断变化的，何以判断所论定的"出于自然"之事物不是"出于人为"呢，所认定的"出于人为"之事物不是"出于自然"呢？这样一来，就必须先有能够区分判断"自然"与"人为"的先天"真人"，然后才能够认识自然规律的"真知"。

《道德经》第五十一章有"道生之，德畜之，物形之，势成之。是以万物莫不尊道而贵德。道之尊，德之贵，夫莫之命而常自然。故道生之，德畜之；长之育之；亭之毒之；养之覆之。生而不有，为而不恃，长而不宰。是谓玄德"之论述。对照《道德经》此章论述，《庄子》中的"真人"可理解为"'道'决定其本性、'德'引导其行为的人，他们不是有什么特殊能力，而

---

① "养"，此处可理解为"佐助"，即"既有知识是领悟未知事物的佐助手段"之义。

② "虽然"，现代汉语可释为"即使如此，但是……"；"有患"，按现代学术语言可理解为"存在逻辑的不完备性"之义；"特"，作为虚化副词，有一含义是表示"竟然"，如《战国策·中山策》有"不知者特以为神力"之语；"且"，作为副词，有一含义表示"方可"，如《战国策·武灵王平昼闲居》有"事成功立，然后德且见也"之语。

只是遵循自然","真知"可理解为"把握'生而不有，为而不恃，长而不宰'的原则"。

"何谓真人？古之真人，不逆寡，不雄成，不谟士。若然者，过而弗悔，当而不自得也。若然者，登高不栗，入水不濡，入火不热，是知之能登假于道者也若此"的意涵是①：什么样的人才是"真人"？"真人"的特性是：不刻意去追求平均，不强求成功，不牵强理据。这样的人（去判断事物），即使有所差失也不会偏离自然太远，即使完全判断准确也不会认定这必定是事物的终极认识。这样的人（去判断事物），登上高山（就会以高山的高程为参照）而不会做出惧高的判断，潜入深水（就会以深水的湿度为参照）而不会做出浸湿的判断，投入火中（就会以火的温度为参照）而不会做出炽热的判断。只有这样去认识万物，才能寻求到认识自然"真知"的路径。

"古之真人，其寝不梦，其觉无忧，其食不甘，其息深深。真人之息以踵，众人之息以喉。屈服者，其嗌言若哇。其耆欲深者，其天机浅"的意涵是②："真人"，在熟睡中不懵懂（而失其清醒意识），睡醒后不迟疑（而失其坚定信念），进食时不耽于美味（而异化其进食养生的目的），呼吸时能够呼吸深入根本之所。"真人"呼吸是从根本之所出入，一般人的呼吸只是从浅表之所出入。这就如同，争辩中说不出道理时只能在喉部哇啦作声。总之，越是刻意追求，则越是停留在表面。

《道德经》第五十三章有"服文彩，带利剑，厌饮食，财货有余。是为盗夸。非道也哉"之语，其含义是：不知餍足，过于贪婪、过于放纵欲望，是

---

① "寡"，《说文解字注》释为"少也。从宀颁。颁，分也。宀分者，合于上而分于下也。故始多而终少"。本书作者认为，此处"不逆寡"，可理解为"不刻意地追求平均、平等"；"谟"，《说文解字》释为"议谋也"；"士"，《说文解字》释为"事也。数始于一，终于十。从一从十。孔子曰：推十合一为士"，即"能推十合一、从众多事物中推演归纳出一个根本道理的人"之义；"悔"，《说文解字注》释为"悔者，自恨之意"，本书作者认为，此处"不悔"可理解为"不以自身价值做判断"之义。

② "梦"，《说文解字》释为"不明也"，即"意识不清醒"之义。本书作者认为，此处"梦"有"梦乃人之内心杂念所致"之含义；"忧"，《说文解字》释为"愚，和之行也"；"深深"，前者为动词，后者为名词，即"呼吸深入根本之处"之义；"踵"，本书作者认为，此处或有"人法地"之义；"嗌"，《说文解字》释为"咽也"；"耆"，通"嗜"，《说文解字》释为"嗜好，喜之也"。

不符合自然而然之"道"的。《庄子》此段文字，与之有相近意涵。

　　"古之真人，不知说生，不知恶死。其出不欣，其入不距。翛然而往，翛然而来而已矣。不忘其所始，不求其所终。受而喜之，忘而复之。是之谓不以心捐道，不以人助天，是之谓真人。若然者，其心志，其容寂，其颡頯。凄然似秋，暖然似春，喜怒通四时，与物有宜，而莫知其极。故圣人之用兵也，亡国而不失人心。利泽施乎万世，不为爱人。故乐通物，非圣人也；有亲，非仁也；天时，非贤也；利害不通，非君子也；行名失己，非士也；亡身不真，非役人也。若狐不偕、务光、伯夷、叔齐、箕子、胥余、纪他、申徒狄，是役人之役，适人之适，而不自适其适者也"的意涵是①："真人"，不对生存感到欣喜，也不对死亡感到恐惧，不贪求生存，不拒绝死亡；自然而然地降生人世，又自然而然地回归自然。不忘自然乃生命之源，不奢求超越自然而长生。受生则欣然体验生命价值，死不为怀而复归于自然。这就是：不以奢求长生之欲捐弃自然之道，不以人为助力试图改变自然规律。如此而为，就是"真人"之为。能如此而为者，心专于道，容安于寂，额舒缓自在而无愁烦。其或喜或怒的情绪变换犹如四季时序更替一样自然，或秋天般的冷肃，或春日般的温和，随事合宜到极致状态。（正因为其行为自然合宜，）因此，即使他们用兵而灭人之国，也不会偏离其国人之人心所向。即使他们泽被世代，也并不是出于施爱他人的人为目的，而是出于自然而然。由此可知，同情万物，并不是圣人有意为之，而是自然而然的物情自通之理。人情之亲，不是出于人为追求的"仁义"，而是人们之间自然而然的关系；天候对于万物生长的作用，不是出于上天的"慈悲"，而是天候自然而然的运转；对他人利而不害，并非出于成为君子的道德追求，而是自然而然的行为准则；良善行为不在乎个人毁誉，并不是成为隐士的人为追求，而是自然而然的内在意愿。反之，如果不是出于内在真心而是出于人为追求，即使舍弃生命的行为，并不是内在真心驱使的自然行为，也只是为外在追求

---

① "忘"，可理解为"不以为怀"之义；"颡"，《说文解字注》释为"额也。方言。中夏谓之额。东齐谓之颡"；"頯"，《说文解字注》释为"權也，權者今之顴字"。本书作者认为，"额"之形态可用于形容内在情绪，如"焦首烂额"，此处"颡頯"，则可理解为"无愁烦之态"之义；"役人"，本书作者认为，可理解为"内在真心驱使人的行为"之义；"役人之役"，本书作者认为，此处应理解为"役'人之役'"，即"被人为追求驱使"之义。

所羁绊的结果。若狐不偕、务光、伯夷、叔齐、箕子、胥余、纪他、申徒狄等历代所谓"大贤"，其实都是被人为追求驱使，去迎合人为价值，而不是顺应内在真心的追求。

"古之真人，其状义而不朋，若不足而不承；与乎其觚而不坚也，张乎其虚而不华也；邴邴乎其似喜也，崔崔乎其不得已也"的意涵是①："真人"，其形象即使高大巍耸却不会呈现易崩塌之象；即使看上去自身难以支撑，也不会呈现成依托外在支撑之态；即使特立独行也不会表现为固执而为；即使很出众也不会呈现华而不实的状态；处平缓山丘而不失其和适意境，登巍峨山峰而不信其长永。

"滀乎进我色也，与乎止我德也，广乎其似世也，謷乎其未可制也，连乎其似好闭也，悗乎忘其言也"的意涵是②："真人"，对待事物的变化，有其独特认知。犹如水的聚积，可感受到聚积带来的色彩增进，同理，人的相与，则可感受到他人言行对自身德行的衡正；犹如空间的广阔，似可感受到时序的变迁，同理，不可理喻的"妄语"，亦可感受到其不可或缺的理性；犹如万物连环，可感受到两两之间的自成体系，同理，本与你无关之事物亦可因之萌生出某种难以用言语描摹的关联。

此处"忘其言"，类似于《道德经》第五十六章所述"知者不言，言者不知"。其大致含义是自然万物，是可以通过定义概念的方式来认识的，但不是可以清晰界定定义、可以完全概念化地认识世界。心灵深处对于"道"的深切感悟，是难以用语言完整表述的。即使表述出来了，那一定不是"道"

---

① 此处"义""朋"，有释为"峩""崩"之讹，本书作者认为此说似通；"足""承"，本书作者认为，此处之"足"为"内在支撑"之义，"承"为"外在支撑"之义；"与"的含义为"党与"；"觚"，此处通"孤"；"虚"，本书作者认为此处为"区域"之义，如通"井蛙不可以语于海者，拘于虚也"（《庄子·秋水》）；"崔"，《说文解字》释为"大高也"，即"山峰巍峨高拔"之义。本书作者认为，与之相对，"邴"当为"山丘平缓"之义；"不得已"，本书作者认为其含义为"不可最终实现"。如《道德经》第三十一章有"兵者不祥之器，非君子之器，不得已而用之，恬淡为上"之句，其含义是：兵事只能解决短期内的问题，但并不能真正解决根本矛盾。

② "滀"，为"水聚积"之义；"世"，《说文解字》释为"三十年为一世"；"謷"，《说文解字》释为"不省人言也"；"制"，《说文解字》释为"裁也"；"悗"，其含义为"无心、不在意"。

之本质内涵。

"以刑为体，以礼为翼，以知为时，以德为循。以刑为体者，绰乎其杀也；以礼为翼者，所以行于世也；以知为时者，不得已于事也；以德为循者，言其与有足者至于丘也，而人真以为勤行者也"的意涵是：以刑为体（刑律只是遵从自然秩序的制度架构，并非人为构建的规制）、以礼为翼（礼仪，只是自然秩序下人与人之间的行为关系，并非人为创设的等级关系）、以知为时（知识，只是对自然时序运行的认知，并非人为规定的要求）、以德为循（道德，只是人们自然而然的行为准则，并非人为确定的约束）。基于自然秩序的刑律，即使是极刑也体现的是对于自然万物的善待；基于自然关系的礼仪，才能够世代传承；基于自然时序的知识，可顺应自然用于解决日常之需，却不可用以征服自然、改造自然；基于自然秩序的行为准则，才是践行"道"的根本路径（那些人为规定的道德准则，是背"道"而驰的，不是可行的路径）。

"以刑为体，以礼为翼，以知为时，以德为循"，与《道德经》所论述的道—德—仁—义—礼有近似的观点。《道德经》第三十八章"上德无为而无以为；下德无为而有以为。上仁为之而无以为；上义为之而有以为。上礼为之而莫之应，则攘臂而扔之"。其大致含义是：上德，完全遵循"道"的行为，且这个行为对"道"的遵从是内化于心的自主行为，并非刻意而为；下德，完全遵循"道"而决定其行为，但这个行为对"道"的遵从是刻意而为，尚未内化于心；上仁，意愿上是遵循"道"规则而行为，但在行为过程中无意间加入了"公平""仁爱"等自身价值内容；上义，刻意而为，将自身价值强加于"道"规则之上；上礼，行为并不以"道"规则为主要遵循，而是以人为价值来规定，并采取具有一定强制力的方式予以推行。

"故其好之也一，其弗好之也一。其一也一，其不一也一。其一与天为徒，其不一与人为徒，天与人不相胜也，是之谓真人"的意涵是①："真人"，判别事物唯一的准则就是"自然而然"。其所认同的是顺应自然的东西，其所不

---

① "也一"之"一"的含义是"（顺应自然的）整体性"；"其一""其不一"之"一"的含义是"一致性"；"相胜"的含义是"互为对抗"。

认同的则是违逆自然的东西。其所认同的万物一致性是因为顺应自然，其所认同的万物差异性也是因为顺应自然。万物一理，是大自然的根本特征；万物各有特点，是人类顺应自然而用于日常生活的合理选择。只有认识到大自然与人类是和谐关系，而不是对抗关系，才是"真人"。

【生态文明启示】

"以刑为体，以礼为翼，以知为时，以德为循"的生态文明启示是：人类行为中所谓"认识自然""利用自然"，应当与"顺应自然"的基本准则相一致。不能以"认识自然"之名，而行"利用自然、改造自然、破坏自然"之实。所以，人类之于自然系统，在顺应自然系统的过程中，通过"刑""礼""知""德"等方式来实现人与自然的和谐共生，不能通过这些方式来形成人为的规则秩序。也就是说，在可持续发展、生态文明建设的过程中，生态法律制度、生态伦理道德、生态技术规范，都应以"尊重自然、顺应自然、敬畏自然"为准则，而不是要去构建人为的"生态文明秩序"。

"天与人不相胜也"的生态文明启示是：人与自然，不应是对抗关系，而应是人与自然和谐共生的关系。以现代学术思想来认识，什么是"人与自然和谐共生"的本质内涵？其一，自然生态系统，能够提供人类生产生活所需要的各种自然资源和生态功能，并通过自维护、自修复、自净化能力承载人类经济社会活动及所产生影响。其二，人类经济活动及所产生影响，不能超过自然生态系统的承载能力，否则将使自然系统的生态功能不断下降，人类的生存环境因此而持续劣化。其三，为保障生态系统的稳定性和持续性，同时也是保障人类经济社会发展的永续性，人类活动必须遵循"资源利用不可超过资源再生速度及不可再生资源的替代速度""对生态环境的影响不可超过生态系统的净化能力"等原则。

第二节

【原文】

死生，命也；其有夜旦之常，天也。人之有所不得与，皆物之情也。彼特以天为父，而身犹爱之，而况其卓乎！人特以有君为愈乎己，而身犹死之，而况其真乎！

泉涸，鱼相与处于陆，相呴以湿，相濡以沫，不如相忘于江湖。与其誉尧而非桀也，不如两忘而化其道。

夫大块，载我以形，劳我以生，佚我以老，息我以死。故善吾生者，乃所以善吾死也。夫藏舟于壑，藏山于泽，谓之固矣！然而夜半有力者负之而走，昧者不知也。藏小大有宜，犹有所遁。若夫藏天下于天下而不得所遁，是恒物之大情也。特犯人之形而犹喜之。若人之形者，万化而未始有极也，其为乐可胜计邪？故圣人将游于物之所不得遁而皆存。善妖善老，善始善终，人犹效之，而况万物之所系，而一化之所待乎！

夫道，有情有信，无为无形；可传而不可受，可得而不可见；自本自根，未有天地，自古以固存；神鬼神帝，生天生地；在太极之先而不为高，在六极之下而不为深，先天地生而不为久，长于上古而不为老。豨韦氏得之，以挈天地；伏戏氏得之，以袭气母；维斗得之，终古不忒；日月得之，终古不息；堪坏得之，以袭昆仑；冯夷得之，以游大川；肩吾得之，以处大山；黄帝得之，以登云天；颛顼得之，以处玄宫；禺强得之，立乎北极；西王母得之，坐乎少广，莫知其始，莫知其终；彭祖得之，上及有虞，下及五伯；傅说得之，以相武丁，奄有天下，乘东维、骑箕尾而比于列星。

【庄子集解】

死生，命也；其有夜旦之常，天也。人之有所不得与，皆物之情也。死生

145

与夜旦等，皆由天命，不可更以人与。此物之情，实无足系恋也。**彼特以天为父，而身犹爱之，而况其卓乎！** 身知爱天，而况卓然出于天者乎！**人特以有君为愈乎己，** 宣云："势分胜乎己。" **而身犹死之，** 宣云："效忠。" **而况其真乎！** 身知爱君，而况确然切于君者乎！

　　泉涸，鱼相与处于陆，相呴以湿，相濡以沫，不如相忘于江湖。 喻贪生惧死，不如相忘于自然。"泉涸"四语，又见天运篇。**与其誉尧而非桀也，不如两忘而化其道。** 宣云："此道字轻，谓是非之道。言誉尧非桀，不如两忘其道；好生恶死，不如两忘其累。"案：二语又见外物篇，下三字作"闭其所誉"。

　　夫大块，载我以形，劳我以生，佚我以老，息我以死。故善吾生者，乃所以善吾死也。 宣云："纯任自然，所以善吾生也。如是，则死亦不苦矣。"案：六语又见后。列子天瑞篇："人胥知生之乐，未知生之苦；知老之惫，未知老之逸；知死之恶，未知死之息也。" **夫藏舟于壑，藏山于泽，** 岛也。**谓之固矣。然而夜半有力者负之而走，昧者不知也。** 舟可负，山可移。宣云："造化默运，而藏者犹谓在其故处。" **藏大小有宜，犹有所遁。若夫藏天下于天下而不得所遁，是恒物之大情也。** 藏无大小，各有所宜，然无不变之理。宣云："遁生于藏之过，若悟天下之理，非我所得私，而因而付之天下，则此理随在与我共之，又乌所遁哉！此物理之实也。"案：恒物之大情，犹言常物之通理。**特犯人之形而犹喜之，若人之形者，万化而未始有极也，其为乐可胜计邪？** 犯与范同。见范人形犹喜之，若人之生无穷，孰不自喜其身者！**故圣人将游于物之所不得遁而皆存。** 宣云："圣人全体造化，形有生死，而此理已与天地同流，故曰皆存。" **善妖善老，善始善终，人犹效之，又况万物之所系，而一化之所待乎！** 释文："妖，本又作夭。"成云："寿夭老少，都不介怀。虽未能忘生死，但复无所嫌恶，犹足为物师傅，人仿效之。况混同万物，冥一变化，为物宗匠，不亦宜乎！"

　　夫道，有情有信，无为无形； 宣云："情者，静之动也；信者，动之符也。"成云："恬然寂寞，无为也；视之不见，无形也。" **可传而不可受，** 郭云："古今传而宅之，莫能受而有之。" **可得而不可见；** 成云："方寸独悟，可得也。离于形色，不可见也。" **自本自根，** 宣云："道为事物根本，更无有为道之根本者，自本自根耳。" **未有天地，自古以固存；** 成云："老子云：'有物混成，先天地生。'" **神鬼神帝，** 下文堪坏、冯夷等，鬼也；豨韦、伏羲等，帝也。其神，皆道神之。**生天生地；** 成云："老子云：'天得一以清，地得一以宁。'" **在太极之先而不为高，在六极之下而不为深；**阴阳未判，是为太极。天地四方，谓之六极。成云："道在太极之先，不为高远；在六合之下，不为深邃。" **先天地生而不为久，长于上古而不为老。**释文："长，丁丈反。"案：此语又见后。**豨韦氏得之，以挈天地；**豨韦，即豕韦，盖古帝王也。成云："挈，又作契。言能混同万物，符合二仪。" **伏戏氏得之，以袭气母；**成云："袭，合也。气母，元气之母。为得至道，故能画八卦，演六爻，调阴阳，合元气。" **维斗得之，终古不忒；**成云："北斗为众星纲维，故曰维斗。得至道，故维持天地，历终始，无差忒。" **日月得之，终古不息；堪坏得之，以袭昆仑；**释文："崔坏作邳。司马云：'堪坏，神名，人面兽形。'淮南作'钦负'。"成云："昆仑山神名。袭，入也。" **冯夷得之，以游大川；**司马云："清泠传曰：'冯夷，华阴潼乡堤首（成疏有"里"字。）人也。服八石，得水仙，是为河伯。'一云：以八月庚子浴于河，溺死。" **肩吾得之，以处大山；**司马云："山神，不死，至孔子时。"成云："得道，处东岳，为太山之神。" **黄帝得之，以登云天；**崔云："黄帝得道而上天也。" **颛顼得之，以处玄宫；**李云："颛顼，高阳氏。玄宫，北方宫也。月令曰：'其帝颛顼，其神玄冥。'"成云："得道为北方之帝。玄者，北方之色，故处于玄宫。" **禺强得之，立乎北极；**释文："海外经云：'北方禺强，黑身手足，乘两龙。'郭璞以为水神，人面鸟身。简文云：'北海神也，一名禺京，是黄帝之孙也。'" **西王母得之，坐乎少广，莫知其始，莫知其终；**释文："山海经：'西王母状如人，狗尾，蓬头，戴胜，善啸，居海水之涯。'汉武内传云：'西王母与上元夫人降帝，美容貌，神仙人也。'崔云：'少广，山名。'或云：西方空界之名。" **彭祖得之，上及有虞，下及五伯；**崔云："彭祖寿七百岁，或以为仙，不死。"成云："上自有虞，下及殷、周，凡八百年。" **傅说得之，以相武丁，奄有天下，乘东维、骑箕尾而比于列星。**司马云："东维箕、斗之间，天汉津之东维也。星经：'傅说一星，在尾上。'"崔云："傅说死，其精神乘东维，托龙尾，乃列宿。"释文："崔本此下更有'其生无父母，死，登假，三年而形遁，此言神之无能名者也'。"案：下引七事以明之。

【新认识与新释译】

"死生，命也；其有夜旦之常，天也。人之有所不得与，皆物之情也。彼特以天为父，而身犹爱之，而况其卓乎！人特以有君为愈乎己，而身犹死之，而况其真乎"的意涵是①：生、死，是生命的自然过程，犹如昼夜运行不息，都是自然之规律。人是无法干预的，这是万物运行的一般之理。人皆以"天"为生养者而充分地信戴，那么，对于"死生有命"之类显而易见的天道，有什么理由不信戴呢？！世人认为国君才识超过自己而愿为其效命，那么，对于"天道"规定的"死生问题"有什么不能放下的呢！

"泉涸，鱼相与处于陆，相呴以湿，相濡以沫，不如相忘于江湖。与其誉尧而非桀也，不如两忘而化其道"的意涵是②：井泉枯竭了，两条鱼在干涸的泥土中，只能以微弱的呼吸相互延长生命，这样艰难地相互依存，远不如各自在江湖里自由地生存吧！在世俗中，与其以尧之贤德为标杆、以桀之暴虐为反面教训来构建人为的秩序，不如把他们都忘掉而依存于自然而然的秩序。（总之，为什么要把特殊情形或极端情形下所形成的"美德"当作我们一般情形下的行为规范呢！最好的行为准则，就是遵循自然而然的秩序，不刻意追求所谓"美德"，也不刻意规避所谓"恶行"。）

"夫大块，载我以形，劳我以生，佚我以老，息我以死。故善吾生者，乃所以善吾死也。夫藏舟于壑，藏山于泽，谓之固矣！然而夜半有力者负之而走，昧者不知也。藏小大有宜，犹有所遁。若夫藏天下于天下而不得所遁，是恒物之大情也。特犯人之形而犹喜之。若人之形者，万化而未始有极也，其为乐可胜计邪？故圣人将游于物之所不得遁而皆存，善妖善老，善始善终，人犹效之，而况万物之所系，而一化之所待乎"的意涵是③：（一个人生命周期的各个形态，都是自然赋予的。）自然万物的哺育表征生命的形成，运动劳作表征生命的成长，闲逸表征生命走向衰弱，安息表征生命周期走向终点。由此可见，护佑生命成长，护佑生命终结，所为者皆为自然！如同，将舟船藏于山谷、将山丘藏于湖泽，或许很安稳，但若有力士深夜将之背负取走，夜梦者依然无法

---

① 此处"命"与"天"相对照，认为"命"高于"天"，即："死生"之类的问题是自然而然的。相当于《道德经》"人法地、地法天、天法自然"之意涵。

② 此处"化"，可理解为"同化于……"之义。

③ "佚"，《说文解字》释为"佚民也"，即"隐逸"之义。本书作者认为，此处"劳""逸"相对；"息"，此处当为"熄"之本字，《说文解字》释为"熄，畜火也。亦曰灭火"。本书作者认为，此处"息"，既有"安息"之义，亦含有"保留火种以传承"之义；"犯"，通"范"，即"形态"之义；"妖"，通"夭"，即"寿夭"之义。

避免所藏之物被发现的命运。也就是说，将小物藏于大物之中，虽然合理，依然有迹可循。（问题不在于物之大小，而在于具象之物的差别特征。）但是，如果把天下万物藏于天下之中，恐怕就很难被分辨了，这就是天下万物最一般的特征！同样的道理，生命的形态是各种各样的，为什么唯独钟情于"人"这种形态而感到欣喜不已呢？如果对于各式各样的生命形态都坦然接受，那么其欣喜之情不就是无处不在吗?! 所以说，"圣人"钟情于万物，并不是去寻求万物的外在形态，而是去享受其无处不在的内在真谛。对待生命的长短、生命的始终，都以同样的态度去感受。如果一般人能够效仿"圣人"对待生命的态度，那么，对于万物变化所依存的"道"（自然规律），就懂得应当如何去顺应了。

"夫道，有情有信，无为无形；可传而不可受，可得而不可见；自本自根，未有天地，自古以固存；神鬼神帝，生天生地；在太极之先而不为高，在六极之下而不为深，先天地生而不为久，长于上古而不为老。豨韦氏得之，以挈天地；伏戏氏得之，以袭气母；维斗得之，终古不忒；日月得之，终古不息；堪坏得之，以袭昆仑；冯夷得之，以游大川；肩吾得之，以处大山；黄帝得之，以登云天；颛顼得之，以处玄宫；禺强得之，立乎北极；西王母得之，坐乎少广，莫知其始，莫知其终；彭祖得之，上及有虞，下及五伯；傅说得之，以相武丁，奄有天下，乘东维、骑箕尾而比于列星"的意涵是①：

"道"（自然规律），有其本质也有其特征，但自身又是无痕迹和无形态的。"道"，可将其领悟之理传授后人，却无法如交接物体那样交接；可用理性去感知其存在，却无法用五官去感受其真实。"道"，本身就是根源（而不存在其他的外在根源），也不是以天地作为其根源，而是有时间以来就已经存在。反而倒是"道"造就了天地的前身，进而造就了天地。"道"，比最高的太极之巅还要高，比最深的六极之底还要深，比天地存在的时间还要久远，生命比远古之物更为长久却没有衰老。豨韦氏掌握"道"，用来统驭天地；伏羲氏掌握"道"，以天地运转规律引导人类活动；北斗星掌握"道"，永远不会改变方位；太阳和月亮掌握"道"，永远不停息地运行；堪坏掌握"道"，用以入主昆仑山；冯夷掌握"道"，

---

① "气"，《说文解字》释为"云气也"，即指云层。本书作者认为，此处"袭气母"，可理解为"以天气变化规律引导人类活动"之义。

用以巡游大江大河；肩吾掌握"道"，用以驻守泰山；黄帝掌握"道"，用来登上云天；颛顼掌握"道"，用来居处玄宫；禺强掌握"道"，用来立足北极；西王母掌握"道"，用来坐镇少广山。没有人能知道它的开始，也没有人能知道它的终结。彭祖掌握"道"，从远古有虞时代一直活到五伯时代；傅说掌握"道"，用来辅佐武丁，统辖整个天下，乘驾东维星，骑坐箕宿和尾宿，而列于星神行列。

《道德经》第三十九章有"天得一以清；地得一以宁；神得一以灵；谷得一以盈；万物得一以生；侯王得一以为天下正。其致之也，谓天无以清，将恐裂；地无以宁，将恐废；神无以灵，将恐歇；谷无以盈，将恐竭；万物无以生，将恐灭；侯王无以正，将恐蹶"之句。其意涵是：自然界，是一个有机联系的稳态系统。宇宙，是一个有机联系的系统，才不再混沌，否则将四分五裂、持续动荡而难以形成一个稳定整体；"物种"，如果不具有一个完整有机联系的遗传性，则无法显现其传承的"生命力"；"湖泊"，如果不具有一个完整的地下水系统，则无法充满湖水；万物，如果不是一个生命体系统，则无法生生不息。社会领域，也是一个有机联系的稳态系统。帝王，如果不是把所统治的社会作为一个稳定系统来维护，所统治的王朝就难以持久稳固而会垮台。《庄子》此段文字的内涵，与之相近。

【生态文明启示】

"与其誉尧而非桀也，不如两忘而化其道"的生态文明启示是：人类社会不同国家之间、不同群体之间、不同个体之间，常常由于价值观的不同而争论不休。在不同的价值观下确立各自的英雄、败类，确立各自的道德规范和道德失范内容。与其如此，不如放弃那些人为的价值观，各自自由自在地与自然生态系统（这个关乎人类命运的共同体）和谐共生。

"豨韦氏得之，以挈天地……"的生态文明启示是：人类，因生活在同一个地球，因生活在同一个自然生态环境系统中，因维护人类世世代代生存传承繁衍的共同目标，而构成了最根本的利益和需求，其本质就是永续性地维护人类赖以生存传承的生态系统及其生态功能的完好性。

第三节

【原文】

南伯子葵问乎女偊曰:"子之年长矣,而色若孺子,何也?"曰:"吾闻道矣。"南伯子葵曰:"道可得学邪?"曰:"恶!恶可!子非其人也。夫卜梁倚有圣人之才而无圣人之道,我有圣人之道而无圣人之才。吾欲以教之,庶几其果为圣人乎?不然,以圣人之道告圣人之才,亦易矣。吾犹守而告之,参日而后能外天下;已外天下矣,吾又守之,七日而后能外物;已外物矣,吾又守之,九日而后能外生;已外生矣,而后能朝彻;朝彻而后能见独;见独而后能无古今;无古今而后能入于不死不生。杀生者不死,生生者不生。其为物无不将也,无不迎也,无不毁也,无不成也。其名为撄宁。撄宁也者,撄而后成者也。"

南伯子葵曰:"子独恶乎闻之?"曰:"闻诸副墨之子,副墨之子闻诸洛诵之孙,洛诵之孙闻之瞻明,瞻明闻之聂许,聂许闻之需役,需役闻之于讴,于讴闻之玄冥,玄冥闻之参寥,参寥闻之疑始。"

【庄子集解】

南伯子葵问乎女偊曰:"子之年长矣,而色若孺子,何也?"李云:"葵当为綦,声之误也。"释文:"偊,徐音禹。一云:是妇人也。"曰:"吾闻道矣。"南伯子葵曰:"道可得学邪?"曰:"恶!恶可!子非其人也。夫卜梁倚有圣人之才而无圣人之道,我有圣人之道而无圣人之才,李云:"卜梁姓,倚名。"宣云:"倚聪明,似子贡;偊忘聪明,似颜子也。"吾欲以教之,庶几其果为圣人乎?不然,以圣人之道告圣人之才,亦易矣。吾犹守而告之,守而不去,与为谆复。参日而后能外天下;成云:"心既虚寂,万境皆空。"已外天下矣,吾又守之,七日而后能外物;郭云:"物者,朝夕所需,切己难忘。"成云:"天下疏远易忘,资身之物亲近难忘，守经七日，然后遗之。"**已外物矣，吾又守之，九日而后能外生**；成云："**隳体离形，坐忘我丧**。"**已外生矣，而后能朝彻**；成云："死生一观，物我兼忘，豁然如朝阳初启，故谓之朝彻。"宣云："朝彻，如平旦之清明。"**朝彻而后能见独**；见一而已。**见独而后能无古今**；成云："任造物之日新，随变化而俱往，故无古今之异。"**无古今而后能入于不死不生**。宣云："生死一也。至此，则道在我矣。"**杀生者不死，生生者不生**。苏舆云："'杀生'二语，申释上文。绝贪生之妄觊，故曰杀生；安性命之自然，故曰生生。死生顺受，是不死不生也。"**其为物无不将也，无不迎也**，成云："将，送也。道之为物，拯济无方，迎无穷之生，送无量之死。"**无不毁也，无不成也**。成云："不送而送，无不毁灭；不迎而迎，无不生成。"**其名为撄宁。撄宁也者，撄而后成者也**。"郭嵩焘云："孟子赵注：'撄，迫也。'物我生死之见迫于中，将迎成毁之机迫于外，而一无所动其心，乃谓之撄宁。置身纷纭蕃变、交争互触之地，而心固宁焉，则几于成矣，故曰'撄而后成'。"

　　南伯子葵曰："子独恶乎闻之？"曰："闻诸副墨之子，成云："副，贰也。"宣云："文字是翰墨为之，然文字非道，不过传道之助，故谓之副墨。又对初作之文字言，则后之文字，皆其孳生者，故曰'副墨之子'。"**副墨之子闻诸洛诵之孙**，成云："罗洛诵之。"案：谓连络诵之，犹言反复读之也。洛、络同音借字。对古先读书者言，故曰"洛诵之孙"。古书先口授而后著之竹帛，故云然。**洛诵之孙闻之瞻明**，见解洞彻。**瞻明闻之聂许**，聂许，小语，犹嗫嚅。**聂许闻之需役**，成云："需，须。役，行也。须勤行勿怠者。"**需役闻之于讴**，释文："于音乌。王云：'讴，歌谣也。'"宣云："咏叹歌吟，寄趣之深。"**于讴闻之玄冥**，宣云："玄冥，寂寞之地。"**玄冥闻之参寥**，宣云："参悟空虚。"**参寥闻之疑始。"**宣云："至于无端倪，乃闻道也。疑始者，似有始而未尝有始。"

【新认识与新释译】

　　"夫卜梁倚有圣人之才而无圣人之道，我有圣人之道而无圣人之才。吾欲以教之，庶几其果为圣人乎？不然，以圣人之道告圣人之才，亦易矣。吾犹守而告之，参日而后能外天下；已外天下矣，吾又守之，七日而后能外物；已外物矣，吾又守之，九日而后能外生；已外生矣，而后能朝彻；朝彻而后能见独；见独而后能无古今；无古今而后能入于不死不生。杀生者不死，生生者不生。其为物无不将也，无不迎也，无不毁也，无不成也。其名为撄宁。撄宁也者，撄而后成者也"的意涵是①：（"道"不是学习能够得到的，而是领悟，）卜梁倚这个人有"心怀天下治理天下"的圣人抱负，却不懂得"天下治理"的"道"理。我领悟了"道"理就不会有"治理天下"那样的念头。我打算把这个关系告诉他，或许他不再坚持"心怀天下"的圣人抱负了，如果能够那样的话，使之领悟"道"，亦不难！我尝试着循序渐进地把"道"之理教授给他，他领悟后就会不再刻意关注"治理天下"了；既已不再关注"天下治理"，可进一步把"道"之理教授给他，他领悟后就会不再刻意关注"维持万物秩序"了；既已不再关注"万物秩序"，可更深一步把"道"之理教授给他，他领悟后就会不再刻意关注"自身生死"了；既已不再关注"生死"，他就接近完全摒弃外在而彻悟了；完全摒弃外在之后，就能够领悟到"道"之根本。也就是认识到："道"没有时间上的起始，没有生死的循环过程，不是任何事物能够将"道"终结，也不是任何事物能够造就新的"道"。"道"融于万物之中，不可能去迎合万物之性而改变，也不可能因物之性而使"道"不再成立或因之成立。领悟"道"的过程，就是所谓"撄宁"，也就是一步一步地摒弃各种萦绕于心的外在意愿，最终回归到万物的本初。

《道德经》第十六章"致虚极，守静笃。万物并作，吾以观复。夫物芸芸，各复归其根。归根曰静，静曰复命，复命曰常，知常曰明。不知常妄，

---

① "才"，《说文解字》释为"草木之初也"，《集韵》释为"才，质也"，本书作者认为，此处"才"可理解为"具体形态"之义；"守"，《说文解字》释为"守官也"，即"依法掌管职事"之义，本书作者认为，此处"守"可理解为"循序渐进地（传授）"之义；"外"，《说文解字》释为"远也。卜尚平旦，今夕卜，于事外矣"，即"过了占卜合适时间而占卜，事外占卜"之义，本书作者认为，此处"外"可理解为"不把治理作为治理天下的根本"；"朝"，《汉字源流字典》释为"甲骨文为日出林中而月未落的样子"，本书作者认为，此处"朝"可理解为"初见端倪"之义；"彻"，《汉字源流字典》释为"甲骨文从鬲（鼎类烹饪器）从又（手），会餐后撤去食具之意"，本书作者认为，此处"彻"可理解为"撤除既有成见"之义；"独"，《说文解字》释为"犬相得而斗也"，本书作者认为，此处"独"，可理解为"唯一根本"之义；"将"，《汉字源流字典》释为"甲骨文，从鼎，从肉，会从鼎中取肉奉献祭享之意"，即"敬请"之义；"撄"，为"婴"之分化字，《玉篇》释为"撄，结也"，即"系结、缠绕"之义；"宁"，本字为"盘"，《说文解字》释为"盘，安也。从宀，心在皿上。人之饮食器，所以安人"。本书作者认为，此处"宁"可理解为类似于《道德经》"致虚极，守静笃"的含义。

妄作凶。知常容，容乃公。公乃全，全乃天，天乃道，道乃久，没身不殆"，其含义是：天下众多的万物，在恢复的时候生命的能量都回归到它们的根部，这就是"静"，所谓"静"，其实质就是回归生命循环的起点。通过思维，万物都可以找寻到它的起源源头（"归根"）。真正的源头是时间的起点，从时间起点来推演事物的演化过程（"复命"），就会认识到其一般规律（"常"）。只有认识到宇宙万物，有其一般规律，才会认识到宇宙世界是稳定系统而可预知的（"明"），如果宇宙世界没有一般规律的话，那么，这个宇宙世界就不可能稳定（"妄"），而必然呈现混乱状态（"凶"）。正是因为宇宙世界是有规律的稳定系统，系统内部各构成之间才是兼容的（"容"），才能够无偏（"公"），天地才能是一个稳态的天地（"全"），宇宙才能是一个稳态的宇宙，宇宙世界才能有其亘古不变的规律（"久"）。

"闻诸副墨之子，副墨之子闻诸洛诵之孙，洛诵之孙闻之瞻明，瞻明闻之聂许，聂许闻之需役，需役闻之于讴，于讴闻之玄冥，玄冥闻之参寥，参寥闻之疑始" 的意涵是①：认识"道"，不能仅从文字传承、口口相传的间接渠道去认知，也不能仅凭耳聪目明的直接渠道去认知，而是要领悟和阐释。要从万物的根本去领悟，要从宇宙无限空间的角度去领悟，要从无限变化的本质中去领悟，要从众人足以信服认同的角度去阐释。

【生态文明启示】

本节的生态文明启示是：自然生态系统能够维持其稳态、发挥其生态功能，不是人类治理行为能够实现的，也不是人类维护生态平衡行为能够实现的。人类只有认识到自然生态系统的平衡性、稳态性是其自身系统维护的，才能真正地认识到人类之于自然生态系统的关系，才能真正树立起生态文明理念。

---

① "聂"，《说文解字》释为"附耳私小语也"；"许"，《说文解字》释为"听也"；"需"，"等待"之义。本书作者认为，此处"需役"可理解为"等待指示"之义；"讴"，《说文解字》释为"齐歌也"，即"齐声唱颂"之义；"冥"，《说文解字》释为"幽也。从日从六，十六日而月始亏幽也"；"参"，《汉字源流字典》释为"甲骨文从人、从头上有三星，会参宿三星之意"；"疑"，《汉字源流字典》释为"本义当为犹豫不行，无法确定，难以解决"。

第四节

【原文】

子祀、子舆、子犁、子来四人相与语曰:"孰能以无为首,以生为脊,以死为尻;孰知死生存亡之一体者,吾与之友矣!"四人相视而笑,莫逆于心,遂相与为友。

俄而子舆有病,子祀往问之。曰:"伟哉,夫造物者将以予为此拘拘也。"曲偻发背,上有五管,颐隐于齐,肩高于顶,句赘指天,阴阳之气有沴,其心闲而无事,跰𨇠而鉴于井,曰:"嗟乎!夫造物者又将以予为此拘拘也。"

子祀曰:"汝恶之乎?"曰:"亡,予何恶!浸假而化予之左臂以为鸡,予因以求时夜;浸假而化予之右臂以为弹,予因以求鸮炙;浸假而化予之尻以为轮,以神为马,予因以乘之,岂更驾哉!且夫得者,时也;失者,顺也。安时而处顺,哀乐不能入也,此古之所谓县解也,而不能自解者,物有结之。且夫物不胜天久矣,吾又何恶焉!"

俄而子来有病,喘喘然将死。其妻子环而泣之。子犁往问之,曰:"叱!避!无怛化!"倚其户与之语曰:"伟哉造化!又将奚以汝为?将奚以汝适?以汝为鼠肝乎?以汝为虫臂乎?"子来曰:"父母于子,东西南北,唯命之从。阴阳于人,不翅于父母。彼近吾死而我不听,我则悍矣,彼何罪焉?夫大块以载我以形,劳我以生,佚我以老,息我以死。故善吾生者,乃所以善吾死也。今大冶铸金,金踊跃曰:'我且必为镆铘!'大冶必以为不祥之金。今一犯人之形而曰:'人耳!人耳!'夫造化者必以为不祥之人。今一以天地为大炉,以造化为大冶,恶乎往而不可哉!"成然寐,蘧然觉。

【庄子集解】

子祀、子舆、子犁、子来四人相与语曰:崔云:"淮南'子祀'作'子永',

行年五十四，而病伛偻。"顾千里云："淮南精神篇作'子求'，非。求、永字，经传多互误。抱朴子博喻篇：'子永叹天伦之伟。'"案：据此，下"祀""舆"字当互易。**孰能以无为首，以生为脊，以死为尻；孰知死生存亡之一体者，吾与之友矣！**成云："人起自虚无，故以无为首；从无生有，生则居次，故以生为脊；死最居后，故以死为尻。死生离异，同乎一体。能达斯趣，所遇皆适，岂有存亡欣恶于其间，谁能知是，我与为友也。"**四人相视而笑，莫逆于心，遂相与为友。**

　　俄而子舆有病，子祀往问之。曰："伟哉，夫造物者将以予为此拘拘也。"成云："子舆自叹。"司马云："拘拘，体拘挛也。"**曲偻发背**，成云："伛偻曲腰，背骨发露。"**上有五管**，五藏之管向上。**颐隐于齐**，同脐。**肩高于顶，句赘指天**，李云："句赘，项椎。其形似赘，言其上向。"**阴阳之气有沴**，郭云："沴，陵乱也。"同戾。**其心闲而无事**，宣云："不以病撄心。"**跰𨇮而鉴于井**，成云："跰，曳疾貌。曳疾力行，照临于井。"**曰："嗟乎！夫造物者又将以予为此拘拘也。"**重叹之。

　　子祀曰："汝恶之乎？"曰："亡，无同。予何恶！浸假而化予之左臂以为鸡，予因以求时夜；司夜也。"鸡"疑是"卵"字之误。时夜，即鸡也。既化为鸡，何又云因以求鸡？唯鸡出于卵，鸮出于弹，故因卵以求时夜，因弹以求鸮炙耳。齐物论云："见卵而求时夜，见弹而求鸮炙"，与此文大同，亦其明证矣。**浸假而化予之右臂以为弹，予因以求鸮炙；浸假而化予之尻以为轮，以神为马，予因以乘之，岂更驾哉！**郭云："无往不因，无因不可。"**且夫得者，时也；失者，顺也。安时而处顺，哀乐不能入也，此古之所谓县解也，**成云："得者，生也；失者，死也。"案养生主篇："适来，夫子时也；适去，夫子顺也。安时而处顺，哀乐不能入也。古者谓是帝之县解。"与此文证合。**而不能自解者，物有结之。**郭云："一不能自解，则众物共结之矣。"**且夫物不胜天久矣，吾又何恶焉！"**

　　俄而子来有病，喘喘然将死。其妻子环而泣之。成云："喘喘，气息急也。"**子犁往问之，曰："叱！避！**叱令其妻子避。**无怛化！"**释文："怛，惊也。"勿惊将化人。**倚其户与之语曰："伟哉造化！又将奚以汝为？为何物？将奚以汝适？**适，往也。**以汝为鼠肝乎？以汝为虫臂乎？"**王云："取微蔑至贱。"**子来曰："父母于子，东西南北，唯命之从。阴阳于人，不翅于父母。**成云："阴阳造化，何啻二亲乎！"**彼近吾死而我不听，我则悍矣，彼何罪焉！**彼，阴阳。悍，不顺。宣云："近，迫也。"**夫大块以载我以形，劳我以生，佚我以老，息我以死。故善**

吾生者，乃所以善吾死也。六语又见大宗师篇。今之大冶铸金，金踊跃曰：'我
且必为镆铘！'大冶必以为不祥之金。大冶，铸金匠。今一犯人之形而曰：'人
耳！人耳！'夫造化者必以为不祥之人。犯同范。偶成为人，遂欣爱郑重，以为异
于众物，则造化亦必以为不祥。今一以天地为大炉，以造化为大冶，恶乎往而不
可哉！"鼠肝、虫臂，何关念虑！成然寐，蘧然觉。成然为人，寐也；蘧然长逝，
觉也。

【新认识与新释译】

"且夫得者，时也；失者，顺也。安时而处顺，哀乐不能入也，此古之所
谓县解也，而不能自解者，物有结之。且夫物不胜天久矣，吾又何恶焉"的
意涵是①：生命的获得，是因为适时；生命的丧失，是因为顺应，安于适时而处
之顺应，就不会在内心形成对生的欢欣、对死的哀惧。这就是古人所说的解脱倒
悬之苦。人们之所以不能自我解脱，是受到了外物的束缚。长久以来，人们总是
偏离自然，因此很难有办法实现自我解脱！

"夫大块以载我以形，劳我以生，佚我以老，息我以死。故善吾生者，乃
所以善吾死也"的意涵是②：自然把我们化育为"人"，运动劳作表征生命的成
长，闲逸表征生命走向衰弱，安息表征生命周期走向终点。可见，护佑生命成
长，护佑生命终结，所为者皆为自然！

"今大冶铸金，金踊跃曰：'我且必为镆铘！'大冶必以为不祥之金。今一
犯人之形而曰：'人耳！人耳！'夫造化者必以为不祥之人。今一以天地为大

---

① "时"，《汉字源流字典》释为"甲骨文和金文皆从日从之（前往），会日月运行以成四
时之意"，此处可理解为"适宜的条件"之义；"顺"，《说文解字》释为"理也"，即
"理顺使之有序"之义；"哀"，《说文解字》释为"闵也"，即"哀悼痛惜"之义；
"入"，《说文解字》释为"内也"，即"自外部进入内部"之义；"县"，《说文解字》
释为"系也"，即"系而吊之"之义；"物"，此处应理解为"人类"；"胜"，本意为
"胜任"，此处可理解为"顺应"之义；"恶焉"，与"恶乎"的用法相近，可理解为
"有什么办法呢"之义。
② "大块"，本意指大地，此处代指"自然"。

炉，**以造化为大冶，恶乎往而不可哉**”的意涵是①：如果铸剑工匠在冶炼金属时，金属兴高采烈地说："我要成为宝剑镆铘了！"工匠必定认为这块金属中邪了（否则怎么会说出这么莫名其妙的话来）。同样的道理，某人一旦在被化育为"人"的过程中，便兴高采烈地说："我是人！我是人！"造物主也一定会像铸剑工匠一样感到不可理喻。大自然，就是把天地作为铸剑的大熔炉，把造物主作为铸剑的大工匠，我们之所以成为"人"不就是在这样一个铸造过程中而形成的吗？（与万物的形成没有什么区别！）

《道德经》第五章有"天地不仁，以万物为刍狗；圣人不仁，以百姓为刍狗"之论，其含义是：天地对于万物，赋予各自旺盛的生命力，但是，天地对于万物的成长生灭，是任其自生自成的，不会施加特定的影响。《庄子》此段文字的意涵，与之相近。

【生态文明启示】

"**今一以天地为大炉，以造化为大冶，恶乎往而不可哉**"的生态文明启示是：从自然生态系统的角度来看，人类与其他动植物在生态系统中的作用、地位是无差别的。因此，"人类中心主义"的价值观和行为取向，应当改变。人类有其价值和权利，同样，生态系统中的各种动植物也有其各自价值与权利，我们应当站在自然生态系统的角度，认同之、尊重之。

第五节

【原文】

子桑户、孟子反、子琴张三人相与友曰："孰能相与于无相与，相为于无

---

① "金"，《说文解字》释为"五色金也。黄为之长。久薶不生衣，百炼不轻，从革不违"。此处"金"，可理解为"青铜"之义；"祥"，《说文解字》释为"祥，福也。一云善"。此处"不祥"，可理解为"不合道理"之义。

相为；孰能登天游雾，挠挑无极，相忘以生，无所终穷！"三人相视而笑，莫逆于心，遂相与友。

莫然有间，而子桑户死，未葬。孔子闻之，使子贡往侍事焉。或编曲，或鼓琴，相和而歌曰："嗟来桑户乎！嗟来桑户乎！而已反其真，而我犹为人猗！"子贡趋而进曰："敢问临尸而歌，礼乎？"二人相视而笑曰："是恶知礼意！"子贡反，以告孔子曰："彼何人者邪？修行无有而外其形骸，临尸而歌，颜色不变，无以命之。彼何人者邪？"孔子曰："彼游方之外者也，而丘游方之内者也。外内不相及，而丘使女往吊之，丘则陋矣！彼方且与造物者为人，而游乎天地之一气。彼以生为附赘县疣，以死为决𤴼溃痈。夫若然者，又恶知死生先后之所在！假于异物，托于同体；忘其肝胆，遗其耳目；反覆终始，不知端倪；芒然仿徨乎尘垢之外，逍遥乎无为之业。彼又恶能愦愦然为世俗之礼，以观众人之耳目哉！"

子贡曰："然则夫子何方之依？"孔子曰："丘，天之戮民也。虽然，吾与汝共之。"子贡曰："敢问其方？"孔子曰："鱼相造乎水，人相造乎道。相造乎水者，穿池而养给；相造乎道者，无事而生定。故曰：鱼相忘乎江湖，人相忘乎道术。"子贡曰："敢问畸人？"曰："畸人者，畸于人而侔于天。故曰：天之小人，人之君子；人之君子，天之小人也。"

【庄子集解】

子桑户、孟子反、子琴张三人相与友曰："**孰能相与于无相与，相为于无相为**；成云："如百体各有司存，更相御用，无心于相与，无意于相为，而相济之功成矣。故于无与而相与周旋，无为而相为交友者，其意亦然。"**孰能登天游雾**，宣云："超于物外。"**挠挑无极**，李云："挠挑，犹宛转也。宛转玄旷之中。"**相忘以生，无所终穷！**宣云："不悦生，不恶死。"**三人相视而笑，莫逆于心，遂相与友。**

莫然有间，崔云："莫然，定也。间，顷也。"**而子桑户死，未葬。孔子闻之，使子贡往侍事焉。**成云："供给丧事。"**或编曲**，李云："曲，蚕薄。"**或鼓琴，相和而歌曰："嗟来桑户乎！嗟来桑户乎！而已反其真**，而，汝。**而我犹为人猗！"**成云："猗，相和声。"**子贡趋而进曰："敢问临尸而歌，礼乎？"二人相视而笑**

曰："是恶知礼意！"是，谓子贡。子贡反，以告孔子曰："彼何人者邪？修行无有无自修之行。而外其形骸，临尸而歌，颜色不变，无以命之。崔云："命，名也。"彼何人者邪？"孔子曰："彼游方之外者也，而丘游方之内者也。成云："方，区域也。"外内不相及，而丘使女往吊之，丘则陋矣。彼方且与造物者为人，王引之云："为人，犹言为偶。中庸'仁者人也'，郑注：'读如"相人偶"之人，以人意相存偶之言。'公食大夫礼注：'每曲揖，及当碑揖，相人偶。'是人与偶同义。淮南原道篇：'与造化者为人。'义同。齐俗篇'上与神明为友，下与造化为人'，尤其明证。"而游乎天地之一气。彼以生为附赘县疣，成云："气聚而生，譬疣赘附县，非所乐。"以死为决疣溃痈。释文："疣，胡乱反。"宣云："疽属。"成云："气散而死，若疣痈决溃，非所惜。"夫若然者，又恶知死生先后之所在！宣云："一气循环。"假于异物，托于同体，宣云："即圆觉经地、风、水、火四大合而成体之说。盖视生偶然耳。"忘其肝胆，遗其耳目；宣云："外身也，视死偶然耳。"反覆终始，不知端倪；往来生死，莫知其极。芒然仿徨乎尘垢之外，逍遥乎无为之业。成云："芒然，无知貌。放任于尘累之表，逸豫于清旷之乡。"彼又恶能愦愦然为世俗之礼，以观众人之耳目哉！"成云："愦愦，烦乱。"释文："观，示也。"

　　子贡曰："然则夫子何方之依？"成云："方内方外，未知夫子依从何道？"孔子曰："丘，天之戮民也。成云："圣迹礼仪，乃桎梏形性。夫子既依方内，是自然之理，刑戮之人也。故德充篇云'天刑之，安可解乎'！"虽然，吾与汝共之。宣云："己之所得不欲隐。"子贡曰："敢问其方？"孔子曰："鱼相造乎水，人相造乎道。造，诣也。造乎水者鱼之乐，造乎道者人之乐。相造乎水者，穿池而养给；相造乎道者，无事而生定。释文："池，本亦作地。"案：两本并通。鱼得水则养给，人得道则性定。生、性字通。故曰：鱼相忘乎江湖，人相忘乎道术。"宣云："愈大则愈适，岂但养给、生定而已。"子贡曰："敢问畸人？"司马云："畸，不耦也。"郭云："问向所谓方外而不偶于俗者安在？"曰："畸人者，畸于人而侔于天。司马云："侔，等也。"成云："率其本性，与自然之理同。"故曰：天之小人，人之君子；宣云："拘拘礼法，不知性命之情，而人称为有礼。"人之君子，天之小人也。"案：各本皆同。疑复语无义，当作"天之君子，人之小人也"。成云："子反、琴张，不偶于俗，乃曰畸人，实天之君子。"案不偶于俗，即谓不偕于礼，则人皆不然之，故曰"天之君子，人之小人也"，文义甚明。苏舆云："以人之小人断定畸人，则琴张、孟孙辈皆非所取，庄生岂真不知礼者哉！"

【新认识与新释译】

"鱼相造乎水，人相造乎道。相造乎水者，穿池而养给；相造乎道者，无事而生定。故曰：鱼相忘乎江湖，人相忘乎道术"的意涵是①：鱼所追求的是水，人所追求的是道。对追求水的鱼来说，掘地成池便可养分充足；对追求道的人来说，无为便可心性平适。因此，鱼与鱼相忘于江湖，人与人则相忘于道。

《道德经》第八十章有"邻国相望，鸡犬之声相闻，民至老死，不相往来"之语，其含义是：人们追求自然的生活状态，没有超出必要需求的欲望，也就没有更多的人际交流追求。只是自然而然地生活在自然状态。《庄子》此段文字的意涵，与之相近。

"畸人者，畸于人而侔于天。故曰：天之小人，人之君子；人之君子，天之小人也"的意涵是②：所谓"畸人"，就是与众不同，而与天同。（从个体角度来看有所区别，从天道角度来看则是无差别的、同一的。）从"天道"的角度来论，那些相忘于道的人，就是普普通通的行为者，而缩小到人类社会的角度来看这些行为者，不与他人利益相争，可以看作较低层级社会之中的"君子"；反过来，从人类社会角度来论，"君子"是指那些不考虑个人利益而考虑整体利益的人，而放大到更大范围，这些君子行为，却在为局部利益而相争。所以，人类社会的君子在更高层级上同样是考虑个体利益的"小人"。

《道德经》第二十三章有"夫唯不争，故天下莫能与之争"之句，其含义是："圣人"坚持全局原则、系统原则，实质上就是不与民众在低层级上争逐利益，这就是"不争"的基本含义。《庄子》此段文字，有与之相近的意涵。

【生态文明启示】

"天之小人，人之君子；人之君子，天之小人也"的生态文明启示是：站

---

① "造"，《正韵》释为"诣也，进也"。此处"造"，可理解为"追求"之义。
② "畸"，《说文解字》释为"畸，残田也"，即"不完整的井田"。此处"畸人"，可理解为"异于常人的人"之义；"侔"，《说文解字》释为"侔，齐等也"。

在自然生态系统的角度来看，那些为了家国利益而体现的道德行为，在某种意义上，极有可能是以自然生态环境的损耗为手段而实现的。例如，过度强调"人的生命价值"而不惜一切代价地拯救某个人的生命（包括过度地延长人类的寿命），往往付出的是自然生态环境的无谓损耗。由此可见，人文意义上的道德，往往是生态意义上的不道德。

第六节

【原文】

颜回问仲尼曰："孟孙才，其母死，哭泣无涕，中心不戚，居丧不哀。无是三者，以善处丧盖鲁国，固有无其实而得其名者乎？回壹怪之。"仲尼曰："夫孟孙氏尽之矣，进于知矣，唯简之而不得，夫已有所简矣。孟孙氏不知所以生，不知所以死。不知就先，不知就后。若化为物，以待其所不知之化已乎。且方将化，恶知不化哉？方将不化，恶知已化哉？吾特与汝，其梦未始觉者邪！且彼有骇形而无损心，有旦宅而无情死。孟孙氏特觉，人哭亦哭，是自其所以乃。且也相与吾之耳矣，庸讵知吾所谓吾之乎？且汝梦为鸟而厉乎天，梦为鱼而没于渊。不识今之言者，其觉者乎？其梦者乎？造适不及笑，献笑不及排，安排而去化，乃入于寥天一。"

【庄子集解】

颜回问仲尼曰："孟孙才，名才。其母死，哭泣无涕，中心不戚，居丧不哀。无是三者，以善处丧盖鲁国，固有无其实而得其名者乎？回壹怪之。"郭、陆、成本"丧"字绝句。李桢云："文义未完。'盖鲁国'三字当属上句，与应帝王篇'功盖天下'义同。释言：'弇，盖也。'释名：'盖，加也。'并有高出其上之意。言才以善处丧名盖鲁国也。"仲尼曰："夫孟孙氏尽之矣，进于知矣，成云："进，过也。"宣云："其尽道过于知丧礼者。"唯简之而不得，宣云："简者，略于事。世俗相因，不得独简，故未免哭泣居丧之事。"**夫已有所简矣。**宣云："然已无涕、不戚、不哀，是已有所简矣。"苏舆云："二语泛言，不属孟孙氏说。"姚云："常人束于生死之情以为哀痛，简之而不得，不知于性命之真，已有所简矣。"似较宣说为优。**孟孙氏不知所以生，不知所以死。**宣云："生死付之自然，此其进于知也。"**不知就先，不知就后。**成云："先，生；后，死。既一于死生，故无去无就。"**若化为物，以待其所不知之化已乎。**宣云："顺其所以化，以待其将来所不可知之化，如此而已。"案：死为鬼物，化也。鼠肝、虫臂，所不知之化也。**且方将化，恶知不化哉？方将不化，恶知已化哉？**宣云："四语正不知之化，总非我所能与。"**吾特与汝，其梦未始觉者邪！**宣云："未能若孟孙之进于知也。"**且彼有骇形而无损心，**彼孟孙氏虽有骇变之形，而不以损累其心。**有旦宅而无情死。**成云："旦，日新也。宅者，神之舍也。以形之改变，为宅舍之日新耳。"姚云："情，实也。言本非实有死者。"**孟孙氏特觉，人哭亦哭，是自其所以乃。**乃，犹言如此。人哭亦哭，已无容心。苏舆云："'孟孙氏特觉'句绝。言我汝皆梦，而孟孙独觉，人哭亦哭，是其随人发哀。"**且也相与吾之耳矣，庸讵知吾所谓吾之乎？**人每见吾暂有身，则相与吾之。岂知吾所谓吾之，果为吾乎，果非吾乎？**且汝梦为鸟而厉乎天，**厉、戾同声通用，至也。**梦为鱼而没于渊。不识今之言者，其觉者乎？其梦者乎？**未知鱼鸟是觉邪梦邪，抑今人之言鱼鸟者是觉邪梦邪？**造适不及笑，献笑不及排，**宣云："人但知笑为适意，不知当其忽造适意之境，心先喻之，不及笑也。及忽发为笑，又是天机自动，亦不及推排而为之，是适与笑不自主也。"**安排而去化，乃入于寥天一。"**宣云："由此观之，凡事皆非己所及排，冥冥中有排之者。今但当安于所排，而忘去死化之悲，乃入于空虚之天之至一者耳。"

【新认识与新释译】

"**孟孙氏不知所以生，不知所以死。不知就先，不知就后。若化为物，以待其所不知之化已乎**"的意涵是①：孟孙氏这样的高人，他们不过问人为何而生，也不去探寻人为何而死；既不趋赴生，也不趋向死。他们顺应自然变化，无

---

① "待"，《说文解字注》释为"竢也，今人易其语曰等"等。此处可理解为"不主动作为地坦然接受"之义；"先"，此处可理解为"（对于生）争于先"；"后"，此处可理解为"（对于死）避于后"。

论变化成什么都坦然接受。(因为他们认识到：无论变化成为什么，都只是自然的变化过程！)

"且方将化，恶知不化哉？方将不化，恶知已化哉" 的意涵是①：如果要去关注或预知人生过程中的各种变化，那么，你怎么能够知道：将要出现的变化进程，不是"不变"呢？将为不变的进程，不是"已经发生了的变化"呢？

"且彼有骇形而无损心，有旦宅而无情死" 的意涵是②：有外在形骸的变化，却不会使其本真之心因之改变；躯体有所变化，却不会使其内在精神因之灭失。

"造适不及笑，献笑不及排，安排而去化，乃入于寥天一" 的意涵是③：刚刚进入快适情境未来得及欢笑，刚刚想要表达笑意却来不及表露，安然地接受梦境迅即转换而换转自身的角色与心境，进入寂寥虚空之境而与之浑然一体（而毫无违和感）。

【生态文明启示】

本节的生态文明启示是：人类的生命是自然过程，应当以自然而然的方式完成生命过程。生命过程中超乎自然的物质追求乃至对于死亡之后的物质安排，都是毫无意义的，只会对自然资源、自然生态环境造成无谓的损耗而影响后人的生存传承条件。

---

① "恶知"，即"怎么知道不是……"之义。

② "旦"，《说文解字》释为"旦，明也。从日见一上。一，地也"，即"太阳出现在地平线上"之义。此处"旦"，可理解为"循环往复的变化"之义；《庄子》中的"宅"，一般可理解为"作为精神寓所的躯体"之义；"情"，《说文解字》释为"情，人之阴气有欲者"，即"有所欲求的内在感受"之义，此处"情死"，可理解为"精神世界的灭失"之义。

③ "造"，《正韵》释为"诣也，进也"；"排"，《说文解字》释为"排，挤也"，即"推挤出列"之义，此处可理解为"梦境的转换变化"之义。

第七节

【原文】

意而子见许由，许由曰："尧何以资汝？"意而子曰："尧谓我：汝必躬服仁义而明言是非。"许由曰："而奚来为轵？夫尧既已黥汝以仁义，而劓汝以是非矣。汝将何以游夫遥荡、恣睢、转徙之涂乎？"

意而子曰："虽然，吾愿游于其藩。"许由曰："不然。夫盲者无以与乎眉目颜色之好，瞽者无以与乎青黄黼黻之观。"意而子曰："夫无庄之失其美，据梁之失其力，黄帝之亡其知，皆在炉捶之间耳。庸讵知夫造物者之不息我黥而补我劓，使我乘成以随先生邪？"许由曰："噫！未可知也。我为汝言其大略：吾师乎！吾师乎！齑万物而不为义，泽及万世而不为仁；长于上古而不为老，覆载天地、刻雕众形而不为巧。此所游已！"

【庄子集解】

意而子见许由，许由曰："**尧何以资汝？**"成云："意而，古之贤人。"郭云："资者，给济之谓。"**意而子曰："尧谓我：汝必躬服仁义而明言是非。**"成云："必须己身服行，亦复明言示物。"**许由曰："而奚来为轵？**而，汝也。轵同只。**夫尧既已黥汝以仁义，而劓汝以是非矣。**宣云："如加之以刑然。"**汝将何以游夫遥荡、恣睢、转徙之途乎？**"成云："恣睢，纵任也。转徙，变化也。"案：言汝既为尧所误，何以游乎逍遥放荡、纵任变化之境乎？

意而子曰："虽然，吾愿游于其藩。"宣云："言虽不能遵途，愿涉其藩篱。"**许由曰："不然。夫盲者无以与乎眉目颜色之好，瞽者无以与乎青黄黼黻之观。**"**意而子曰："夫无庄之失其美，**成云："无庄，古之美人，为闻道，故不复庄饰，而自忘其美色。"**据梁之失其力，**成云："据梁，古之多力人，为闻道守雌故，失其力。"**黄帝之亡其知，**成云："黄帝有圣知，亦为闻道，故能亡遣其知。"**皆在炉捶之**

间耳。释文："捶，本又作锤。"成云："炉，灶也。锤，锻也。三人以闻道契真，如器物假炉冶打锻，以成用耳。"**庸诅知夫造物者之不息我黥而补我劓，使我乘成以随先生邪?"**宣云："乘，犹载也。黥劓则体不备，息之补之，复完成矣。天今使我遇先生，安知不使我载一成体以相随邪?"**许由曰："噫! 未可知也。我为汝言其大略：吾师乎! 吾师乎! 齑万物而不为义，泽及万世而不为仁；**司马云："齑，碎也。"成云："素秋霜降，碎落万物，非有心断割而为义。青春和气，生育万物，非有情恩爱而为仁。"**长于上古而不为老，**成云："万象之前，先有此道，而日新不穷。"案：语又见前。**覆载天地、刻雕众形而不为巧。**成云："天覆地载，以道为原，众形雕刻，咸资造化，同禀自然，故巧名斯灭。"**此所游已!"**宣云："应上游。"

【新认识与新释译】

"**夫尧既已黥汝以仁义，而劓汝以是非矣。汝将何以游夫遥荡、恣睢、转徙之涂乎**"的意涵是①：那些所谓圣贤把"仁义""是非"这些观念烙在人们的心上，人们自此站在了"仁义""是非"层面的认识角度，那么，就很难回归到"道"的层面来认知来行为。

"**夫盲者无以与乎眉目颜色之好，瞽者无以与乎青黄黼黻之观**"的意涵是②：一旦站在了"仁义""是非"层面的认识角度，就如同盲人无从感受人之样貌、服饰之花纹那样，"道"的层面的认知能力完全丧失，对于"道"与"非道"也就失去了判别力。

"**夫无庄之失其美，据梁之失其力，黄帝之亡其知，皆在炉捶之间耳。庸诅知夫造物者之不息我黥而补我劓，使我乘成以随先生邪**"的意涵是：如同，美女无庄不再打扮而忘掉自己的美丽，力士据梁不再逞强忘掉自己的勇力，黄帝闻道而忘掉自己的智慧，他们都因为经过了"道"的冶炼和锻打，造物主或许会修复我身上的"仁义""是非"等人为烙印，使我得以追寻"道"。

"**吾师乎! 吾师乎! 齑万物而不为义，泽及万世而不为仁；长于上古而不**

---

① "黥""劓"，为古代的肉刑方式，此处可理解为"深深地灌输人为观念"之义。
② "盲"，指有眼无珠；"瞽"，指眼瞎而无视力。

为老，覆载天地、刻雕众形而不为巧。此所游已"的意涵是①：真正的"道"，是其自然而然的运行。即使是惠及万物、施恩泽于万世，也不是出于其主观的意愿（"道"并没有"仁义"之愿）；即使是源远流长，并不是它主动追求长生不老的结果；即使拥有覆盖承载天地万物的能力，也不是它主动追求超能力的结果。所以，如果你要自由自在地游历于"道"，（就要认识到：哪怕你的意图很高尚，"道"也不会主动帮助你、成全你，它只遵循"天地不仁""道法自然"的原则）。

《道德经》第五章有"天地不仁，以万物为刍狗"之语，其含义是：天地对于万物的成长生灭，是任其自生自成的，不会施加特定的影响。对照"天地不仁"的意涵，可知《庄子》此段文字，是对"天地不仁"更深层的阐释，即："天地不仁"是真正的"不仁"，即使对于那些意图求道、布道的人，也不会有所照顾。

《道德经》第三十四章有"万物恃之以生而不辞，功成而不有，衣养万物而不为主"之句，其含义是："道"表面上养育了万物，但这并不是"道"的主观意愿和主动作为。万物因之而获益成事，不认为是它自己的功绩。对照《道德经》的上述意涵，可知《庄子》此段文字强调"道法自然"（道就是自然而然）的根本性。

【生态文明启示】

"斋万物而不为义，泽及万世而不为仁"的生态文明启示是：自然生态系统，发挥其生态功能，护估人类以及万物的生存传承。生态系统功能完好，人类生存传承环境就好，但并不意味着自然生态系统是有意识的。反过来，人类对于自然生态系统，也不能如此"实用"、如此"功利"。

---

① 此处"巧"，与《道德经》"绝巧弃利，盗贼无有""人多伎巧，奇物滋起；法令滋彰，盗贼多有"之中的"巧"，有类同的意涵。

第八节

【原文】

颜回曰："回益矣。"仲尼曰："何谓也?"曰："回忘仁义矣。"曰："可矣，犹未也。"他日，复见，曰："回益矣。"曰："何谓也?"曰："回忘礼乐矣。"曰："可矣，犹未也。"他日，复见，曰："回益矣。"曰："何谓也?"曰："回坐忘矣。"仲尼蹴然曰："何谓坐忘?"颜回曰："堕肢体，黜聪明，离形去知，同于大通，此谓坐忘。"仲尼曰："同则无好也，化则无常也。而果其贤乎! 丘也请从而后也。"

【庄子集解】

颜回曰："回益矣。"仲尼曰："何谓也?"曰："回忘仁义矣。"曰："可矣，犹未也。"他日，复见，曰："回益矣。"曰："何谓也?"曰："回忘礼乐矣。"曰："可矣，犹未也。"他日，复见，曰："回益矣。"曰："何谓也?"曰："回坐忘矣。"司马云："坐而自忘其身。"**仲尼蹴然曰："何谓坐忘?"颜回曰："堕肢体，黜聪明，**成云："堕，毁废。黜，退除。"**离形去知，**宣云："总上二句。"**同于大通，**成云："冥同大道。"**此谓坐忘。"仲尼曰："同则无好也，**宣云："无私心。"**化则无常也。**宣云："无滞理。"**而果其贤乎! 丘也请从而后也。"**尔诚贤乎! 吾亦愿学。极赞以进回。

【新认识与新释译】

"回忘仁义矣""回忘礼乐矣"的意涵是：为道，必须逐步去除"仁义""礼乐"等人为规定，才能逐步回归到自然之"道"。

《道德经》第三十八章有"故失道而后德，失德而后仁，失仁而后义，失义而后礼。夫礼者，忠信之薄，而乱之首"之论。对照《道德经》的此段论述，"回忘仁义矣""回忘礼乐矣"的意涵是：去除因自身价值观而人为施加的各种规定性，回归到遵从"道""德"的整体性。

《道德经》第四十八章有"为学日益，为道日损。损之又损，以至于无为"的论述，其含义是："为道"的路径是，不断去除那些外在知识，逐步回溯到系统整体的本真要求，直至所留存的都是符合"道"之本质（"无为"）的认识，才是真正"得道"。对照《道德经》的此段论述，"回忘仁义矣""回忘礼乐矣"的另一层意涵是："为道"的路径是"为道日损，损之又损，以至于无为"。

"堕肢体，黜聪明，离形去智，同于大通，此谓坐忘"的意涵是①：在精神层面彻底摆脱"仁义""礼乐"的思想来源，如同把各种外在的感官完全忘却，这样才能回归到"道"的认知层面。这就是所谓"坐忘"（不由自主地忘却人为认识）。

《道德经》第十九章"绝圣弃智，民利百倍；绝仁弃义，民复孝慈；绝巧弃利，盗贼无有。此三者以为文，不足。故令有所属：见素抱朴，少私寡欲，绝学无忧"，其含义是：遵从"道"而不走上"圣智""仁义""巧利"歧途的几个原则是，遵从大自然的变化；无论内心和外在都只保留最本真的东西；去除不必要的需求欲望；不从众求取不符合"道"的认识，不从众忧虑不符合"道"的问题。对照《道德经》此章论述，"堕肢体，黜聪明，离形去智，同于大通"的意涵就是：从根本上忘却可能走上"圣智""仁义""巧利"歧途的人体功能，而回归到"道"之正途。

"同则无好也，化则无常也"的意涵是②：与人们在一起的时候，没有什么要着意推崇和宣扬的（不把"仁义""礼乐"等人为的价值观加之于自然和社会）；化同于自然之时，则完全没有自我意识、自我意志（只以自然的意志为意志）。

【生态文明启示】

本节的生态文明启示是：超越顺应自然所需的知识和智慧，其实都是为

---

① "坐"，《汉字源流字典》释为"古文是二人相对居于祭坛前，会面对土地神争讼曲直之意"，引申有"因……而获罪"之用法。本书作者认为，此处"坐"可按其意涵释译为"不由自主地……"

② 此处的"好"，可理解为"所推崇的"之义；此处的"常"，可理解为"常人的意识"之义。

了竞争牟利而试图利用自然、改造自然。超越顺应自然的物质需求，其实都不是为了生命延续所需，而不合情理地追求所谓"富强"。如果每个人都放弃功利目的的"富强"，民众就会恢复到自然天性的生活之中，而不会出现各种不择手段的竞争行为。

第九节

【原文】

子舆与子桑友，而霖雨十日，子舆曰："子桑殆病矣！"裹饭而往食之。至子桑之门，则若歌若哭，鼓琴曰："父邪母邪！天乎人乎！"有不任其声，而趋举其诗焉。子舆入，曰："子之歌诗，何故若是？"曰："吾思乎使我至此极者而弗得也。父母岂欲吾贫哉？天无私覆，地无私载，天地岂私贫我哉？求其为之者而不得也。然而至此极者，命也夫！"

【庄子集解】

子舆与子桑友，而霖雨十日，雨三日以往为霖。子舆曰："子桑殆病矣！"裹饭而往食之。至子桑之门，则若歌若哭，鼓琴曰："父邪母邪！天乎人乎！"有不任其声，而趋举其诗焉。崔云："不任其声，惫也。"成云："趋，卒疾也。"子舆入，曰："子之歌诗，何故若是？"成云："歌诗似有怨望，故惊怪问其所由。"曰："吾思乎使我至此极者而弗得也。父母岂欲吾贫哉？天无私覆，地无私载，天地岂私贫我哉？求其为之者而不得也。然而至此极者，命也夫！"知命所为，顺之而已。

【新认识与新释译】

"吾思夫使我至此极者而弗得也。父母岂欲吾贫哉？天无私覆，地无私载，天地岂私贫我哉？求其为之者而不得也。然而至此极者，命也夫"的意涵是：我在思考导致我走到如此窘迫之境的原因，却怎么都想不明白。（父母对于子女的爱是其天性），难道父母会促使我遭受窘迫吗？苍天没有偏私地覆盖整个大地，大地没有偏私地载育万物，难道天地偏偏会让我遭受窘迫吗？怎么也找不到那个使我如此窘迫的行为者（按道理，谁也不会是迫使我如此窘迫的行为者），难道这就是（更加无所偏私的"道"随机安排的）"命运"！

《道德经》第五章有"天地不仁，以万物为刍狗；圣人不仁，以百姓为刍狗"之句，其含义是：如何来看待天地与万物的关系？就犹如接受祭祀的神与祭祀物刍狗之间的关系。其一，神不会去区分哪一个祭祀物是哪一个百姓供奉的，而有所区别地对待；其二，神接受祭祀物，并不是真的要享受祭祀物的什么功用，而只是反映供奉者的一种信愿表达；其三，供奉者持有"祭神如神在"的心念，神也同样表达"祭祀物在如供奉者在"之意。所以，"天地不仁，以万物为刍狗"的含义是：天地对于万物之生命是重视的，赋予各自旺盛的生命力。但是，天地对于万物的成长生灭，是任其自生自成的，不会施加特定的影响①。《庄子》此段文字，所表达的意涵与"天地不仁，以万物为刍狗"的相同，"命也夫"强调是"天地不仁"的或然性，而不是强调"宿命"的必然性。

【生态文明启示】

"求其为之者而不得也。然而至此极者，命也夫"的生态文明启示是：在现实中，部分区域处于生态环境的脆弱区，当地居民势必处于较为艰难的生存生活状态，这是自然生态系统决定的。人们对此只能采取顺应的态度，而不可试图去探索生态脆弱的根源进而试图去改造之。要认识到，以人为力量是无法改变，人为的作用只能导致更加恶化的结果，如现实中往往因人为作用而形成生态劣化与生态贫困的恶性循环。

---

① 《庄子·天运》也有对于"刍狗"的论述——"夫刍狗之未陈也，盛以箧衍，巾以文绣，尸祝齐戒以将之；及其已陈也，行者践其首脊，苏者取而爨之而已"。"刍狗"，本指用草扎成的祭祀物，祭祀过程中是极其神圣的，祭祀完毕，就不再重视。

第七章

应帝王

第一节

【原文】

啮缺问于王倪，四问而四不知。啮缺因跃而大喜，行以告蒲衣子。蒲衣子曰："而乃今知之乎？有虞氏不及泰氏。有虞氏，其犹藏仁以要人，亦得人矣，而未始出于非人。泰氏，其卧徐徐，其觉于于。一以己为马，一以己为牛。其知情信，其德甚真，而未始入于非人。"

【庄子集解】

应帝王。郭云："无心而任乎自化者，应为帝王也。"

啮缺问于王倪，四问而四不知。见齐物论。**啮缺因跃而大喜，行以告蒲衣子。**释文："尸子云：'蒲衣八岁，舜让以天下。'崔云：'即被衣，王倪之师也。'淮南子曰：'啮缺问道于被衣。'"**蒲衣子曰："而乃今知之乎？**而，汝。**有虞氏不及泰氏。**成云："泰氏，即太昊伏羲也。"**有虞氏，其犹藏仁以要人，亦得人矣，而未始出于非人。**崔云："怀仁心以结人也。"宣云："非人者，物也。有心要人，犹击于物，是未能超出于物之外。"**泰氏，其卧徐徐，其觉于于。**司马云："徐徐，安稳貌。于于，无所知貌。"**一以己为马，一以己为牛。**成云："或马或牛，随人呼召。"**其知情**

信，成云："率其真知，情无虚矫。"**其德甚真，**郭云："任其自得，故无伪。"**而未始入于非人。**"宣云："浑同自然，毫无物累，未始陷入于物之中。"

【新认识与新释译】

"**有虞氏，其犹藏仁以要人，亦得人矣，而未始出于非人**"的意涵是①：有虞氏之心怀仁义，以此邀结人心，虽然也获得了人心，却未能超然物外。

"**泰氏，其卧徐徐，其觉于于。一以己为马，一以己为牛。其知情信，其德甚真，而未始入于非人**"的意涵是②：而泰氏睡眠时呼吸舒缓，醒来时悠闲自在，或把自己视为与马是没有区别的同类，或把自己视为与牛是没有区别的同类，其心智率真随性，行为纯真无邪，外物丝毫不入其心。

【生态文明启示】

"**一以己为马，一以己为牛**"的生态文明启示是：在自然生态系统之中，人类应当站在与自然界的所有物种平等的视角来思考自身的行为准则。在"物种平等"的视角下，才能摒弃人类中心主义思想，才能摒弃各种无谓损耗自然资源、损耗自然生态环境的分外需求。

第二节

【原文】

肩吾见狂接舆。狂接舆曰："日中始何以语女？"肩吾曰："告我：君人

---

① "要"，引申意为"邀请"，此处"要人"，可理解为"笼络民众"之义；"非人"，可理解为"出于自然，而非出于人为"之义，参见《养生主》篇"天也，非人也"之句。
② "一"，此处可理解为"视为同一"之义；"信"，此处可理解为"初始本真的特征"之义；"德"，此处可理解为"出于本真初心的行为"之义。

者，以己出经式义度，人孰敢不听而化诸！"狂接舆曰："是欺德也。其于治天下也，犹涉海凿河，而使蚉负山也。夫圣人之治也，治外乎？正而后行，确乎能其事者而已矣。且鸟高飞以避矰弋之害，鼷鼠深穴乎神丘之下，以避熏凿之患，而曾二虫之无知！"

【庄子集解】

肩吾见狂接舆。狂接舆曰："日中始何以语女？"李云："日中始，人姓名，贤者也。"崔本无"日"字，云："中始，贤人也。"俞云："日，犹言日者也。义见左文七年、襄二十六年、昭七年、十九年传。"肩吾曰："告我：君人者，以己出经式义度，司马云："出，行也。"王念孙云："经式义度，皆谓法也。义读为仪，古字通。"人孰敢不听而化诸！"狂接舆曰："是欺德也。成云："以己制物，物丧其真，是欺诳之德，非实道。"其于治天下也，犹涉海凿河，涉海而凿为河。而使蚉负山也。夫圣人之治也，治外乎？用法，是治外也。正而后行，正其性而后行化。确乎能其事者而已矣。李云："确，坚也。"宣云："不强人以性之所难为。"且鸟高飞以避矰弋之害，鼷鼠深穴乎神丘之下，以避熏凿之患，成云："矰，网。鼷鼠，小鼠。神丘，社坛。"宣云："物尚有知如此。"而曾二虫之无知！"曾是人之无知不如二虫乎！

【新认识与新释译】

"是欺德也。其于治天下也，犹涉海凿河，而使蚉负山也。夫圣人之治也，治外乎？正而后行，确乎能其事者而已矣。且鸟高飞以避矰弋之害，鼷鼠深穴乎神丘之下，以避熏凿之患，而曾二虫之无知"的意涵是①：（"做国君的，凭一己之力制定各种法规，使得人们不敢不听而归服"）之类的认识，是罔顾本真心性而欺诳世人的。那样去治理天下，就如同试图横跨大海去开凿河道、让蚊虫背负大山一样，无法实现。真正的圣人治理天下，难道是用法度以外在地约束人们吗？圣人只是引导人们回归内在本真，进而人们就会遵照内心而行事。这样的治理，无非是任由人们依凭内心各得其所罢了。譬如，鸟儿都懂得高

---

① "德"，此处可理解为"人的内在心性"之义；"正"，此处可理解为"引导人们回归、复原本心"之义；"曾"，可释译为"难道认为……吗？"之义。

飞以躲避罗网弓箭伤害，鼹鼠都懂得藏身深山洞穴以免烟熏挖掘之患，难道人的内心还不如鸟兽的"自然而为"（而需要外在的严束管理）吗？

【生态文明启示】

"夫圣人之治也，治外夫？正而后行，确乎能其事者而已矣"的生态文明启示是：生态文明理念的树立，不能依靠外在的强制约束规范来推行，而要促使人们回归内在真实的需求。只要人们真正回归到内在需求，就不会去追求那些无谓地损耗自然资源、损耗自然生态环境的外在需求了，生态文明理念就能够真正地成为人们发自内心的行为准则。

第三节

【原文】

天根游于殷阳，至蓼水之上，适遭无名人而问焉，曰："请问为天下。"无名人曰："去！汝鄙人也，何问之不豫也！予方将与造物者为人，厌则又乘夫莽眇之鸟，以出六极之外，而游无何有之乡，以处圹埌之野。汝又何帛以治天下感予之心为？"又复问，无名人曰："汝游心于淡，合气于漠，顺物自然而无容私焉，而天下治矣。"

【庄子集解】

天根游于殷阳，崔云："地名。"至蓼水之上，李云："蓼水，水名。"适遭无名人而问焉，曰："请问为天下。"无名人曰："去！汝鄙人也，何问之不豫也！俞云："释诂：'豫，厌也。'楚词惜诵'行婞直而不豫兮'，王注：'豫，厌也。'此怪天根之多问，犹云何不惮烦也！"予方将与造物者为人，人，偶也，详大宗师篇。厌则又乘夫莽眇之鸟，成云："莽眇，深远。"案：谓清虚之气若鸟然。以出六极之外，成云："六极，犹六合。"而游无何有之乡，说见逍遥游篇。以处圹埌之野。崔

175

云："圹埌，犹旷荡也。"**汝又何帛以治天下感予之心为？**"帛，徐音艺，未详何字。崔本作"为"，当从之。**又复问，无名人曰："汝游心于淡，合气于漠，顺物自然而无容私焉**，宣云："不用我智。"**而天下治矣。"**

【新认识与新释译】

"**予方将与造物者为人，厌则又乘夫莽眇之鸟，以出六极之外，而游无何有之乡，以处圹埌之野。汝又何帛以治天下感予之心为**"的意涵是①：我正要和造物主结伴遨游，周游天地之后，骑乘能够飞出天外的大鸟，去往天地四方之外，畅游于无有之空间，停息在辽阔无垠的浩瀚天外。为何要用"治天下"之类的些小之事来扰我之心？

"**汝游心于淡，合气于漠，顺物自然而无容私焉，而天下治矣**"的意涵是②：作为统治者，只要自身理念是遵循道的"不为"行为准则，而不存违逆自然的不当欲求，那么，整个社会就能够形成稳定的秩序。（反之，"有为"之心盛行，充满各种欲求，则社会必然混乱无序）。

《道德经》第三章有"是以圣人之治，虚其心，实其腹；弱其志，强其骨。常使民无知无欲，使夫智者不敢为也。为无为，则无不治"之论述，其含义是：让自身及民众除了顺应自然之外别无其他欲求的话，即使有认识能力超群的"智者"，他们也不敢利用其认识去干预改造自然。统治者，不做不符合"道"的有为，天下就自然得以大治。《庄子》此段文字，与之有相近的意涵。

【生态文明启示】

"**汝游心于淡，合气于漠，顺物自然而无容私焉，而天下治矣**"的生态文

---

① 此处"为人"，一般释为"为偶"，即"做伴"之义；"厌"，此处可理解为"餍足"，即"周游天地"之义。

② "淡"，《说文解字》释为"薄味也"；"漠"，《说文解字》释为"北方流沙也。一曰清也"，此处应取后者之义。"淡""漠"，此处可理解为符合道的"不为"，与之相对的是不符合道的"有为"；"私"，此处可理解为"偏离道的有为之心"义，亦可理解为各种不符合"道"的不当欲求。

明启示是：不要让各种追逐物质财富的欲望充满于心，不怀各种不顾自然约束的意愿，整个社会适应自然条件而生存传承。如果整个人类社会都形成"顺应自然"理念的话，违逆自然的各种"私"欲（损害自然、改造自然的各种大大小小的意图）就不见容于社会，因各种"私"欲损耗自然、破坏生态环境的现象就不会发生。生态文明理念，则因之而可落实。生态文明理念最大的敌人，就是"征服自然""改造自然"的有为意愿以及"利用自然"的各种欲求。

第四节

【原文】

阳子居见老聃，曰："有人于此，向疾强梁，物彻疏明，学道不倦，如是者，可比明王乎？"老聃曰："是于圣人也，胥易技系，劳形怵心者也。且也虎豹之文来田，猨狙之便、执斄之狗来藉。如是者，可比明王乎？"阳子居蹴然曰："敢问明王之治。"老聃曰："明王之治：功盖天下而似不自己，化贷万物而民弗恃。有莫举名，使物自喜。立乎不测，而游于无有者也。"

【庄子集解】

阳子居见老聃，曰：成云："姓阳，字子居。"案：即杨朱，见寓言篇注。"有人于此，向疾强梁，向往敏疾，强干果决。物彻疏明，事物洞彻，疏通明达。学道不倦，如是者，可比明王乎？"老聃曰："是于圣人也，胥易技系，劳形怵心者也。言此其学圣人，如胥之易，如技之系，徒役其形心者也。郭庆藩云："胥徒，民给徭役者。易，治也。胥易，谓胥徒供役治事。技系，若王制'凡执技以事上者，不贰事，不移官'，是为技所系也。"且也虎豹之文来田，以文致猎。猨狙之便、捷也。执斄之狗来藉。司马云："藉，系也。"案：猴、狗以能致系。二语亦见天地篇。如是者，可比明王乎？"阳子居蹴然曰："敢问明王之治。"老聃曰："明王之治：功盖天下而似不自己，成云："圣人功成不居，似非己为之。"**化贷万物而民弗恃**。宣云："贷，施也。"成云："百姓谓不赖君之能。"**有莫举名**，宣云："似有，而无能名。"**使物自喜**。成云："物各自得。"**立乎不测**，宣云："所存者神。"**而游于无有者也。"**宣云："行所无事。"

【新认识与新释译】

"**是于圣人也，胥易技系，劳形怵心者也。且也虎豹之文来田，猨狙之便、执斄之狗来藉。如是者，可比明王乎**"的意涵是①：（做事敏捷果断，看问题通透明达，学习勤奋不倦）这样的人，在真正的圣人看来，不过就像有才智的小吏，被自己的技艺职守所困，终日劳碌，担惊受怕罢了。况且，他们如同虎豹由于皮上花纹而招来猎捕，猕猴由于灵便、猎狗由于善捕而招致拘系。这种人怎么能够和圣明之王者相比呢！

"**明王之治：功盖天下而似不自己，化贷万物而民弗恃。有莫举名，使物自喜。立乎不测，而游于无有者也**"的意涵是②：圣明之王者治理天下，功绩布满天下却好像与自己无关；化育万物而民众不觉得有所依赖；民众感受不到管治的存在而欣然自得，感觉真正生活在无为而治的社会之中。

《道德经》第二章有"万物作而不为始，生而弗有，为而不恃，功成而弗居"、第七十七章有"是以圣人为而不恃，功成而不处，其不欲见贤"之论述，其含义是：万物按照自然规律持续运行而不是创始新的运行；万物之间按照自然规律相互滋养生长，但不改变其特性；万物之间相互有所作用，但不强加；事物发展都将走向一个阶段性的相对完满的结果，并不持久停留于此。不与民众在同一层级上进行利益竞争以维持系统的稳定，并不是着意体现其贤德。《道德经》第十七章有"太上，不知有之……功成事遂，百姓皆谓我自然"之句，其含义是：最好的社会统治者是，感觉不到统治的存在而秩序井然。统治者不要存有功业在我的念头，只有民众感受不到强制约束性的

---

① "文"，为"纹身、花纹"之义；"田"，为"田猎"之义；"藉"，为"拘缚"之义。

② "测"，《说文解字》释为"测，深所至也"，即"检查水深所达到的程度"之义。此处"不测"，可理解为"无人管治"之义；"有莫举名"，可理解为"似乎有统治者的存在，但又无法具体述说其统治"之义。

统治，才是最好的统治。百姓对道的评语就是"自然而然"。《庄子》此段文字，与之有相近的意涵。

【生态文明启示】

"明王之治：功盖天下而似不自己，化贷万物而民弗恃。有莫举名，使物自喜。立乎不测，而游于无有者也"的生态文明启示是：真正的人与自然和谐共生情境应当：每一个主体都以顺应自然的方式进行生产生活，但是每一个主体都认为这是自然而然的行为，并不是外在约束下的行为。自然生态系统良性运行的基本特征就是均衡稳定，系统自适应调适。人类在稳定的生态系统下生存传承，不必去考虑为自然生态系统奉献什么，而一切行为都只是在顺应自然的过程中自然而然地完成、自然而然地得其所成。

第五节

【原文】

郑有神巫曰季咸，知人之死生、存亡、祸福、寿夭，期以岁月旬日，若神。郑人见之，皆弃而走。列子见之而心醉，归以告壶子，曰："始吾以夫子之道为至矣，则又有至焉者矣。"壶子曰："吾与汝既其文，未既其实。而固得道与？众雌而无雄，而又奚卵焉！而以道与世亢必信，夫故使人得而相女。尝试与来，以予示之。"

明日，列子与之见壶子。出而谓列子曰："嘻！子之先生死矣！弗活矣！不以旬数矣！吾见怪焉，见湿灰焉。"列子入，泣涕沾襟以告壶子。壶子曰："乡吾示之以地文，萌乎不震不正，是殆见吾杜德机也。尝又与来。"

明日，又与之见壶子。出而谓列子曰："幸矣！子之先生遇我也，有瘳矣！全然有生矣！吾见其杜权矣。"列子入，以告壶子。壶子曰："乡吾示之以天壤，名实不入，而机发于踵。是殆见吾善者机也。尝又与来。"

明日，又与之见壶子。出而谓列子曰："子之先生不齐，吾无得而相焉。试齐，且复相之。"列子入，以告壶子。壶子曰："吾乡示之以太冲莫胜，是殆见吾衡气机也。鲵桓之审为渊，止水之审为渊，流水之审为渊。渊有九名，此处三焉。尝又与来。"

明日，又与之见壶子。立未定，自失而走。壶子曰："追之！"列子追之不及。反，以报壶子曰："已灭矣，已失矣，吾弗及已。"壶子曰："乡吾示之以未始出吾宗。吾与之虚而委蛇，不知其谁何，因以为弟靡，因以为波流，故逃也。"

然后列子自以为未始学而归。三年不出，为其妻爨，食豕如食人，于事无与亲。雕琢复朴，块然独以其形立。纷而封哉，一以是终。

【庄子集解】

郑有神巫曰季咸，列子黄帝篇云："有神巫自齐来，处于郑，命曰季咸。"知人之死生、存亡、祸福、寿夭，期以岁月旬日，若神。或岁或月或旬日，无不神验。郑人见之，皆弃而走。宣云："惟恐言其不吉。"列子见之而心醉，向云："迷惑于其道也。"归以告壶子，列子作"壶邱子"。司马云："名林，郑人，列子师。"曰："始吾以夫子之道为至矣，则又有至焉者矣。"郭云："谓季咸之至，又过于夫子。"壶子曰："吾与汝既其文，未既其实。而固得道与？成云："与，授。既，尽也。吾比授汝，始尽文言，于其妙理，全未造实。汝固执文字，谓言得道邪？"案：列子"既其文"作"无其文"，张湛注引向秀云："实由文显，道以事彰。有道而无事，犹有雌无雄耳。今吾与汝，虽深浅不同，无文相发，故未尽我道之实也。此言圣人之唱，必有感而后和。"众雌而无雄，而又奚卵焉！郭云："喻列子未怀道。"而以道与世亢必信，而，汝也。信读曰伸。言汝之道尚浅，而乃与世亢，以求必伸。列子"亢"作"抗"。夫故使人得而相女。故使人得而窥测之。尝试与来，以予示之。"

明日，列子与之见壶子。出而谓列子曰："嘻！子之先生死矣！弗活矣！不以旬数矣！吾见怪焉，见湿灰焉。"宣云："言无气焰。"列子入，泣涕沾襟以告壶子。壶子曰："乡吾示之以地文，列子注引向云："块然若土也。"萌乎不震不正，俞云："列子作'罪乎不誫不止'，当从之。誫即震之异文。不誫不止者，不动不止也，言与山同也。今罪误作萌，止误作正，失其义矣。据释文，崔本作'不誫不止'，与列子同，可据以订正。"案：列子注引向云："不动，亦不自止，与枯木同其不华，死灰均其寂魄，此至人无感之时也。"**是殆见吾杜德机也。**成云："杜，塞也。"列子"机"作"几"，下同。注引向云："德几不发，故曰杜。"**尝又与来。"**尝，亦试也。

　　明日，又与之见壶子。出而谓列子曰："幸矣！子之先生遇我也。有瘳矣！全然有生矣！列子"全"作"灰"。**吾见其杜权矣。"**宣云："杜闭中觉有权变。"**列子入，以告壶子。壶子曰："乡吾示之以天壤，**列子注引向云："天壤之中，覆载之功见矣。比地之文，不犹外乎！"案：郭注"地之"作"之地"，"外"作"卵"，是误字。昔人谓郭窃向注，殆不然，此类得毋近是乎？**名实不入，**列子注引向云："任自然而覆载，则名实皆为弃物。"案：郭注"则"下，作"天机玄应，而名利之饰皆为弃物矣"。**而机发于踵。**宣云："一段生机，自踵而发。"**是殆见吾善者机也。**宣云："善即生意。"**尝又与来。"**

　　明日，又与之见壶子。出而谓列子曰："子之先生不齐，释文："侧皆反，本又作斋。下同。"**吾无得而相焉。试齐，且复相之。"列子入，以告壶子。壶子曰："吾乡示之以太冲莫胜，**列子"胜"作"朕"，当从之。注引向云："居太冲之极，浩然泊心，玄同万方，莫见其迹。"案：郭注"莫见其迹"作"故胜负莫得厝其间也"。**是殆见吾衡气机也。**宣云："衡，平也。"列子注引向云："无往不平，混然一之。"案：郭注同。**鲵桓之审为渊，止水之审为渊，流水之审为渊。渊有九名，此处三焉。**列子"鲵桓之审"作"鲵旋之潘"，张注以为当作"蟠"，云："鲵，大鱼。桓，盘桓也。蟠，洄流也。言大鱼盘桓，其水蟠洄而成深泉。"渊有九名者，谓鲵桓、止水、流水、滥水（尔雅："水涌出也。"）、沃水（水泉从上溜下）、氿水（水泉从旁出）、雍水（河水决出，还复入也）、汧水（水流行也）、肥水（水所出异为肥）。是为九渊，皆列子之文。成云："水体无心，动止随物，或鲸鲵盘桓，或凝湛止住，或波流湍激。虽多种不同，而玄默无心一也。"**尝又与来。"**

　　明日，又与之见壶子。立未定，自失而走。壶子曰："追之！"列子追之不及。反，以报壶子曰："已灭矣，已失矣，吾弗及已。"壶子曰："乡吾示之以未始出吾宗。深根冥极，不出见吾之宗主。**吾与之虚而委蛇，**成云："委蛇，随顺貌。"郭云："无心而随物化。"案：列子"委蛇"作"猗移"，义同。**不知其谁何，**向云："泛然无所系。"案：郭注同。**因以为弟靡，**释文："弟音颓。弟靡，不穷之貌。"卢文弨云："正字通弟作弚。后来字书亦因之，而于古无有也。类篇弟字下有徒回反一音，云：'弟靡，不穷貌。'正本此。列子作'茅靡'。"**因以为波流，**崔本作"波随"，云："常随从之。"王念孙云："崔本是也。蛇、何、靡、随为韵。蛇，古音徒禾反。靡，古音摩。随，古亦音徒何反。"**故逃也。**"成云："因任前机，曾无执滞，千变万化，非相者所知，故季咸逃逸之。"案：列子注引向云："至人其动也天，其静也地，其行也水流，其湛也渊嘿。渊嘿之与水流，天行之与地止，其于不为而自然，一也。今季咸见其尸居而坐忘，即谓之将死；见其神动而天随，即谓之有生。苟无心而应感，则与变升降，以世为量，然后足为物主，而顺时无极耳，岂相者之所觉哉！"

　　然后列子自以为未始学而归。成云："始觉壶丘道深，自知未学。"**三年不出，为其妻爨，**向云："遗耻辱。"**食豕如食人，**释文："食音祀。"郭云："忘贵贱也。"**于事无与亲。**不近世事。**雕琢复朴，**成云："雕琢华饰之务，悉皆屏除，复于朴素。"**块然独以其形立。**块然无偶。**纷而封哉，**释文："纷而，崔云：'乱貌。'哉，崔本作戎，云：'封戎，散乱也。'"李桢云："崔本是也。列子作'然而封戎'。六句人、亲、朴、立、戎、终，各自为韵。"**一以是终。**宣云："道无复加也。引季咸、壶子事，明帝王当虚己无为，立于不测，不可使天下得相其端，以开机智。其取意微渺无伦。"以上引五事为证。

【新认识与新释译】

　　"吾与汝既其文，未既其实。而固得道与？众雌而无雄，而又奚卵焉！而以道与世亢必信，夫故使人得而相女"的意涵是①：我教给你的还只是外在修饰的东西，"道"的本质还没有教给你呢，难道就认为自己得"道"了吗？就像雌鸟缺少雄鸟的话，怎能生出（有生命力的）蛋来?！如果用表面化的"道"示人，必然展现出某些固化的特征，所以才让神巫窥测到你的心迹。

---

　　① "文"，《汉字源流字典》释为"本义当为文身"，即"纹身"，引申为"外在装饰"之义；"亢"，本书作者认为，此处可理解为"展现"之义；"信"，本书作者认为，此处可理解为"特征"之义。

"乡吾示之以地文，萌乎不震不正，是殆见吾杜德机也"的意涵是①：方才我展示给神巫看的是大地孕育万物萌发时的寂静，植物种子在将要萌发尚未萌发之际的情态。神巫大概是看到了我的寂静而以为我闭塞了生机（而不知将要萌发的本真）。

"乡吾示之以天壤，名实不入，而机发于踵。是殆见吾善者机也"的意涵是②：方才我显示给神巫看的是天候运转变化的景象，此时万物并未生成，却从根基上为万物提供了生机。神巫大概看到了我展现的这线生机（而不知生机只是万物生成的必要条件，而不具备必然条件）。

"吾乡示之以太冲莫胜，是殆见吾衡气机也。鲵桓之审为渊，止水之审为渊，流水之审为渊。渊有九名，此处三焉"的意涵是③：方才我显示给神巫看的是变幻多端的形态。神巫大概看到了我眉宇间生机时有时无的情形。（却不懂得，）这就如同，水之漩涡，不同的情形下出现不同的形态，有鲸鱼盘旋而形成的漩涡，有宁静湖泊中投入外物引起的漩涡，有河流湍流而形成的漩涡等种种形态。同样的道理，我展示给他看的，只是"道"的几种外在形态。

"乡吾示之以未始出吾宗。吾与之虚而委蛇，不知其谁何，因以为弟靡，因以为波流"的意涵是④：方才我显示给神巫看的并不是根本之"道"。不过是其随意变幻的形态，神巫分不清本真与变幻，犹见茅草随风披靡之情态、水随波逐流之情态（而不知风、波之本质）。

---

① "乡"，通"向"，作副词为"方才"之义；"萌"，《说文解字》释为"草芽也"，即"植物发芽"之义；"震"，《说文解字》释为"震，（辟历）霹雳震物者"，《汉字源流字典》释为"篆文，会春雷一声蛰虫苏醒之意"。引申义可理解为"萌动"。此处，"不震不正"，可理解为"将要萌发尚未萌发"之义。

② "壤"，《说文解字》释为"柔土也"，即"松软适合耕作的泥土"，引申为"耕作"之义。"天壤"，本书作者认为，此处可理解为"天候的运转变化之象"，与上文的"地文"相对应；"踵"，此处可理解为"根基"之义。

③ "衡"，本为古代观测日月星辰仪器的部件，转义为代指眉毛或眉上部位；"渊有九名"，《列子·黄帝篇》有"鲵旋之潘为渊，止水之潘为渊，流水之潘为渊，滥水之潘为渊，沃水之潘为渊，氿水之潘为渊，雍水之潘为渊，汧水之潘为渊，肥水之潘为渊，是为九渊焉"之说。"审"（審），本书作者认为，此处通"番"或"潘"，即"漩涡"之义。

④ 此处，"弟"，为"次第"之义，"弟靡"即为"茅草依次倒伏"的情状。

"然后列子自以为未始学而归。三年不出，为其妻爨，食豕如食人，于事无与亲。雕琢复朴，块然独以其形立。纷而封哉，一以是终"的意涵是①：自此，列子认识到自己并没有学到什么，就返回家中，三年不出家门。替妻子烧火做饭，喂猪就像侍候人一般。对待一切事物无所偏爱，扬弃一切外在雕饰，返璞归真，无知无识、不偏不倚的样子，仅存其形态（而不存其情态）。在纷乱的世界中固守质朴，终其身如是。

《道德经》第十九章有"见素抱朴，少私寡欲，绝学无忧"的论述，其含义是：无论内心和外在都只保留本真的东西，去除不必要的需求欲望，不从众求取不符合"道"的认识，不从众忧虑不符合"道"的问题。《道德经》第五十六章有"塞其兑，闭其门，挫其锐，解其纷，和其光，同其尘"之语，其含义是：让它被强化的欢愉回归到平常状态，让它被强化的智能回归到平常状态，让它被强化的声调回归到平常状态，让它被约束的纷乱回归到平常状态，让它被强化的光芒回归到平常状态，让它被强化的独特性回归到平常状态。其意涵是：要将被外在力量强化的事物回归到平常状态，以认识事物的本质。《庄子》此段文字的意涵与之相近。

【生态文明启示】

"雕琢复朴，块然独以其形立"的生态文明启示是：在认识自然世界过程中，应遵循"无为"理念。亦即，要将外在强化于自然事物的内容，回归到自然事物的本真状态，才能认识到自然事物的本质。因此，我们在认识自然生态系统中的各构成因素时，不能因其当下的经济价值来认识其在自然系统中的功能作用，而应完全抛开其外在经济价值的判断，才能够更为客观地认识其系统价值和生态价值。只有真正认识到自然的价值所在，才能够在现实生活中发自内心地践行。

---

① "雕琢"，具象可理解为"外表的修饰"，抽象可理解为"因人为所学而形成的气质"之义；"纷"，《说文解字》释为"纷，马尾韬也"。"封哉"，崔譔本作"封戎"，释为"封戎，散乱也"。因此，此处"纷而封哉"，具象可理解为"毛发纷乱"，抽象可理解为"放任自然"之义。

第六节

【原文】

无为名尸，无为谋府，无为事任，无为知主。体尽无穷，而游无朕。尽其所受于天而无见得，亦虚而已！至人之用心若镜，不将不迎，应而不藏，故能胜物而不伤。

【庄子集解】

无为名尸，成云："尸，主也。无为名誉之主。"**无为谋府**，无为谋虑之府。**无为事任**，郭云："付物使各自任。"**无为知主**。释文："知音智。"成云："不运智以主物。"**体尽无穷**，体悟真源，冥会无穷。**而游无朕**，崔云："朕，兆也。"成云："朕，迹也。晦迹韬光，故无朕。"**尽其所受于天而无见得**，全所受于天，而无自以为得之见。**亦虚而已！**郭云："不虚，则不能任群实。"**至人之用心若镜**，郭云："鉴物而无情。"**不将不迎，应而不藏**，成云："将，送也。物感斯应，应不以心，既无将、迎，岂有情于隐匿哉！"**故能胜物而不伤**。成云："用心不劳，故无损害。"此段正文。

【新认识与新释译】

"**无为名尸，无为谋府，无为事任，无为知主。体尽无穷，而游无朕。尽其所受乎天而无见得，亦虚而已**"的意涵是①：不要为了名誉而作为，不要为了展现智慧而行管理，不要为了达成某一事务而不择手段，不要为了因为既有认知而不加辨识地按此行事。只有体悟没有任何外在影响的无穷变化，才能无拘无

---

① "尸"，《说文解字》释为"陈也，象卧之形"，即指"身体"，此处可理解为"占据位置、行事"之义；"府"，《说文解字》释为"文书藏也"，此处可理解为动词"摄理"之义；"虚"，《说文解字注》释为"虚本谓大丘。大则空旷，故引伸之为空虚"；"游"，此处可理解为"思想可任意遨游"之义。

束、自由自在地畅游于"道"。观受自然所赋予的一切而不附加任何人为的功利，这才是真正的虚寂无为心境！

"至人之用心若镜，不将不迎，应而不藏，故能胜物而不伤"的意涵是①："至人"对待人类成员，既无所不至，又似无情。不需要人们的请求也不需要迎奉，却能够遵从自然规律因应其需要而不会有所遗漏。因而，他能够满足人类的需要而不会使它们承受不必要的损害。

《道德经》第七十三章有"天之道，不争而善胜，不言而善应，不召而自来"之论述，其含义是："天之道"是这样的：并不需要你刻意争竞，也会给你取胜的机会；并不需要刻意的请求，也会给你相应的回应；不需要你的祈祷，也会及时救助于你。《庄子》此段文字的意涵，与之相近。

【生态文明启示】

"至人之用心若镜，不将不迎，应而不藏，故能胜物而不伤"的生态文明启示是：大自然，对于万物不可能对号入座式地决定其"命运"，但对于整体、对于个体的运动变化范围必定有其无形的约束。大自然的基本规律，是疏而不漏的。人类为什么要时刻展现出与万物竞争的姿态?！为什么要时刻表现出利用自然、防范自然、改造自然、征服自然的能力?！为什么要汲汲于探求人类面对自然的各种问题的解决方法?！

第七节

【原文】

南海之帝为儵，北海之帝为忽，中央之帝为浑沌。儵与忽时相与遇于浑

---

① "将"，《汉字源流字典》释为"甲骨文从鼎从肉，会从鼎中取肉奉献祭享之意"。此处"不将"，可理解为"不祈求"之义；"迎"，《说文解字》释为"迎，逢也"，此处"不迎"可理解为"不迎合"之义。

沌之地，浑沌待之甚善。儵与忽谋报浑沌之德，曰："人皆有七窍，以视听食息此独无有，尝试凿之。"日凿一窍，七日而浑沌死。

【庄子集解】

南海之帝为儵，北海之帝为忽，中央之帝为浑沌。简文云："儵、忽，取神速为名。浑沌，以合和为貌。神速譬有为，合和譬无为。"崔云："浑沌，无孔窍也。"**儵与忽时相与遇于浑沌之地，浑沌待之甚善。儵与忽谋报浑沌之德，曰："人皆有七窍，以视听食息此独无有，尝试凿之。"日凿一窍，七日而浑沌死。**郭云："为者败之。"此段喻意。

【新认识与新释译】

"南海之帝为儵，北海之帝为忽，中央之帝为浑沌"的喻义是："儵""忽"，隐喻两个有极强统治能力而又极速兴亡的国家；而"浑沌"则与之相对，隐喻没有外在统治强制力而能够持久传承的国家。

"人皆有七窍，以视听食息此独无有"的喻义是①：人的七窍（双眼、双耳、口、双鼻），其功能无非视听、饮食、呼吸。如果，一个国家也有类似功能的七窍的话，那么，统治者必然将其视听功能用于掌控民众的一言一行，必然将其食息功能用于向百姓发号施令。而作为中央之国的统治者"浑沌"，没有用于掌控民众言行、向百姓发号施令的功能。

"日凿一窍，七日而浑沌死"的喻义是：统治者不可以超凡的掌控能力去统治民众，否则其统治将因之迅速走向灭亡。

《道德经》第六十五章有"古之善为道者，非以明民，将以愚之。民之难治，以其智多。故以智治国，国之贼；不以智治国，国之福"之论，其含义是：统治者不要试图完全掌控民众的预期行为，以使自己处于高明的引导者地位。国家、民众，之所以不能有效地治理，是因为统治者自以为比民众高明得多。因此，凡是以高明姿态治国，国家必然导致越治越难治的混乱；反

---

① 此处"食息"，代表的是"口鼻"的功能，包括饮食、言语、呼吸。

倒是不以高明姿态治国，国家则会逐步走向稳定。《道德经》第七十五章有"民之难治，以其上之有为，是以难治"之论，其含义是：民众之所以难以形成自己的有序生活，就是因为他们的统治者过度"有为"而造成的。比照《道德经》这两段文字的意涵，"日凿一窍，七日而浑沌死"的喻义是：人的七窍，就犹如统治者"明民"的锐器，以此为工具来治理国家和民众，必然导致国家治理混乱、民众生活艰困而快速走向灭亡。

【生态文明启示】

"日凿一窍，七日而浑沌死"的生态文明启示是：人类不要根据自己的意愿想当然地干预自然之物，否则，最终必然伤害自然之物。特别是生态系统，如果以人类有限的认知去进行大规模的人为改造，必然导致生态系统之生态功能被破坏，人类自身赖以生存的生态环境因之而不再宜居。

第八章

外篇（选释）

第一节

【原文】

且夫待钩绳规矩而正者，是削其性；待绳约胶漆而固者，是侵其德也；屈折礼乐，呴俞仁义，以慰天下之心者，此失其常然也。天下有常然。常然者，曲者不以钩，直者不以绳，圆者不以规，方者不以矩，附离不以胶漆，约束不以纆索。故天下诱然皆生，而不知其所以生；同焉皆得，而不知其所以得。故古今不二，不可亏也。则仁义又奚连连如胶漆纆索，而游乎道德之间为哉！使天下惑也！

【庄子集解】

且夫待钩绳规矩而正者，是削其性；成云："钩曲，绳直，规圆，矩方，皆损害本性。"**待绳约胶漆而固者，是侵其德也；**成云："约，束缚也。侵伤其德。"**屈折礼乐，呴俞仁义，以慰天下之心者，此失其常然也。**礼乐周旋，是屈折也。呴俞，犹煦妪，假仁义也。**天下有常然。常然者，曲者不以钩，直者不以绳，圆者不以规，方者不以矩，附离不以胶漆，约束不以纆索。**释文："广雅：'纆，索也。'"**故天下诱然皆生，而不知其所以生；**宣云："诱然若有导以生者。"**同焉皆**

得，而不知其所以得。故古今不二，不可亏也。古今无二理，不可以人为损之。则仁义又奚连连如胶漆纆索，而游乎道德之间为哉！使天下惑也！连连，相续貌。此尊道德而斥仁义。

【新认识与新释译】

"且夫待钩绳规矩而正者，是削其性；待绳约胶漆而固者，是侵其德也；屈折礼乐，呴俞仁义，以慰天下之心者，此失其常然也。天下有常然。常然者，曲者不以钩，直者不以绳，圆者不以规，方者不以矩，附离不以胶漆，约束不以纆索。故天下诱然皆生，而不知其所以生；同焉皆得，而不知其所得。故古今不二，不可亏也。则仁义又奚连连如胶漆纆索，而游乎道德之间为哉！使天下惑也"的意涵是①：用规矩准绳来规整万物的形态，就是损削万物的自然本性（以适合人为的规范）；用绳捆、胶粘来加固万物，就是束缚改变万物自然的行动（以适合人为的行动方向）；规定礼乐、晓谕仁义，用以教化万众之心，就是让民众失去他们的自然天性（以适合人为的社会秩序）。天下万物都有其自然而然的存在方式和行为方式，所谓"自然"就是：天然弯曲的不需要矫正为直；天然直的、天然圆的、天然方的，不需要人为的准绳、规矩去校正；黏合的，自然黏合不需要漆胶去人为黏合；相捆的，自然相捆不需要绳索去人为捆绑。所以，天下万物自然而然地生长，并不需要谁来促使他们生长；协同生长各得其所，并不需要谁来规定他们何处何得。古今这个道理都是不变的。由此可知，"仁义"，就如同胶漆、绳索束缚着人们展现其自然本性的道德，导致天下秩序混乱！

【生态文明启示】

本节的生态文明启示是：人类自以为了解自然生态系统的运行规律，自以为了解自然生态系统物种的行为路径，而试图引导它们朝着"有利于人类自身"的方向发展。其实，各种人为的生态规划、生态工程，必然因其自作

---

① 摘自《骈拇篇》，取篇首二字作为篇名。"骈拇"即并生的足趾。该篇主旨阐扬人的行为当合于自然，顺人情之常。此段，指出滥用聪明、矫饰仁义的行为，并不是自然的正道。仁义的行为须合与人情，如不合人情，则成"胶漆纆索"一般，束缚人的行为。

聪明的行为，而引致生态系统的混乱，人类自身也不可能因此而得到有利的结果。最为合理的生态文明准则，就是尽可能少地改变自然生态系统及其组成部分。

第二节

【原文】

马，蹄可以践霜雪，毛可以御风寒，龁草饮水，翘足而陆，此马之真性也。虽有义台、路寝，无所用之。及至伯乐，曰："我善治马。"烧之，剔之，刻之，雒之。连之以羁馽，编之以皂栈，马之死者十二三矣！饥之渴之，驰之骤之，整之齐之，前有橛饰之患，而后有鞭策之威，而马之死者已过半矣！

夫马，陆居则食草饮水，喜则交颈相靡，怒则分背相踶。马知已此矣！夫加之以衡扼，齐之以月题，而马知介倪、闉扼、鸷曼、诡衔、窃辔。故马之知而态至盗者，伯乐之罪也。夫赫胥氏之时，民居不知所为，行不知所之，含哺而熙，鼓腹而游。民能以此矣！及至圣人，屈折礼乐以匡天下之形，县企仁义以慰天下之心，而民乃始踶跂好知，争归于利，不可止也。此亦圣人之过也。

【庄子集解】

马，蹄可以践霜雪，毛可以御风寒，龁草饮水，翘足而陆，释文："崔本足作尾。司马云：'陆，跳也，字书作。踛，马健也。'"郭庆藩云："崔足作尾。文选江赋注引亦作尾，陆作踛，云踛音六。广韵：'踛，力竹切，翘踛也。'"此马之真性也。虽有义台、路寝，无所用之。虽极居处之庄丽，非马性所适也。释文："义，徐音仪。路，正也，大也。崔云：'路寝，正室。'"俞云："义、仪古通。仪台，犹言容台。淮南览冥篇'容台振而掩覆'，高注：'容台，行礼容之台。'"及至伯乐，曰："我善治马。"烧之，剔之，刻之，雒之。释文："伯乐，姓孙，名阳，善驭马。司马云：'烧铁以烁之。剔，谓翦其毛。'"郭嵩焘云："雒同烙，谓印烙。"**连之以羁絷，编之以皂栈，**释文："广雅：'羁，勒也。'絷（絷），丁邑反。崔云：'绊前后足也。'"文选马汧督诔注引司马云："皂，枥也。"栈，若楂床，施之湿地也。**马之死者十二三矣！饥之渴之，驰之骤之，整之齐之，前有橛饰之患，而后有鞭策之威，而马之死者已过半矣！**司马云："橛，衔也。饰，谓加饰于马镳也。"成云："带皮曰鞭，无皮曰厕。"

夫马，陆居则食草饮水，喜则交颈相靡，靡与摩同。**怒则分背相踶。**宣云："马之踶必向后，故曰分背。"**马知已此矣！**马所知止此矣。李音智，非。**夫加之以衡扼，**释文："衡，辕前横木，缚轭者。扼，叉马颈者也。"**齐之以月题，**司马云："马额上当颅如月形者也。"**而马知介倪、闉扼、鸷曼、**李云："介倪，犹睥睨也。闉，曲也。鸷，抵也。曼，突也。"司马云："言曲颈于扼以抵突也。"**诡衔、窃辔。**成云："诡衔，吐出其勒。窃辔，盗脱笼头。"**故马之知而态至盗者，**充其所知，而态至于盗。**伯乐之罪也。夫赫胥氏之时，民居不知所为，行不知所之，含哺而熙，鼓腹而游。民能以此矣。**司马云："赫胥，上古帝王也。"案：熙与嬉同。以、已通作。**及至圣人，屈折礼乐以匡天下之形，县企仁义以慰天下之心，**匡，正也。县企，县举而企及之，使人共慕也。**而民乃始踶跂好知，**踶跂，自矜。好智，行诈。**争归于利，不可止也。此亦圣人之过也。**

【新认识与新释译】

"马，蹄可以践霜雪，毛可以御风寒，龁草饮水，翘足而陆，此马之真性也。虽有义台、路寝，无所用之。及至伯乐，曰："我善治马。"烧之，剔之，刻之，雒之。连之以羁絷，编之以皂栈，马之死者十二三矣！饥之渴之，驰之骤之，整之齐之，前有橛饰之患，而后有鞭策之威，而马之死者已过半矣"的意涵是①：马这种动物，自己的蹄子可以踏踩霜雪，自己的皮毛可以抵御风寒。吃草喝水，撒腿跳跃，这就是马的本性（足以让它们自由自在地生存）。人

---

① 摘自《马蹄篇》，取篇首二字作为篇名。"马蹄"，就是马的蹄子。本篇主旨在于抨击政治权力所造成的灾害，并描绘自然放任生活之适性。本段指出"治天下之过"，刑法杀伐、规范束缚，如同马遭到驯马人的损伤。

类所喜好的那些庄丽的仪台、居所，对它而言没有任何意义。后来出了那个自称善于驯马的伯乐，给它烙印、剪毛、钉蹄、戴笼，用络头和缰绳束缚着它，用马槽和马棚圈养着它，马因之死亡十之二三；进而训练它们忍饥忍渴的耐力，训练它们疾驰奔跑的速度，训练它们整齐划一的规范性；进一步，前有马嚼马缨的束缚，后有马鞭马棒的威喝，马因之死亡过半。（这就是伯乐的做法：泯灭马的天性而使之受人驱使。）

"夫马，陆居则食草饮水，喜则交颈相靡，怒则分背相踶。马知已此矣！夫加之以衡扼，齐之以月题，而马知介倪、闉扼、鸷曼、诡衔、窃辔。故马之知而态至盗者，伯乐之罪也。夫赫胥氏之时，民居不知所为，行不知所之，含哺而熙，鼓腹而游。民能以此矣！及至圣人，屈折礼乐以匡天下之形，县企仁义以慰天下之心，而民乃始踶跂好知，争归于利，不可止也。此亦圣人之过也"的意涵是：马这种动物，生活在陆地上，吃草饮水，高兴时颈交颈相互摩挲，生气时背对背相互踢撞。这就是马在自然而然生活环境中的行为意识。到了后来，被车衡和颈轭加在身上，月牙形佩饰的辔头被戴在头上，马就会侧目怒视，梗着脖颈抗拒轭木，抗击车盖，吐出口勒，嚼断笼头。在人为的环境下，马的行为意识也随之改变，竟能想方设法与人抗逆，这完全是伯乐的行为所致！同样的道理，上古赫胥氏时代，百姓自然而然地生活而无任何外在的欲求，自然而然地行走而无任何外在的目标，得到了基本需求就能够安然自适。后来，"圣人"出现，设造礼乐来匡正民众行为，宣扬仁义来教化人心，"圣人"的意图适得其反，于是人们便开始千方百计地谋求智巧，争先恐后地去竞逐利益，人心越来越远离自然本性。这完全是"圣人"的行为导致的！

《道德经》第五十七章有"天下多忌讳，而民弥贫；人多利器，国家滋昏；人多伎巧，奇物滋起；法令滋彰，盗贼多有"之语，其含义是：如果社会风气追求各种机巧之术，那么，就会出现各种闻所未闻的怪诞之事；如果法令过于苛刻严厉，那么将民不聊生而盗贼蜂起。统治者不生"教化民众"之念，则民众自然有序；如果统治者不滋无端之事，则民众可以常态生活。《马蹄篇》此段文字，有与之相近的意涵。

【生态文明启示】

本节的生态文明启示是：人类之于自然生态系统中的森林、江河湖泊、湿地、各种动植物，都不应当从人的意愿、人的用途出发，去进行整治。它们应当按照自身在自然生态系统中确立的作用地位和行为方式存在于自然状态。此外，人类自身也不应以外在的经济至上目标为依存来规整自身的行为追求，而应以自身的自然需求作为行为的依归。

第三节

【原文】

将为胠箧、探囊、发匮之盗而为守备，则必摄缄滕、固扃鐍；此世俗之所谓知也。然而巨盗至，则负匮、揭箧、担囊而趋；唯恐缄滕扃鐍之不固也。然则乡之所谓知者，不乃为大盗积者也？

故绝圣弃知，大盗乃止；擿玉毁珠，小盗不起；焚符破玺，而民朴鄙；掊斗折衡，而民不争；殚残天下之圣法，而民始可与论议。擢乱六律，铄绝竽瑟，塞瞽旷之耳，而天下始人含其聪矣；灭文章，散五采，胶离朱之目，而天下始人含其明矣。毁绝钩绳而弃规矩，攦工倕之指，而天下始人含其巧矣。

【庄子集解】

将为胠箧、探囊、发匮之盗而为守备，司马云："从旁开为胠。"苏舆云："说文：'匮，匣也。'俗加木作柜。"**则必摄缄滕、固扃鐍，此世俗之所谓知也。**释文："广雅云：'缄、滕，皆绳也。'李云：'扃，关。鐍，钮也。'知音智。"**然而巨盗至，则负匮、揭箧、担囊而趋；唯恐缄滕扃鐍之不固也。**释文："三苍云：'揭，举也。'"**然则乡之所谓知者，不乃为大盗积者也？**也与邪同。

故绝圣弃知，大盗乃止；摘玉毁珠，释文："摘，义与掷同。"小盗不起；焚符破玺，而民朴鄙；掊斗折衡，而民不争；殚残天下之圣法，而民始可与论议。释文："殚，尽也。"擢乱六律，铄绝竽瑟，成云："擢，拔也。"释文："铄绝，烧断之也。"塞瞽旷之耳，而天下始人含其聪矣；灭文章，散五采，胶离朱之目，而天下始人含其明矣。毁绝钩绳而弃规矩，攦工倕之指，李云："攦，折也。"而天下始人含其巧矣。成云："人师分内，咸有其巧。譬犹蜘网、蜣丸，岂关工匠！"

【新认识与新释译】

"将为胠箧、探囊、发匮之盗而为守备，则必摄缄縢、固扃鐍；此世俗之所谓知也。然而巨盗至，则负匮、揭箧、担囊而趋；唯恐缄縢扃鐍之不固也。然则乡之所谓知者，不乃为大盗积者也"的意涵是①：为了防备盗贼撬箱子、搜口袋、开柜子，就缠紧箱子、扎紧口袋，锁牢柜子，这就是世俗的防备手段。然而，有本事的窃贼，背上柜子、提起箱子、肩起口袋就走，他还希望捆得不紧、锁得不牢吗？由此看来，一般的防备手法，实质就是给窃贼备好财物。

"故绝圣弃知，大盗乃止；摘玉毁珠，小盗不起；焚符破玺，而民朴鄙；掊斗折衡，而民不争；殚残天下之圣法，而民始可与论议。擢乱六律，铄绝竽瑟，塞瞽旷之耳，而天下始人含其聪矣；灭文章，散五采，胶离朱之目，而天下始人含其明矣。毁绝钩绳而弃规矩，攦工倕之指，而天下始人含其巧矣"的意涵是：统治者不以有为方式去治理国家，那些自以为更有能力的人就没有取而代之而窃国的动力；民众并不把玉器、珠宝当作财富，也不会诱发小贼不劳而获的意愿；没有那么多的契约和承诺，人们也就没有受到如此的行为约束而可以回归简单质朴；没有各种衡量标杆，人们也就没有比较竞争的意愿；没有那些人为规定的法律条文，人们也就会自然而然地交往言行；没有音律、乐器、乐师的规范和标杆，人们也就可以自由自在地享受悦耳的声音；没有纹饰、五彩正色、色彩大师的规范和标杆，人们就能够自由自在地享受赏心悦目的色彩；没有那些准绳规尺、能巧工匠的规范和标杆，人们

---

① 摘自《胠箧篇》。"胠箧"的意思是打开箱子。本篇主要论述"绝圣弃知"的思想。

就能够自由自在地发挥自己内心的技巧。

《道德经》第十九章有"绝圣弃智，民利百倍；绝仁弃义，民复孝慈；绝巧弃利，盗贼无有"之论，其含义是不过分追求"圣智"，民众的行为反而更加顺当、更无阻碍；不刻意追求"仁义"，民众的行为反而回归到那种发自本心的"孝慈"；不过分追求"因巧获利"，也就不会诱发盗贼者那种"不当获取名利"的心思，不会更多地诱发滋生出"不当取利"的实际盗窃行为。《胠箧篇》此段文字，与之有相近的内涵。

【生态文明启示】

"然则乡之所谓知者，不乃为大盗积者也"的生态文明启示是：现实中的生态环境保护行为，不乏重形式轻效果的作为，其结果不仅未能有效地维护自然生态系统，反而为生态环境的破坏行为大开方便之门。比如，现实中的"污染排放收费制度"，本意是为了减少经济活动主体减少污染排放，导致的结果是反而使得污染排放行为合法化。

第四节

【原文】

闻在宥天下，不闻治天下也。在之也者，恐天下之淫其性也；宥之也者，恐天下之迁其德也。天下不淫其性，不迁其德，有治天下者哉！昔尧之治天下，使天下欣欣焉人乐其性，是不恬也；桀之治天下也，使天下瘁瘁焉人苦其性，是不愉也。夫不恬不愉，非德也。非德也而可长久者，天下无之。

【庄子集解】

闻在宥天下，不闻治天下也。文选谢灵运从宋公戏马台诗注引司马云："在，察也。宥，宽也。"苏舆云："在不当训察，察之则固治之矣。在，存也。存诸心而不露是善非恶之迹，以使民相安于浑沌，正胠箧篇含字之旨。"**在之也者，恐天下之淫其性也**；淫，过也。**宥之也者，恐天下之迁其德也**。迁而他效。**天下不淫其性，不迁其德，有治天下者哉！**宣云："又何须更治之！"**昔尧之治天下，使天下欣欣焉人乐其性，是不恬也**；成云："恬，静也。"**桀之治天下也，使天下瘁瘁焉人苦其性，是不愉也。**成云："愉，乐也。"**夫不恬不愉，非德也。非德也而可长久者，天下无之。**

【新认识与新释译】

"**闻在宥天下，不闻治天下也。在之也者，恐天下之淫其性也；宥之也者，恐天下之迁其德也。天下不淫其性，不迁其德，有治天下者哉！昔尧之治天下，使天下欣欣焉人乐其性，是不恬也；桀之治天下也，使天下瘁瘁焉人苦其性，是不愉也。夫不恬不愉，非德也。非德也而可长久者，天下无之**"的意涵是①：只听说过要让天下自然而然地运行，没有听说过要治理天下以让其按照人为意愿运行。让天下人安然自在，使之免受利益浸淫而改变本性。让天下人安然宽适，使之不改初心。天下人不改本性，哪里用得着去治理天下呢?! 过去尧治理天下，让人们人为地欣喜快乐；桀治理天下，使人们忧愁苦闷，则是让人人为产生不欢愉。人为的欢愉不欢愉，都不是人之本性的体现。违逆了人之本性，是不可能长治久安的。

【生态文明启示】

"**闻在宥天下，不闻治天下也**"的生态文明启示是：生态文明社会的形成，不能主要依靠社会治理，更重要的是让人们基于内在本性形成"生态需求"，即，维护人类赖以生存传承的生态系统永续完好，作为人类成员的普遍意愿。"治理"只会导致群体之间的竞争，引致"逐底竞争"，生态环境维护标准不断降低，最终导致维护生态环境的目标越来越偏离。

---

① 摘自《在宥篇》。"在"是自在的意思，"宥"是宽容的意思。反对人为，提倡自然，阐述无为而治的主张就是本篇的主旨。"治"，《说文解字注》释为"治水"；"淫"，《说文解字注》释为"浸淫随理也。浸淫者，以渐而入也"。

第五节

【原文】

天地虽大，其化均也；万物虽多，其治一也；人卒虽众，其主君也。君原于德而成于天。故曰：玄古之君天下，无为也，天德而已矣。以道观言而天下之君正；以道观分而君臣之义明；以道观能而天下之官治；以道泛观而万物之应备。故通于天地者，德也；行于万物者，道也；上治人者，事也；能有所艺者，技也。技兼于事，事兼于义，义兼于德，德兼于道，道兼于天。故曰：古之畜天下者，无欲而天下足，无为而万物化，渊静而百姓定。《记》曰："通于一而万事毕，无心得而鬼神服。"

子贡南游于楚，反于晋，过汉阴，见一丈人方将为圃畦，凿隧而入井，抱瓮而出灌，搰搰然用力甚多而见功寡。子贡曰："有械于此，一日浸百畦，用力甚寡而见功多，夫子不欲乎？"为圃者卬而视之曰："奈何？"曰："凿木为机，后重前轻，挈水若抽，数如泆汤，其名为槔。"为圃者忿然作色而笑曰："吾闻之吾师，有机械者必有机事，有机事者必有机心。机心存于胸中则纯白不备。纯白不备则神生不定，神生不定者，道之所不载也。吾非不知，羞而不为也。"子贡瞒然惭，俯而不对。有间，为圃者曰："子奚为者邪？"曰："孔丘之徒也。"为圃者曰："子非夫博学以拟圣，于于以盖众，独弦哀歌以卖名声于天下者乎？汝方将忘汝神气，堕汝形骸，而庶几乎！而身之不能治，而何暇治天下乎！子往矣，无乏吾事。"子贡卑陬失色，顼顼然不自得，行三十里而后愈。

【庄子集解】

天地虽大，其化均也；郭云："均于不为而自化也。"万物虽多，其治一也；郭云："一以自得为治。"人卒虽众，其主君也。君原于德而成于天。本于有德而成于自然。**故曰：玄古之君天下，无为也，天德而已矣。**成云："玄，远也。玄古圣君，无为而治天下，自然之德而已矣。"苏舆云："玄字句绝，与下文'玄德'之玄同义。"**以道观言而天下之君正；**郭云："无为者自然为君。"郭嵩焘云："言者，名也。正其君之名，而天下听命焉。故曰名之必可言也，衷诸道而已矣。"**以道观分而君臣之义明；**郭云："各当其分，无为位上，有为位下也。"**以道观能而天下之官治；**郭云："官各当其所能则治。"**以道泛观而万物之应备。**宣云："泛应不穷。"**故通于天地者，德也；**郭云："万物莫不皆得，则天地通。"**行于万物者，道也；**成云："至理无塞，恣物往来同行，故曰道。"宣云："道盖义字之讹。"**上治人者，事也；**成云："事事有宜而天下治。"**能有所艺者，技也。**郭云："技者，万物之末用也。"**技兼于事，事兼于义，义兼于德，德兼于道，道兼于天。**郭云："天道顺则本末俱畅。"**故曰：古之畜天下者，**畜，养。**无欲而天下足，无为而万物化，渊静而百姓定。**成云："老子曰：'我好静而民自正。'"**《记》曰：**释文："书名，老子所作。"**"通于一而万事毕，**成云："一，道也。事从理生，理必包事，本能摄末，故知一，万事毕。语在西升经。"**无心得而鬼神服。"**以无心得者，无不服也。

子贡南游于楚，反于晋，过汉阴，见一丈人方将为圃畦，李云："菜蔬曰圃，埒中曰畦。"**凿隧而入井，**成云："隧，地道。"**抱瓮而出灌，搰搰然用力甚多而见功寡。**郭云："搰搰，用力貌。"**子贡曰："有械于此，一日浸百畦，用力甚寡而见功多，夫子不欲乎？"为圃者卬而视之曰："奈何？"**成云："问其方法。"**曰："凿木为机，后重前轻，挈水若抽，**李云："抽，引也。"**数如泆汤，**释文："数，所角反。泆，本或作溢。李云：'疾速如汤沸溢。'"**其名为槔。"**释文："本又作桥，司马、李云：'桔槔也。'"**为圃者忿然作色而笑曰："吾闻之吾师，有机械者必有机事，有机事者必有机心。机心存于胸中则纯白不备。纯白不备则神生不定，神生不定者，道之所不载也。**生、性同。言不可载道。**吾非不知，羞而不为也。"子贡瞒然惭，**释文："瞒，李天典反，惭貌。司马本作忸。"**俯而不对。有间，为圃者曰："子奚为者邪？"曰："孔丘之徒也。"为圃者曰："子非夫博学以拟圣，于于以盖众，**郭嵩焘云："应帝王篇：'其觉于于。'说文：'于，于也，象气之舒。'是于、于字同。于于，犹于于也。"**独弦哀歌以卖名声于天下者乎？汝方将忘汝神气，堕汝形骸，而庶几乎！**犹云其庶乎！而，汝也。**而身之不能治，而何暇治天下乎！子往矣，无乏吾事。"释文："乏，废也。"子贡卑陬失色，顼顼然不自得，行三十里而后愈。李云："卑陬，愧惧貌。顼顼，自失貌。"

【新认识与新释译】

"天地虽大，其化均也；万物虽多，其治一也；人卒虽众，其主君也。君原于德而成于天。故曰：玄古之君天下，无为也，天德而已矣。以道观言而天下之君正；以道观分而君臣之义明；以道观能而天下之官治；以道泛观而万物之应备。故通于天地者，德也；行于万物者，道也"的意涵是①：天地虽然广阔，但它们的运动变化是系统性的；万物虽然众多，它们的秩序却是一体化的；百姓虽然众多，但他们的行动听命于国君（基于社会系统的配置）。国君则要以顺应系统性为准则而社会系统得以自然而然地有机运行。所以说，远古的君主统治天下，一切听任自然而然，无为而治。站在"道"的视角来考量君主的政令，就能够认识到统治准则是否合理；站在"道"的视角来考量君主臣民的职分，就能够判断君主臣民的关系是否适宜；站在"道"的视角来考量官员的能为，就能明晰判断管理方式是否适当；站在"道"的视角来考量民众生活的各方面，就能够知晓万众是否各得其所。所以说，天地之"道"理，可以指导万众的行为，可以作用于民众的行为之中。

"闻之吾师，有机械者必有机事，有机事者必有机心。机心存于胸中则纯白不备。纯白不备则神生不定，神生不定者，道之所不载也。吾非不知，羞而不为也"的意涵是：灌园老人回应子贡说：我的老师指出过，造出了机械之类的器具必定会出现机巧的处事方式，有了机巧的处事方式，必定会出现投机取巧的心思。机巧之思存于心中，便不能保全本性的纯真；不能保全纯真，心神便被外物左右；心神被外物左右，自然之"道"便不存。我不是不知道世间有机械灌园之器物，只不过不愿有损于"道"而那样去做。

【生态文明启示】

"机心存于胸中则纯白不备"的生态文明启示是：从人类利用和改造自然

---

① 摘自《天地篇》，本篇的主旨仍是阐述无为而治的主张。

的主要手段就是发展技术，而技术对于自然生态系统，势必导致累积性的、不可逆的、滞后的、风险巨大的生态环境影响，技术进步促进经济增长的同时，也加剧自然资源耗损、生态环境劣化。基于此，"技术"的发展应当是有节制。最为重要的是，人们应当在"尊重自然、敬畏自然、顺应自然"的思维下对技术发展抱持谨慎之心，更不能因技术飞速发展而成为人类不再"尊重自然、敬畏自然、顺应自然"的诱因。可以说，常怀寻求捷径之心、常起谋取捷径利益之念，比直接破坏生态环境的行为，其危害更大。

第六节

【原文】

天道运而无所积，故万物成；帝道运而无所积，故天下归；圣道运而无所积，故海内服。明于天，通于圣，六通四辟于帝王之德者，其自为也，昧然无不静者矣。圣人之静也，非曰静也善故静也；万物无足以铙心者，故静也。水静则明烛须眉，平中准，大匠取法焉。水静犹明，而况精神！圣人之心静乎！天地之鉴也；万物之镜也。夫虚静恬淡寂漠无为者，天地之平而道德之至，故帝王圣人休焉。休则虚，虚则实，实则伦矣。虚则静，静则动，动则得矣。静则无为，无为也，则任事者责矣。无为则俞俞，俞俞者忧患不能处，年寿长矣。夫虚静恬淡寂漠无为者，万物之本也。明此以南乡，尧之为君也；明此以北面，舜之为臣也。以此处上，帝王天子之德也；以此处下，玄圣素王之道也。以此退居而闲游江海，山林之士服；以此进为而抚世，则功大名显而天下一也。静而圣，动而王，无为也而尊，朴素而天下莫能与之争美。夫明白于天地之德者，此之谓大本大宗，与天和者也；所以均调天下，与人和者也。与人和者，谓之人乐；与天和者，谓之天乐。

【庄子集解】

天道运而无所积，故万物成；释文："积，谓积滞不通。"帝道运而无所积，故天下归；宣云："神与化俱。"**圣道运而无所积，故海内服。**宣云："至诚无息。"
明于天，通于圣，六通四辟于帝王之德者，其自为也，昧然无不静者矣。释
文："六通，阴、阳、风、雨、晦、明。四辟，四方开也。"成云："六通，谓四方上下。
四辟，谓四时。任物自动，故曰自为。晦迹韬光，其犹昧暗，动不伤寂，故无不静也。"
圣人之静也，非曰静也善故静也；非以静为善而学之。**万物无足以铙心者，故静
也。**铙，挠借字。**水静则明烛须眉，平中准，大匠取法焉。**其平与准相中，故匠人
取法焉，谓之水平。中，竹仲反。**水静犹明，而况精神！**其明更可知。**圣人之心静
乎！天地之鉴也；万物之镜也。**果能静，虽天地之精，万物之理，皆莫能逃。**夫虚
静恬淡寂漠无为者，天地之平而道德之至，故帝王圣人休焉。**宣云："息心于
此。"**休则虚，虚则实，实则伦矣。**休其心则与虚合德，与虚合德则万理俱涵，万理
俱涵则无不井然有伦。**虚则静，静则动，动则得矣。**必虚方能静，静则可以动，动则
得其宜矣。**静则无为，无为也，则任事者责矣。**静观无为，不扰群下，则任事者各
自责矣。**无为则俞俞，俞俞者忧患不能处，年寿长矣。**释文："广雅云：'俞俞，
喜也。'"宣云："外患不能居于其心，故神豫而长。"**夫虚静恬淡寂寞无为者，万物
之本也。明此以南乡，尧之为君也；明此以北面，舜之为臣也。以此处上，
帝王天子之德也；以此处下，玄圣素王之道也。**成云："有其道而无其爵者，所谓
玄圣素王，自贵者也，即老君、尼父是也。"姚云："素王十二经，是后人语。"**以此退
居而闲游江海，山林之士服；**成云："巢、许之流。"**以此进为而抚世，则功大名
显而天下一也。**郭云："无为之体大矣，天下何所不无为哉！故主上不为冢宰之任，则
伊、吕静而司尹矣；冢宰不为百官之所执，则百官静而御事矣；百官不为万民之所务，则
万民静而安其业矣；万民不易彼我之所能，则天下之彼我静而自得矣。故自天子以下至于
庶人，孰能有为而成哉！是以弥无为而弥尊也。"成云："进为，谓显迹出仕也，伊、望之
伦。"**静而圣，动而王，无为也而尊，朴素而天下莫能与之争美。**虽大朴而自然
至美。**夫明白于天地之德者，此之谓大本大宗，与天和者也；**郭云："天地以无
为为德，故明其宗本则与天无逆。"**所以均调天下，与人和者也。**郭云："顺天所以应
人，故天和至而人和尽也。"成云："均，平。调，顺也。"**与人和者，谓之人乐；与
天和者，谓之天乐。**成云："俯同尘俗，仰合自然。"

【新认识与新释译】

"天道运而无所积，故万物成；帝道运而无所积，故天下归；圣道运而无

所积，故海内服。明于天，通于圣，六通四辟于帝王之德者，其自为也，昧然无不静者矣。圣人之静也，非曰静也善故静也；万物无足以铙心者，故静也。水静则明烛须眉，平中准，大匠取法焉。水静犹明，而况精神！圣人之心静乎！天地之鉴也；万物之镜也。夫虚静恬淡寂漠无为者，天地之平而道德之至，故帝王圣人休焉"的意涵是①：天道自然而然地运行而不滞缓，所以万物得以生长育成；帝王治理若能遵从自然而然法则而不人为改变缓急，民众则自然归顺其治理；圣人对宇宙万物的认识是自然而然的认知，所以，所有人都遵从其认识。了解天地大自然的运行规律，体悟圣人对于自然规律的因应之道，空间上、时间上无不符合自然而然而为的帝王治理准则，这样的人无不宁静寂然。圣人内心宁静，并非认为"宁静是好的"才宁静，而是因为一切外物都不能扰动其心，所以处于虚寂而宁静的境界。就如同，水平静时可以作为镜子照见人的须眉，水平面可以作为工匠们衡定平整与否的标准；水宁静则愈加清澈，人的精神也是如此，宁静则精神清澈无邪！圣人内心宁静，可以比作天地的镜子，可以作为万物的镜鉴。虚静、恬淡、寂寞、无为是天地的本原，是道德的最高境界。所以古代的帝王圣人都坚守这个境界。

《道德经》第十六章为"致虚极，守静笃。万物并作，吾以观复。夫物芸芸，各复归其根。归根曰静，静曰复命，复命曰常，知常曰明。不知常妄，妄作凶。知常容，容乃公。公乃全，全乃天，天乃道，道乃久，没身不殆"，其意涵是：所谓"静"，其实质就是回归生命循环的起点，由此可认识到"道"的基本特征是"稳态"。自然系统、社会系统，只有形成了一个稳定状态，才能够实现平衡、兼容、稳定、永续、可预期等状态特征。《天道篇》此段文字论述"静"，与之有相通的意涵。

【生态文明启示】

本节的生态文明启示是：人类的经济活动之于自然生态系统，应当维护系统所具有的平衡、兼容、稳定、永续、可预期等状态特征，所以，应当尽

---

① 摘自《天道篇》。"天道"也就是自然之规律，不可抗拒，也不可改变。"运"，《说文解字》释为"移徙也"；"积"，《说文解字》释为"聚也"。

可能减少降低对自然生态系统的扰动，这是生态文明理念的核心问题。

第七节

【原文】

河伯曰："若物之外，若物之内，恶至而倪贵贱？恶至而倪小大？"北海若曰："以道观之，物无贵贱；以物观之，自贵而相贱；以俗观之，贵贱不在己。以差观之，因其所大而大之，则万物莫不大；因其所小而小之，则万物莫不小。知天地之为稊米也，知毫末之为丘山也，则差数睹矣。以功观之，因其所有而有之，则万物莫不有；因其所无而无之，则万物莫无。知东西之相反而不可以相无，则功分定矣。以趣观之，因其所然而然之，则万物莫不然；因其所非而非之，则万物莫不非。"

【庄子集解】

河伯曰："若物之外，若物之内，恶至而倪贵贱？恶至而倪小大？"问既不期精粗，此物性之内外何由而有贵贱小大之端倪？北海若曰："以道观之，物无贵贱；以物观之，自贵而相贱；物情彼此皆然，故言相。以俗观之，贵贱不在己。世俗以外来之荣戮为贵贱。以差观之，等差之数。因其所大而大之，成云："以自足为大。"则万物莫不大；因其所小而小之，成云："以无余为小。"则万物莫不小。知天地之为稊米也，知毫末之为丘山也，则差数睹矣。以功观之，两须之事功也。因其所有而有之，则万物莫不有；因其所无而无之，则万物莫无。苏舆云："物情以得用为有，以相胜为无，犹矢人谓可无函，函人谓可无矢也。然以矢为有，则函敌矢，亦可为有；以函为无，则矢为函拒，亦可谓无。"知东西之相反而不可以相无，则功分定矣。东西本相反，然非东无以定西，故就相反而相须言之，则功分可定。以趣观之，众人之趣向。因其所然而然之，则万物莫不然；因其所非而非之，则万物莫不非。"随人之是非为是非。

【新认识与新释译】

"以道观之，物无贵贱；以物观之，自贵而相贱；以俗观之，贵贱不在己。以差观之，因其所大而大之，则万物莫不大；因其所小而小之，则万物莫不小。知天地之为稊米也，知毫末之为丘山也，则差数睹矣。以功观之，因其所有而有之，则万物莫不有；因其所无而无之，则万物莫无。知东西之相反而不可以相无，则功分定矣。以趣观之，因其所然而然之，则万物莫不然；因其所非而非之，则万物莫不非"的意涵是①：站在"道"的视角来看，万物没有贵贱之分；而站在万物自身的视角来看，万物之间各自认为自身重要、对方不重要；从世俗观念来看，事物贵贱与否，都是相互对比而判定的。从事物的特征来看，按照特有的一方面来判断的话，任何一个事物都可以视作极大，反之，按照缺乏某方面特征来判断的话，任何一个事物也都可以视作微不足道。既可将天地视作米粒般的低微，也可将毫毛尖视作山丘般巍峨，由此可知，事物大小的相对性。同理，从事物的功用来看，按照特有的功用来看的话，任何一个事物都可以视作极为重要，反之，按照缺乏某方面功用来看的话，任何一个事物都可以视作毫无用处。只有认识到"东"与"西"虽然方向相反却又相互关联的道理，才能认识到万物各有各的功用。再者，从事物的发展趋向来看，按照某一肯定视角来看的话，任何一个事物发展方向都可以视作为正确的，反之，按照某一否定视角来看的话，任何一个事物发展方向都可以视作错误的。

【生态文明启示】

本节的生态文明启示是：对于自然生态系统的各种环境、各类物种、各种状态，都不应当仅仅站在人类的视角、站在人类有用与否的视角做出判断。它们在自然生态系统中，都有其不可或缺的地位和作用，不可以人类有限的认知对其做出判断进而做出人为改变。

---

① 摘自《秋水篇》。本篇主要是讨论人应怎样去认识外物。"相无"，此处可理解为"相互没有关联"之义。

第八节

【原文】

天下有至乐无有哉？……今俗之所为与其所乐，吾又未知乐之果乐邪，果不乐邪？吾观夫俗之所乐，举群趣者，誙誙然如将不得已，而皆曰乐者，吾未之乐也，亦未之不乐也。果有乐无有哉？吾以无为诚乐矣，又俗之所大苦也。故曰："至乐无乐，至誉无誉。"天下是非果未可定也。虽然，无为可以定是非。至乐活身，唯无为几存。请尝试言之。天无为以之清，地无为以之宁，故两无为相合，万物皆化。芒乎芴乎，而无从出乎！芴乎芒乎，而无有象乎！万物职职，皆从无为殖。故曰："天地无为也，而无不为也。"人也，孰能得无为哉！

【庄子集解】

天下有至乐无有哉？……今俗之所为与其所乐，吾又未知乐之果乐邪，果不乐邪？吾观夫俗之所乐，举群趣者，誙誙然如将不得已，举世群趋，如不得已。李云："誙誙，趋死貌。"案：苏舆云"乐举，谓数数称道之也"，于义亦通。而皆曰乐者，吾未之乐也，亦未之不乐也。乐不乐，吾未亲历其境。果有乐无有哉？乐之有无，吾弗知。吾以无为诚乐矣，又俗之所大苦也。我以恬静无为为诚乐，而世俗又不以为然。故曰："至乐无乐，至誉无誉。"天下是非果未可定也。虽然，无为可以定是非。成云："忘是非而是非定。"至乐活身，唯无为几存。存是二者，唯无为近之。请尝试言之。天无为以之清，地无为以之宁，郭云："皆自清宁耳，非为之所得。"故两无为相合，万物皆化。两仪相合，万物化生。姚云："江南本作'万物皆化生。'"芒乎芴乎，李云："芒音荒，芴音忽。"荒忽，犹恍惚也。而无从出乎！成云："寻其从出，莫知所由。"芴乎芒乎，而无有象乎！万物职职，成云："职职，繁多貌。"皆从无为殖。故曰："天地无为也，而无不为也。"人也，孰

能得无为哉！ 宣云：“人能无为，则同乎天地矣。”

【新认识与新释译】

“天下有至乐无有哉？……今俗之所为与其所乐，吾又未知乐之果乐邪，果不乐邪？吾观夫俗之所乐，举群趣者，誙誙然如将不得已，而皆曰乐者，吾未之乐也，亦未之不乐也。果有乐无有哉？吾以无为诚乐矣，又俗之所大苦也。故曰：‘至乐无乐，至誉无誉。’天下是非果未可定也。虽然，无为可以定是非。至乐活身，唯无为几存。请尝试言之。天无为以之清，地无为以之宁，故两无为相合，万物皆化。芒乎芴乎，而无从出乎！芴乎芒乎，而无有象乎！万物职职，皆从无为殖。故曰：‘天地无为也，而无不为也。’人也，孰能得无为哉”的意涵是①：世上到底有没有“至乐”境界呢？如今流行的取乐方式及其体现的快感，也不知道是不是真正的快乐。观察那些流行的取乐方式，人们似乎都乐此不疲。大家都说很快乐的事，我却没有感受到其快乐，当然也没有感受到不快乐，到底这“快乐”存在还是不存在？我认为“无为”才是真正的快乐，而世俗认为“无为”是最大的痛苦。我认为：“至乐”就是悠然自得而外人感受不到其快乐不快乐，最高的赞誉就是自然而然为之而外人感受不到其所为。天下万事万物的是非是难以判定的，但“无为”可以判定是非。所谓“至乐”，就是能够使生命得以化育，能够达成这一目标的唯有“无为”。天候，因其“无为”而得以从混沌状态转化为有序运行，大地，因其“无为”而得以从沧海桑田的巨变中静止下来，天候与大地的共同作用，才能够使万物得以生长育成。“道”是以一种隐隐约约的方式而存在的，作用于万物没有明确的源头，却会以特有的方式体现在万物生长之中。万物自得其所，自然而然地生长。归纳一句话，天地无为而无所不为，人作为天地之物谁能真正领悟“无为”之道！

《道德经》第二十一章有“道之为物，惟恍惟惚。惚兮恍兮，其中有象；恍兮惚兮，其中有物”之句，其含义是：“道”是如何作用于各种事物的？是以一种隐隐约约存在而又微妙而变幻莫测的方式而显现的。在一些难以被清

---

① 摘自《至乐篇》，本篇主要讨论人生什么是真正的快乐。“芒乎芴乎”，相当于《道德经》之中的“恍兮惚兮”。

晰认识的细微变化之中，有着"道"作用于事物的表现特征（"象"）；而在包含着细微变化的混沌状态中，事物的基本状态依然存在。《至乐篇》此段文字中的"芒乎芴乎，而无从出乎！芴乎芒乎，而无有象乎"，意涵与之相近。

【生态文明启示】

本节的生态文明启示是：人类之于自然生态系统，就是要在经济社会活动中，坚守对于自然生态系统"无为"的准则，也就是不要在自然生态系统可承载范围之外强行作为。人类的需求应出于基于自然的内在需求，不必去追求外在目标下的需求和快乐，不必去追求从众的需求和快乐。

第九节

【原文】

达生之情者，不务生之所无以为；达命之情者，不务知之所无奈何。养形必先之以物，物有余而形不养者有之矣；有生必先无离形，形不离而生亡者有之矣。生之来不能却，其去不能止。悲夫！世之人以为养形足以存生；而养形果不足以存生，则世奚足为哉！虽不足为而不可不为者，其为不免矣。夫欲免为形者，莫如弃世。弃世则无累，无累则正平，正平则与彼更生，更生则几矣。事奚足弃而生奚足遗？弃世则形不劳，遗生则精不亏。夫形全精复，与天为一。天地者，万物之父母也，合则成体，散则成始。形精不亏，是谓能移；精而又精，反以相天。

【庄子集解】

达生之情者，情，实也。**不务生之所无以为；**宣云："为无益之养者，生之所无以为也。"**达命之情者，不务知之所无奈何。**宣云："数之不可强者，知之所无奈何也。"**养形必先之以物，**成云："谓资货衣食。"**物有余而形不养者有之矣；**宣云："究竟物不足以养形。"**有生必先无离形，形不离而生亡者有之矣。**宣云："究竟形不足以存生。"**生之来不能却，其去不能止。悲夫！世之人以为养形足以存生；而养形果不足以存生，则世奚足为哉！虽不足为而不可不为者，其为不免矣。**成云："分外之事不足为，分内之事不可不为。"**夫欲免为形者，莫如弃世。弃世则无累，无累则正平，**宣云："游于坦途。"**正平则与彼更生，**宣云："与彼造化同其循环推移。"**更生则几矣。**宣云："近道。"**事奚足弃而生奚足遗？**成云："人世虚无，何足捐弃？生涯空幻，何足遗忘？"**弃世则形不劳，遗生则精不亏。夫形全精复，与天为一。**宣云："合造化之自然。"**天地者，万物之父母也，合则成体，散则成始。**宣云："散于此者，为成于彼之始。"**形精不亏，是谓能移；**移造化之权。**精而又精，反以相天。**宣云："养精之至，化育赖其参赞。"

【新认识与新释译】

"**达生之情者，不务生之所无以为；达命之情者，不务知之所无奈何。养形必先之以物，物有余而形不养者有之矣；有生必先无离形，形不离而生亡者有之矣。生之来不能却，其去不能止。悲夫！世之人以为养形足以存生；而养形果不足以存生，则世奚足为哉！虽不足为而不可不为者，其为不免矣。夫欲免为形者，莫如弃世。弃世则无累，无累则正平，正平则与彼更生，更生则几矣。事奚足弃则生奚足遗？弃世则形不劳，遗生则精不亏。夫形全精复，与天为一。天地者，万物之父母也，合则成体，散则成始。形精不亏，是谓能移；精而又精，反以相天**"的意涵是①：通晓生命情形的人，不会去追求生命非必要的东西；通晓命运情状的人，不会去做自身无能为力之事。保养身体，先要具备必要的物质条件，但要认识到具备必要条件未必能够保证身体不被损伤；保全生命，先要保证身体的存活，但要认识到身体存活未必能够保证生命不消亡。生命的降临是无法拒绝的，生命的离去也是无法阻止的。可叹的是，世俗人们认为保养身体就完全可保全生命。如果保养身体不足以保全生命，人们应当怎么做才能具备足以保全生命的条件呢？完完全全具备保全生命的充分条件是

---

① 摘自《达生篇》。"达"即畅达，"生"即生命，"达生"，即"摒除各种外欲以养生"之义。

不可能的，但不可不为之而努力。与其想方设法地养身，不如抛却世俗琐事，抛却世俗琐事就不受外物牵累，没有外物牵累就会气和心平，气和心平就能顺应自然变化而生生不息，能够生生不息就接近于"保全生命"之目标了！为什么世事值得抛却，而生命值得遗忘呢？因为抛却世事就能让身体精力不用于无谓之劳作，遗忘生命就能让精神不会无谓地损耗。身体和精神都得以自然而然保全，就能与天地融为一体。如同，天地是万物的生育父母，阴阳二气相合则育成万物，阴阳二气离散则退化到宇宙原初。身体与精神都充盈不亏的话，就能够顺应自然变化而生生不息。精神对于自然的顺应达到一定程度，是可以反过来辅助自然化育的。

【生态文明启示】

本节的生态文明启示是：人类生命的价值，并非主要在于物质财富的获得和享受，同时也在于精神财富的获得和享受，特别是从对于人类世代生存传承的贡献之中获得的精神享受。享受精神财富，就可以减少许多无谓的劳作和对自然资源、生态环境的损耗。树立生态文明理念，不仅无损于人类的生命价值，而且有助于自然生态系统对于万物生命的化育。

第十节

【原文】

老聃曰："夫得是至美至乐也。得至美而游乎至乐，谓之至人。"孔子曰："愿闻其方。"曰："草食之兽，不疾易薮；水生之虫，不疾易水。行小变而不失其大常也，喜怒哀乐不入于胸次。夫天下也者，万物之所一也。得其所一而同焉，则四支百体将为尘垢，而死生终始将为昼夜而莫之能滑，而况得丧祸福之所介乎！弃隶者若弃泥涂，知身贵于隶也。贵在于我而不失于变。且万化而未始有极也，夫孰足以患心！已为道者解乎此。"孔子曰："夫子德配天地，而犹假至言以修心。古之君子，孰能脱焉！"老聃曰："不然。夫水之于汋也，无为而才自然矣；至人之于德也，不修而物不能离焉。若天之自高，地之自厚，日月之自明，夫何修焉！"

【庄子集解】

老聃曰："夫得是至美至乐也。得至美而游乎至乐，谓之至人。"孔子曰："愿闻其方。"曰："草食之兽，不疾易薮；水生之虫，不疾易水。行小变而不失其大常也，成云："疾，患。易，移也。夫食草之兽，不患移易薮泽，水生之虫，不患移易池沼，但有草有水，则不失大常，从东从西，特小变耳。亦犹人处大道之中，随变任化，未始非我，此则不失大常，生死之变，盖亦小耳。"喜怒哀乐不入于胸次。李云："次，中也。"郭云："知其小变而不失大常故。"夫天下也者，万物之所一也。宣云："万化不逾真宰。"得其所一而同焉，宣云："与真一合德。"则四支百体将为尘垢，而死生终始将为昼夜而莫之能滑，滑，乱也。而况得丧祸福之所介乎！宣云："介，际也。"弃隶者若弃泥涂，知身贵于隶也，隶，属也，谓官属。贵在于我而不失于变。不以变而失我之贵。且万化而未始有极也，万化无极，我亦与之为无极。夫孰足以患心！宣云："则逍遥游之矣。"已为道者解乎此。"宣云："惟既履道者知之。"孔子曰："夫子德配天地，而犹假至言以修心。古之君子，孰能脱焉！"成云："然则古之君子，谁能遣于言说而免于修为乎？"老聃曰："不然。夫水之于汋也，无为而才自然矣；说文："井一有水、一无水，谓之瀱汋。"引释水文郭注云："山海经'天井夏有水，冬无水'，即此类。"盖汋乃水之自然涌出，无所作为，唯其才之自然也。至人之于德也，不修而物不能离焉。不言修而体物不遗。若天之自高，地之自厚，日月之自明，夫何修焉！"

【新认识与新释译】

"草食之兽，不疾易薮；水生之虫，不疾易水。行小变而不失其大常也，喜怒哀乐不入于胸次。夫天下也者，万物之所一也。得其所一而同焉，则四支百体将为尘垢，而死生终始将为昼夜而莫之能滑，而况得丧祸福之所介乎！弃隶者若弃泥涂，知身贵于隶也。贵在于我而不失于变。且万化而未始有极

也，夫孰足以患心！已为道者解乎此"①的意涵是：草食动物，不担忧草原的变迁；水生动物，不担忧变换水的流动，因为这些小的变化并没有改变根本规律。所以，万物都不必为那些小的变化而出现喜怒哀乐的情绪起伏。天地之间，是万物共同生息之所。既然人类与万物有着共同的生存环境，那么人类和万物一样，身体最终都将走向消亡。由此可认识到，万物的生与死、始与终，就如同昼夜交替一般循环不止，谁也无法逃离这一自然秩序。有此认识，也就不必对人生过程中的得失、祸福介怀于心！对于这些身外之物之事，完全可以像对烂泥那样弃之不顾，因为我们懂得生命比身外之物珍贵。如果懂得了生命的珍贵，就不必为一些小的变故而患得患失。而且，世界万物千变万化是无穷无尽的，人们只能够领悟其中的"道"理，谁能够去计较这些无尽变化的得失呢？

"夫水之于汋也，无为而才自然矣；至人之于德也，不修而物不能离焉。若天之自高，地之自厚，日月之自明，夫何修焉"的意涵是：井水的涌出，不是人为使之，而是自然而然地涌出；至人的德行境界，并不是其刻意修养得来的，而是自然而然的作为。因为万物的本性，是自然决定的，而不是自身修为的结果。如同，天之高远是自然而然的，地之深厚也是自然而然的，日月的明亮也是自然而然的，并不需要各自的修为！

【生态文明启示】

本节的生态文明启示是：自然生态系统，有其自身的波动，并可能由此而给人类带来自然灾害，这是难以避免的。但对于这些可能的、无尽变化的自然灾害，与其刻意地预防或通过改造自然的方式去抵御，还不如坦然地面对。因为，人类对于自然变化的防范抵御能力，与大自然的威力相比，是极为有限的。

---

① 摘自《田子方篇》。田子方是篇首的人名。该篇主要阐述虚怀无为、随应自然、不受外物束缚的思想。

第十一节

【原文】

天地有大美而不言，四时有明法而不议，万物有成理而不说。圣人者，原天地之美而达万物之理。是故至人无为，大圣不作，观于天地之谓也。今彼神明至精，与彼百化。物已死生方圆，莫知其根也。扁然而万物，自古以固存。六合为巨，未离其内；秋毫为小，待之成体；天下莫不沉浮，终身不故；阴阳四时运行，各得其序；惛然若亡而存；油然不形而神；万物畜而不知：此之谓本根，可以观于天矣！

【庄子集解】

天地有大美而不言，宣云："利及万物，不言所利。"**四时有明法而不议**，宣云："气候明分，不须拟议。"**万物有成理而不说**。宣云："各有成性，不烦词说。"**圣人者，原天地之美而达万物之理**。原，本也。以覆载为心，其本原与天地同，又万物各有生成之理，因而达之。**是故至人无为，大圣不作，观于天地之谓也**。以天地为法。**今彼神明至精，与彼百化**，上彼，彼天地；下彼，彼物。姚本"今"作"舍"，云："从刘得一本改。"**物已死生方圆，莫知其根也**。物自变异，莫知根原。**扁然而万物，自古以固存**。扁然，犹翩然。自古以来，永永固存。**六合为巨，未离其内；秋毫为小，待之成体**；宣云："大无外，小无间。"**天下莫不沉浮，终身不故**；成云："浮沉升降，新新相续。"**阴阳四时运行，各得其序**；郭云："不待为之。"**惛然若亡而存**；成云："惛然如昧，似无而有。"**油然不形而神**；油然而兴，不见形迹，化驰若神。**万物畜而不知**：万物被畜养而不自知。**此之谓本根，可以观于天矣**！达其本根，可与观自然之天矣。

【新认识与新释译】

"天地有大美而不言，四时有明法而不议，万物有成理而不说。圣人者，

原天地之美而达万物之理。是故至人无为，大圣不作，观于天地之谓也" 的意涵是①：天地运行、四季更替、万物生长，都是自然而然的过程，不需要外在的号令和外在的宣示。"圣人"，就是顺应天地自然而然运行以使万物自然而然地生长，所以，"至圣之人"就是无所作为而听任于自然。

【生态文明启示】

本节的生态文明启示是：现实中，如何看待"转基因动植物"问题？从某种视角来看，过当的"转基因"产业化，与生态系统的自然进化进程不同，对于大自然数百万年甚至更长期形成的稳态生态系统可能造成生态风险。由此可知，"是否应当推广转基因动植物"之类的问题，应以"观于天地"的理念审慎对待之。

---

① 摘自《知北游篇》。该篇主要论述了人对于认知自然世界的态度。

第九章

杂篇（选释）

第一节

【原文】

老聃之役有庚桑楚者，偏得老聃之道，以北居畏垒之山，其臣之画然知者去之，其妾之挈然仁者远之；拥肿之与居，鞅掌之为使。居三年，畏垒大壤。畏垒之民相与言曰："庚桑之子始来，吾洒然异之。今吾日计之而不足，岁计之而有余。庶几其圣人乎！子胡不相与尸而祝之，社而稷之乎？"庚桑子闻之，南面而不释然。弟子异之。庚桑子曰："弟子何异于予？夫春气发而百草生，正得秋而万宝成。夫春与秋，岂无得而然哉？天道已行矣。吾闻至人尸居环堵之室，而百姓猖狂不知所如往。今以畏垒之细民而窃窃欲俎豆予于贤人之间，我其杓之人邪！吾是以不释于老聃之言。"

【庄子集解】

老聃之役有庚桑楚者，司马云："役，学徒、弟子。"俞云："列子仲尼篇'老聃之弟子有亢仓子者'，张湛注：'音庚桑。'贾逵姓氏英览云：'吴郡有庚桑姓，称为七族。'然则庚桑子吴人与？"**偏得老聃之道，以北居畏垒之山，**李云："畏垒，山名也。或云在鲁，又云在梁州。"**其臣之画然知者去之，其妾之挈然仁者远之；**其地

215

之人敬爱庚桑，愿为臣妾。然其中有画然好明察为知者，有挈然自标举为仁者，庚桑皆远去之。**拥肿之与居，**司马云："拥肿，丑貌。"**鞅掌之为使。**鞅掌，劳苦奔走之人。**居三年，畏垒大壤。**释文："壤，本亦作穰。广雅：'丰也。'"卢云："列子天瑞篇亦以壤为穰。"**畏垒之民相与言曰："庚桑子之始来，吾洒然异之。**崔、李云："洒然，惊貌。"**今吾日计之而不足，**向云："无旦夕小利也。"**岁计之而有余。**向云："顺时而大穰也。"**庶几其圣人乎！子胡不相与尸而祝之，社而稷之乎？"**尸，主也。言欲奉以为君。**庚桑子闻之，南面而不释然。**语又见齐物论。**弟子异之。庚桑子曰："弟子何异于予？夫春气发而百草生，正得秋而万宝成。**俞云："得字疑涉下文而衍。易说卦：'兑，正秋也，万物之所说也。'疏：'正秋而万物皆说成也。'即本此文。正秋而万宝成，文义已足，不必加得字。"**夫春与秋，岂无得而然哉？天道已行矣。**释文"天"作"大"。案：时与道为运行，有得而不觉也。**吾闻至人尸居环堵之室，**宣云："隐居不耀。"**而百姓猖狂不知所如往。**宣云："如相忘于天地。"**今以畏垒之细民而窃窃欲俎豆予于贤人之间，我其杓之人邪！**郭云："不欲为物标杓。"**吾是以不释于老聃之言。"**成云："老子云：'功成弗居，长而不宰。'楚既虔禀师训，畏垒反此，故不释然。"

【新认识与新释译】

"夫春气发而百草生，正得秋而万宝成。夫春与秋，岂无得而然哉？天道已行矣。吾闻至人尸居环堵之室，而百姓猖狂不知所如往。今以畏垒之细民而窃窃焉欲俎豆予于贤人之间，我其杓之人邪！吾是以不释于老聃之言"的意涵是①：春天阳气生发而各种作物生长，秋季到来各种果实成熟。春季与秋季的特性，是无缘无故如此的吗？那是天道自然运行的必然结果。我听闻过老子之言："至人"寂静无为地居住在四堵小室之中（听任百姓自然而为），百姓则悠游自适而不知"至人"。而今，畏垒山这里的民众，意图把我当作神灵敬奉，我难道要成为民众的标杆而号令他们的行为吗？想起老子之言，内心很是为此感到不安。

---

① 摘自《庚桑楚篇》。该篇主要论述顺应自然、倡导无为。

【生态文明启示】

本节的生态文明启示是：自然生态系统中的森林、江河湖泊、各种动植物，都为系统的生态功能发挥着各自的作用。任何生态环境保护，都是维护其发挥生态功能的作用，而不是为保护而保护，使之成为"生态文明"名义下的敬奉区域或敬奉物。

第二节

【原文】

徐无鬼曰："尝语君吾相狗也。下之质，执饱而止，是狸德也；中之质，若视日；上之质，若亡其一。吾相狗，又不若吾相马也。吾相马：直者中绳，曲者中钩，方者中矩，圆者中规。是国马也，而未若天下马也。天下马有成材，若恤若失，若丧其一。若是者，超轶绝尘，不知其所。"武侯大悦而笑。徐无鬼出，女商曰："先生独何以说吾君乎？吾所以说吾君者，横说之则以诗、书、礼、乐，从说则以金板、六弢，奉事而大有功者不可为数，而吾君未尝启齿。今先生何以说吾君，使吾君说若此乎？"徐无鬼曰："吾直告之吾相狗马耳。"女商曰："若是乎？"曰："子不闻夫越之流人乎？去国数日，见其所知而喜；去国旬月，见所尝见于国中者喜；及期年也，见似人者而喜矣。不亦去人滋久，思人滋深乎？夫逃虚空者，藜、藋柱乎鼪、鼬之径，踉位其空，闻人足音跫然而喜矣，又况乎昆弟亲戚之謦咳其侧者乎！久矣夫，莫以真人之言謦咳吾君之侧乎！"

【庄子集解】

徐无鬼曰："尝语君吾相狗也。尝，试。下之质，执饱而止，材质下者，甚饱而止。是狸德也；俞云："广雅释兽：'狸，猫也。'秋水篇曰：'骐骥骅骝，捕鼠不如狸狌。'此本书以狸为猫之证。御览引尸子曰：'使牛捕鼠，不如猫狌之捷。'庄子言狸狌，尸子言猫狌，其义一也。狗取饱而止，与猫同，故云是狸德。"**中之质，若视日**；宣云："凝然上视。"**上之质，若亡其一。**释文："一，身也。精神不动，若无其身。"**吾相狗，又不若吾相马也。吾相马：直者中绳，**成云："谓马前齿。"**曲者中钩，**成云："谓马项。"**方者中矩，**成云："谓马头。"**圆者中规。**成云："谓马眼。"**是国马也，**国君得之为上品。**而未若天下马也。天下马有成材，**释文："自然已足，不须教习。"**若恤若失，**释文："失音逸。司马本作佚。李云：'恤、失，皆惊悚若飞也。'"成云："眼自顾视，既似忧虞；蹄足缓疏，又如奔佚。"**若丧其一。**成云："观其神彩，若忘己身。"**若是者，超轶绝尘，不知其所。"**所，谓止所。**武侯大悦而笑。徐无鬼出，女商曰："先生独何以说吾君乎？**说同悦，下同。**吾所以说吾君者，横说之则以诗、书、礼、乐，从说之则以金板、六弢，**释文："司马、崔云：'金版、六弢，皆周书篇名。'或曰秘谶也。本又作六韬，谓太公六韬，文、武、虎、豹、龙、犬也。版，本又作板。"成云："横，远也；从，近也。武侯好武而恶文，故以兵法为从，六经为横也。"**奉事而大有功者不可为数，而吾君未尝启齿。**笑也。**今先生何以说吾君，使吾君说若此乎？"徐无鬼曰："吾直告之吾相狗马耳。"**直，特也。女商曰："若是乎？"**成云："怪其术浅。"**曰："子不闻夫越之流人乎？**盖当日相传越之流人有是言也。**去国数日，见其所知而喜；去国旬月，**或旬或月。**见所尝见于国中者喜；及期年也，见似人者而喜矣。**似乡里人也。**不亦去人滋久，思人滋深乎？**滋，愈。**夫逃虚空者，**司马云："故坏冢处为空虚也。"案：谓墟旁有空处也，故下云"位其空"。**藜、藋柱乎鼪、鼬之径，**其地但有鼪、鼬往来径路，藜、藋森立如柱，极言其荒秽也。藜，蒿也。尔雅"拜，商藋"，郭注："商藋似藜。"**踉位其空，**踉跄而处其空地。**闻人足音跫然而喜矣，**成云："跫，行声。"**而况乎昆弟亲戚之謦咳其侧者乎！**李云："謦咳，喻言笑也。"案：喻武侯有狗马之好，骤闻而喜，不异流人之见乡人，逃者之闻骨肉言笑也。**久矣夫！莫以真人之言謦咳吾君之侧乎！"**正人之言，则莫以进君侧也。

【新认识与新释译】

"子不闻夫越之流人乎？去国数日，见其所知而喜；去国旬月，见所尝见于国中者喜；及期年也，见似人者而喜矣。不亦去人滋久，思人滋深乎？夫逃虚空者，藜、藋柱乎鼪、鼬之径，踉位其空，闻人足音跫然而喜矣，又况乎昆弟亲戚之謦咳其侧者乎！久矣夫，莫以真人之言謦咳吾君之侧乎"的意涵是①：听过越国流放者的心思吗？他们离开家乡几天后，见到认识的人就会感到高兴；离开家乡几个月，看见曾相逢过的同乡就会感到高兴；离开家乡一年以上，只要见到看上去像同乡的人就会感到高兴。不就是因为：离开故人越久，思念故人之心则越深。如果长久流落到人迹罕至的旷野的话，哪怕只听到人的脚步声都会感到高兴，更不要说听到近旁有兄弟或亲人的说笑声！就是这个道理，君主之所以对我所说的相狗术听得津津有味，就是因为君主很久没有在身旁听到纯真的话语了！

【生态文明启示】

本节的生态文明启示是：现代城市人生活在混凝土丛林之中，越来越远离原本应当生活在的绿水青山乡野了。一旦稍稍接触自然风景，就感到异常兴奋。由此可见，人类随着工业化、城市化、数字化，其行为方式、生活方式越来越远离大自然。但人们内心亲近大自然的本性是可以唤起的，这也是生态文明理念能够唤起的基础。

第三节

【原文】

戴晋人曰："有所谓蜗者，君知之乎？"曰："然。""有国于蜗之左角者，曰触氏；有国于蜗之右角者，曰蛮氏。时相与争地而战，伏尸数万，逐北旬有五日而后反。"君曰："噫！其虚言与？"曰："臣请为君实之。君以意在四方上下有穷乎？"君曰："无穷。"曰："知游心于无穷，而反在通达之国，若存若亡乎？"君曰："然。"曰："通达之中有魏，于魏中有梁，于梁中有王，

---

① 摘自《徐无鬼篇》。本篇主要论述不争思想。

王与蛮氏有辩乎？"君曰："无辩。"客出而君惝然若有亡也。

【庄子集解】

戴晋人曰："有所谓蜗者，君知之乎？"释文："蜗音瓜。李云：'有两角，俗谓之蜗牛。'三苍云：'小牛螺也。俗名黄犊。'"曰："然。""有国于蜗之左角者，曰触氏；有国于蜗之右角者，曰蛮氏。时相与争地而战，伏尸数万，逐北旬有五日而后反。"君曰："噫！其虚言与？"曰："臣请为君实之。君以意在四方上下有穷乎？"苏舆云："在，犹察也。"君曰："无穷。"曰："知游心于无穷，而反在通达之国，若存若亡乎？"郭云："人迹所及为通达，谓今四海之内也。"成云："语其大小，可谓如有如无。"君曰："然。"曰："通达之中有魏，于魏中有梁，成云："昔在河东，国号为魏，为秦所逼，徙都于梁。"于梁中有王，王与蛮氏有辩乎？"君曰："无辩。"客出而君惝然若有亡也。释文："惝，惘也。"如有所失。

【新认识与新释译】

"有国于蜗之左角者，曰触氏；有国于蜗之右角者，曰蛮氏。时相与争地而战，伏尸数万，逐北旬有五日而后反"的意涵是①：有个国家叫作"触氏国"，这个国家就在蜗牛的左角上；另有个国家叫作"蛮氏国"，这个国家就在蜗牛的右角上。两个国家时常为争地盘而相互交战，时常是出兵不几日便横尸数万兵败而归。

"通达之中有魏，于魏中有梁，于梁中有王，王与蛮氏有辩乎"的意涵是：中原四通八达的土地上有魏国，魏国内有梁都，梁都内有梁王，如此类比，梁王与统治蜗牛角上国家的蛮氏有什么区别呢？

【生态文明启示】

本节的生态文明启示是：站在自然生态系统的视角，来看待家国之间、群体之间的利益之争，是毫无意义的；进而，由这些无谓的利益之争导致的

---

① 摘自《则阳篇》。该篇主要论述恬淡、清虚、与世无争的旨趣。

自然资源损耗、生态环境损耗，更是无谓的。站在与人与自然和谐共生的视角来看待认识事物，就能够更为深刻地理解生态文明的真义。

第四节

【原文】

惠子谓庄子曰："子言无用。"庄子曰："知无用而始可与言用矣。夫地非不广且大也，人之所用容足耳。然则厕足而垫之，致黄泉，人尚有用乎？"惠子曰："无用。"庄子曰："然则无用之为用也亦明矣。"

【庄子集解】

惠子谓庄子曰："子言无用。"庄子曰："知无用而始可与言用矣。夫地非不广且大也，人之所用容足耳。然则厕足而垫之，致黄泉，人尚有用乎？"释文："厕音侧。垫，下也，掘也。致，至也，本亦作至。"案：言地广大无用者多，然使侧足之外，掘之至于黄泉，则有用者尚有用乎？惠子曰："无用。"庄子曰："然则无用之为用也亦明矣。"

【新认识与新释译】

"知无用而始可与言用矣。夫地非不广且大也，人之所用容足耳。然则厕足而垫之，致黄泉，人尚有用乎"的意涵是①：懂得了什么是"无用"才能与你讨论什么是"有用"。比方说，大地如此宽广，你占据的不过是其立足之地，然而如果把你脚踩以外的土地都挖向最深之处，如此一来你脚踩的那一块地，还能够像原来那样供你立足吗？这就是你所谓"无用"的东西的用处。

【生态文明启示】

本节的生态文明启示是：人类成员之于自然生态系统，不能认为仅仅是

---

① 摘自《外物篇》，本篇主要讨论处世之理。

自身周边区域的生态环境与你的生存环境有关，而是整个的自然生态系统都与你有关。所以，不能用"与我无关""于我无用"之类的理由，来撇清每个人类成员对于维护自然生态系统的责任。

第五节

【原文】

颜成子游谓东郭子綦曰："自吾闻子之言，一年而野，二年而从，三年而通，四年而物，五年而来，六年而鬼入，七年而天成，八年而不知死、不知生，九年而大妙。生有为，死也。劝公：以其死也，有自也；而生阳也，无自也。而果然乎？恶乎其所适？恶乎其所不适？天有历数，地有人据，吾恶乎求之？莫知其所终，若之何其无命也？莫知其所始，若之何其有命也？有以相应也，若之何其无鬼邪？无以相应也，若之何其有鬼邪？"

【庄子集解】

颜成子游谓东郭子綦曰："成云："居在郭东，曰东郭，犹是齐物篇中南郭子綦也。"**自吾闻子之言，一年而野，**成云："野，质朴也。闻道一年，学心未孰，稍能朴素去浮华耳。"**二年而从，**成云："顺于俗也。"**三年而通，**成云："不滞境也。"**四年而物，**成云："与物同也。"**五年而来，**成云："为众归也。"**六年而鬼入，**成云："神会物理。"**七年而天成，**成云："合自然成。"**八年而不知死、不知生，**成云："不觉死生聚散之异。"**九年而大妙。**成云："妙，精微也。知照宏博，故称大也。"**生有为，死也。**郭云："生而有为，则丧其生。"**劝公：**宣云："设为劝人之语，如下二句。"**以其死也，有自也；**郭云："自，由也。由有为，故死；由私其生，故有为。"**而生阳也，无自也。**宣云："死为阴，生为阳。"郭云："生之阳，以其绝迹无为而然，非有由也。"**而果然乎？**而，汝也。言汝果能无为乎？**恶乎其所适？恶乎其所不适？**成云："所在皆适。"**天有历数，**气数有定。**地有人据，**各据其所。**吾恶乎求之？**成云：

"吾于何处分外求之?" **莫知其所终，若之何其无命也?** 成云："时来运去，非命如何! 言有命也。" **莫知其所始，若之何其有命也?** 成云："死去生来，犹春秋冬夏，岂其命乎! 言无命也。" **有以相应也，若之何其无鬼邪?** 郭云："理必有应，若有神灵以致之也。" **无以相应也，若之何其有鬼邪?**" 相应之理，有时而不灵。

【新认识与新释译】

"自吾闻子之言，一年而野，二年而从，三年而通，四年而物，五年而来，六年而鬼入，七年而天成，八年而不知死、不知生，九年而大妙"的意涵是①：听闻高人之言后逐渐感悟。第一年归于质朴，第二年顺应而为，第三年通达"道"理，第四年感到自身与万物类同，第五年感到万物主动与自身交融，第六年感到神灵与自身精神相契合，第七年感到自己与天地浑然一体，第八年已经感受不到生与死的差别，第九年感到进入了"道"之妙境。

"生有为，死也。劝公：以其死也，有自也；而生阳也，无自也。而果然乎? 恶乎其所适? 恶乎其所不适? 天有历数，地有人据，吾恶乎求之? 莫知其所终，若之何其无命也? 莫知其所始，若之何其有命也? 有以相应也，若之何其无鬼邪? 无以相应也，若之何其有鬼邪"的意涵是：生而妄为，则等同于死亡。所以敬告世人：有偏，等同于死亡；无偏，则生生不息。怎么实现无偏? 就是不要根据偏好去做合适或不合适的选择。天候有四季变化，大地上各得其所，怎么能够按照自己的意愿去选择呢? 也不要去讨论命运问题，知道事物的起因而不知道事物的结果，难道就可以断定没有命运? 不知道事物的起因却知道事物的结果，难道就可断定有命运? 也不要去讨论有没有神灵。难道因为感受到了人与物之感应就可断定有神灵? 难道因为没有感受到人与物之感应就可断定有神灵?

【生态文明启示】

本节的生态文明启示是：在树立生态文明理念的过程中，以人类经济价值为基础对自然生态系统中的存在物进行价值评估是不可取的，其实这依然

---

① 摘自《寓言篇》。"寓言"，即寄托寓义之言论。

是以人的价值偏好，对作用于自然生态环境的行为做出有差别的选择。

第六节

【原文】

孔子谓颜回曰："回，来！家贫居卑，胡不仕乎？"颜回对曰："不愿仕。回有郭外之田五十亩，足以给飦粥；郭内之田四十亩，足以为丝麻；鼓琴足以自娱，所学夫子之道者足以自乐也。回不愿仕。"孔子愀然变容曰："善哉，回之意！丘闻之：'知足者不以利自累也，审自得者失之而不惧；行修于内者无位而不怍。'丘诵之久矣，今于回而后见之，是丘之得也。"

【庄子集解】

孔子谓颜回曰："回，来！家贫居卑，胡不仕乎？"颜回对曰："不愿仕。回有郭外之田五十亩，足以给飦粥；释文："飦"或作饘，广雅云："糜也。"郭内之田四十亩，足以为丝麻；鼓琴足以自娱，所学夫子之道者足以自乐也。回不愿仕。"孔子愀然变容曰："善哉，回之意！丘闻之：'知足者不以利自累也，审自得者失之而不惧；之，即谓利。行修于内者无位而不怍。'丘诵之久矣，今于回而后见之，是丘之得也。"喜得此人也。

【新认识与新释译】

"知足者不以利自累也，审自得者失之而不惧；行修于内者无位而不怍"的意涵是①：知足的人不因利禄而牵累身心，怡然自得的人即使利益受损也不会不安心，修养内心的人即使没有名位也不感到有何羞惭。

---

① 摘自《让王篇》。本篇主要讨论什么样才是真正的重视生命。

【生态文明启示】

本节的生态文明启示是：人类成员在满足基本需求的情形下，不应当去追求那些牵累身心的物质利益、计较那些无谓的利益得失、追逐那些以物质财富占有为基础的精神满足。那样，也可大大减少因这些无谓追求而带来的自然资源消耗和自然生态环境损耗。

第七节

【原文】

圣人以必不必，故无兵；众人以不必必之，故多兵。顺于兵，故行有求。兵，恃之则亡。

【庄子集解】

圣人以必不必，故无兵；郭云："理虽必然，犹不必之，斯至顺矣，兵其安有！"众人以不必必之，故多兵。宣云："以理之不必然者，而各必其所偏见，则乖争生矣。"顺于兵，故行有求。宣云："徇于兵争，故动则求济所欲。"兵，恃之则亡。虽有兵，不可恃。

【新认识与新释译】

"圣人以必不必，故无兵；众人以不必必之，故多兵。顺于兵，故行有求。兵，恃之则亡"的意涵是①：圣人不把合情合理的事物当作理所当然的拥有物去占有，所以没有纷争；一般人把并非合情合理的事物当作理所应当的拥有物而势必得而拥有，所以纷争涌起。纷争的目的，就是贪求利益。依恃挑起纷争谋利，必然导致得不偿失的结果。

---

① 摘自《列御寇篇》。本篇主要阐述不争之理。

《道德经》第三十一章有"夫兵者，不祥之器，物或恶之，故有道者不处"之句，其意涵是：战争之类的强力手段用于解决问题，其预期后果是不确定的、高风险的，综合考虑可能的关联影响、长远影响、反馈影响，其预期风险损失大于风险收益，所以，理性的行为者通常不会选择这一手段。《列御寇篇》此段文字，与之有相近的意涵。

【生态文明启示】

本节的生态文明启示是：人类不能热衷于以"利用自然、改造自然"的名义去获取经济利益和发展利益。关键还在于，不要把"利用自然、改造自然"当作必然有利于人类发展利益的手段。

第八节

【原文】

天下之治方术者多矣，皆以其有为不可加矣！古之所谓道术者，果恶乎在？曰："无乎不在。"曰："神何由降？明何由出？""圣有所生，王有所成，皆原于一。"不离于宗，谓之天人；不离于精，谓之神人；不离于真，谓之至人。以天为宗，以德为本，以道为门，兆于变化，谓之圣人；以仁为恩，以义为理，以礼为行，以乐为和，熏然慈仁，谓之君子；以法为分，以名为表，以参为验，以稽为决，其数一二三四是也，百官以此相齿；以事为常，以衣食为主，蕃息畜藏，老弱孤寡为意，皆有以养，民之理也。古之人其备乎！配神明，醇天地，育万物，和天下，泽及百姓，明于本数，系于末度，六通四辟，小大精粗，其运无乎不在。其明而在数度者，旧法、世传之史尚多有之；其在于《诗》《书》《礼》《乐》者，邹鲁之士、搢绅先生多能明之。《诗》以道志，《书》以道事，《礼》以道行，《乐》以道和，《易》以道阴阳，《春秋》以道名分。其数散于天下而设于中国者，百家之学时或称而道之。天下大乱，贤圣不明，道德不一。天下多得一察焉以自好。譬如耳目鼻口，皆有所明，不能相通。犹百家众技也，皆有所长，时有所用。虽然，不该不徧，一曲之士也。判天地之美，析万物之理，察古人之全。寡能备于天地之美，称神明之容。是故内圣外王之道，暗而不明，郁而不发，天下之人各为其所欲焉以自为方。悲夫！百家往而不反，必不合矣！后世之学者，不幸不见天地之纯，古人之大体。道术将为天下裂。

不侈于后世，不靡于万物，不晖于数度，以绳墨自矫，而备世之急。古之道术有在于是者，墨翟、禽滑厘闻其风而说之。为之大过，已之大循。作为《非乐》，命之曰《节用》。生不歌，死无服。墨子泛爱兼利而非斗，其道不怒。又好学而博，不异，不与先王同，毁古之礼乐。黄帝有《咸池》，尧有《大章》，舜有《大韶》，禹有《大夏》，汤有《大濩》，文王有辟雍之乐，武王、周公作《武》。古之丧礼，贵贱有仪，上下有等。天子棺椁七重，诸侯五重，大夫三重，士再重。今墨子独生不歌，死不服，桐棺三寸而无椁，以为法式。以此教人，恐不爱人；以此自行，固不爱己。未败墨子道。虽然，歌而非歌，哭而非哭，乐而非乐，是果类乎？其生也勤，其死也薄，其道大觳。使人忧，使人悲，其行难为也。恐其不可以为圣人之道，反天下之心。天下不堪。墨子虽独能任，奈天下何！离于天下，其去王也远矣！墨子称道曰："昔禹之湮洪水，决江河而通四夷九州也。名山三百，支川三千，小者无数。禹亲自操橐耜而九杂天下之川。腓无胈，胫无毛，沐甚雨，栉疾风，置万国。禹大圣也，而形劳天下也如此。"使后世之墨者，多以裘褐为衣，以跂蹻为服，日夜不休，以自苦为极，曰："不能如此，非禹之道也，不足谓墨。"相里勤之弟子，五侯之徒，南方之墨者苦获、已齿、邓陵子之属，俱诵《墨经》，而倍谲不同，相谓别墨。以坚白同异之辩相訾，以觭偶不仵之辞相应，以巨子为圣人。皆愿为之尸，冀得为其后世，至今不决。墨翟、禽滑厘之意则是，其行则非也。将使后世之墨者，必以自苦腓无胈、胫无毛相进而已矣。乱之上也，治之下也。虽然，墨子真天下之好也，将求之不得也，虽枯槁不舍也，才士也夫！

不累于俗，不饰于物，不苟于人，不忮于众，愿天下之安宁以活民命，人我之养，毕足而止，以此白心。古之道术有在于是者，宋钘、尹文闻其风而悦之。作为华山之冠以自表，接万物以别宥为始。语心之容，命之曰"心之行"。以聏合欢，以调海内。请欲置之以为主。见侮不辱，救民之斗，禁攻寝兵，救世之战。以此周行天下，上说下教。虽天下不取，强聒而不舍者也。故曰：上下见厌而强见也。虽然，其为人太多，其自为太少，曰："请欲固置五升之饭足矣。"先生恐不得饱，弟子虽饥，不忘天下，日夜不休。曰："我必得活哉！"图傲乎救世之士哉！曰："君子不为苛察，不以身假物。"以为无益于天下者，明之不如已也。以禁攻寝兵为外，以情欲寡浅为内。其小大精粗，其行适至是而止。

　　公而不当，易而无私，决然无主，趣物而不两，不顾于虑，不谋于知，于物无择，与之俱往。古之道术有在于是者，彭蒙、田骈、慎到闻其风而悦之。齐万物以为首，曰："天能覆之而不能载之，地能载之而不能覆之，大道能包之而不能辩之。"知万物皆有所可，有所不可。故曰："选则不遍，教则不至，道则无遗者矣。"是故慎到弃知去己，而缘不得已。泠汰于物，以为道理。曰："知不知，将薄知而后邻伤之者也。"謑髁无任，而笑天下之尚贤也；纵脱无行，而非天下之大圣；椎拍輐断，与物宛转；舍是与非，苟可以免。不师知虑，不知前后，魏然而已矣。推而后行，曳而后往。若飘风之还，若羽之旋，若磨石之隧，全而无非，动静无过，未尝有罪。是何故？夫无知之物，无建己之患，无用知之累，动静不离于理，是以终身无誉。故曰："至于若无知之物而已，无用贤圣。夫块不失道。"豪桀相与笑之曰："慎到之道，非生人之行而至死人之理，适得怪焉。"田骈亦然，学于彭蒙，得不教焉。彭蒙之师曰："古之道人，至于莫之是、莫之非而已矣。其风窢然，恶可而言。"常反人，不见观，而不免于魭断。其所谓道非道，而所言之韪不免于非。彭蒙、田骈、慎到不知道。虽然，概乎皆尝有闻者也。

　　以本为精，以物为粗，以有积为不足，澹然独与神明居。古之道术有在于是者，关尹、老聃闻其风而悦之。建之以常无有，主之以太一。以濡弱谦下为表，以空虚不毁万物为实。关尹曰："在己无居，形物自著。"其动若水，其静若镜，其应若响。芴乎若亡，寂乎若清。同焉者和，得焉者失。未尝先人而常随人。老聃曰："知其雄，守其雌，为天下溪；知其白，守其辱，为天下谷。"人皆取先，己独取后。曰："受天下之垢。"人皆取实，己独取虚。"无藏也故有余"。岿然而有余。其行身也，徐而不费，无为也而笑巧。人皆求福，己独曲全。曰："苟免于咎。"以深为根，以约为纪。曰："坚则毁矣，锐则挫矣。"常宽容于物，不削于人。可谓至极，关尹、老聃乎！古之博大真人哉！

芴漠无形，变化无常，死与生与？天地并与？神明往与？芒乎何之？忽乎何适？万物毕罗，莫足以归。古之道术有在于是者，庄周闻其风而悦之。以谬悠之说，荒唐之言，无端崖之辞，时恣纵而不傥，不以觭见之也。以天下为沈浊，不可与庄语。以卮言为曼衍，以重言为真，以寓言为广。独与天地精神往来，而不敖倪于万物。不谴是非，以与世俗处。其书虽瑰玮，而连犿无伤也。其辞虽参差，而諔诡可观。彼其充实，不可以已。上与造物者游，而下与外死生、无终始者为友。其于本也，宏大而辟，深闳而肆；其于宗也，可谓稠适而上遂矣。虽然，其应于化而解于物也，其理不竭，其来不蜕，芒乎昧乎，未之尽者。

惠施多方，其书五车，其道舛驳，其言也不中。历物之意，曰："至大无外，谓之大一；至小无内，谓之小一。无厚，不可积也，其大千里。天与地卑，山与泽平。日方中方睨，物方生方死。大同而与小同异，此之谓'小同异'；万物毕同毕异，此之谓'大同异'。南方无穷而有穷。今日适越而昔来。连环可解也。我知天之中央，燕之北、越之南是也。泛爱万物，天地一体也。"惠施以此为大，观于天下而晓辩者，天下之辩者相与乐之。卵有毛。鸡三足。郢有天下。犬可以为羊。马有卵。丁子有尾。火不热。山出口。轮不蹍地。目不见。指不至，至不绝。龟长于蛇。矩不方，规不可以为圆。凿不围枘。飞鸟之景未尝动也。镞矢之疾，而有不行、不止之时。狗非犬。黄马骊牛三。白狗黑。孤驹未尝有母。一尺之棰，日取其半，万世不竭。辩者以此与惠施相应，终身无穷。桓团、公孙龙辩者之徒，饰人之心，易人之意，能胜人之口，不能服人之心，辩者之囿也。惠施日以其知与之辩，特与天下之辩者为怪，此其柢也。然惠施之口谈，自以为最贤，曰："天地其壮乎，施存雄而无术。"南方有倚人焉，曰黄缭，问天地所以不坠不陷，风雨雷霆之故。惠施不辞而应，不虑而对，徧为万物说。说而不休，多而无已，犹以为寡，益之以怪，以反人为实，而欲以胜人为名，是以与众不适也。弱于德，强于物，其涂隩矣。由天地之道观惠施之能，其犹一蚊一虻之劳者也。其于物也何庸！夫充一尚可，曰愈贵，道几矣！惠施不能以此自宁，散于万物而不厌，卒以善辩为名。惜乎！惠施之才，骀荡而不得，逐万物而不反，是穷响以声，形与影竞走也，悲夫！

【庄子集解】

天下之治方术者多矣，成云："方，道也。"皆以其有为不可加矣！宣云："其有，谓所学。"古之所谓道术者，果恶乎在？曰："无乎不在。"曰："神何由降？明何由出？"既无不在，则神圣明王何由降出，独与众异？宣云："又设问也。""圣有所生，王有所成，皆原于一。"下文所云"内圣外王之道"。宣云："又答。"不离于宗，谓之天人。不离，若孔子言颜氏不违宗主也。谓自然。不离于精，谓之神人。成云："淳粹不杂，谓之神妙。"不离于真，谓之至人。成云："凝然不假，谓之至极。"以天为宗，以德为本，以道为门，兆于变化，变化不测，随物见端。谓之圣人；成云："以上四人，止是一耳，随其功用，故有四名。"以仁为恩，以义为理，以礼为行，以乐为和，薰然慈仁，谓之君子；宣云："君子是道之绪余。"以法为分，以名为表，宣云："以法度为分别，以名号为表率。"以参为验，释文："参，本又作操。"宣云："以所操文书为征验。"以稽为决，宣云："以稽考所操而决事。"其数一二三四是也，宣云："分明不爽如是。"百官以此相齿；宣云："此又一等人。相齿，谓以此为序也。官职是名法之迹。"以事为常，事，谓日用。以衣食为主，蕃息畜藏，老弱孤寡为意，皆有以养，蕃息，谓物产；畜藏，谓货财。兼养及无告之人。民之理也。宣云："又一等人。"古之人其备乎！配神明，醇天地，育万物，和天下，泽及百姓，明于本数，系于末度，郭云："本数明，故末不离。"六通四辟，释文："本又作辟。"小大精粗，其运无乎不在。其明而在数度者，旧法、世传之史尚多有之；宣云："言史所由传。"其在于《诗》《书》《礼》《乐》者，邹鲁之士、搢绅先生多能明之。士，儒者。搢绅先生，服官者。成云：

"搢，笏也，亦插也。绅，大带。"宣云："六经所由传。"《诗》以道志，《书》以道事，《礼》以道行，《乐》以道和，《易》以道阴阳，《春秋》以道名分。释文："道音导。"其数散于天下而设于中国者，设，施也。百家之学时或称而道之。宣云："百家所由传。"天下大乱，贤圣不明，成云："韬光晦迹。"道德不一，成云："法教多端。"天下多得一察焉以自好。一察，犹言一隙之明。譬如耳目鼻口，皆有所明，不能相通。犹百家众技也，皆有所长，时有所用。虽然，不该不徧，一曲之士也。判天地之美，析万物之理，郭云："各用具一曲，故析判。"察古人之全。寡能备于天地之美，称神明之容。释文："称，尺证反。"成云："观察古昔全德之人，犹鲜能备两仪之亭毒，称神明之容貌，况一曲者乎！"是故内圣外王之道，暗而不明，郁而不发，天下之人各为其所欲焉以自为方。道术。悲夫！百家往而不反，必不合矣！后世之学者，不幸不见天地之纯，古人之大体。道术将为天下裂。

不侈于后世，不靡于万物，不晖于数度，宣云："不示奢侈，不事靡费，不务光华。"以绳墨自矫，成云："矫，厉也。用仁义为绳墨，以厉其志行。"而备世之急。郭云："勤而俭则财有余，故急有备。"古之道术有在于是者。墨翟、禽滑厘闻其风而说之。释文："墨翟，宋大夫，尚俭素。禽滑厘，翟弟子，不顺五帝、三王之乐，嫌其奢。"为之大过，已之大循。循，顺也。其为之大过，特己之大顺而已，不堪教世也。作为《非乐》，命之曰《节用》。生不歌，死无服。成云："非乐、节用，墨子书二篇名。生不歌，故非乐；死无服，故节用。谓无衣衾棺椁等资葬之服。"墨子泛爱兼利而非斗，释文："化同己俭为泛爱兼利。"郭云："令百姓皆勤俭各有余，故以斗为非。"其道不怒。成云："克己，故不怨怒于物。"又好学而博，不异，郭云："既自以为是，则欲令万物皆同乎己。"不与先王同，不以先王为然。毁古之礼乐。郭云："嫌其侈靡。"黄帝有《咸池》，尧有《大章》，舜有《大韶》，禹有《大夏》，汤有《大濩》，文王有辟雍之乐，武王、周公作《武》。古之丧礼，贵贱有仪，上下有等，天子棺椁七重，诸侯五重，大夫三重，士再重。今墨子独生不歌，死不服，桐棺三寸而无椁，以为法式。以此教人，恐不爱人；以此自行，固不爱己。宣云："既拂人之性，亦自处于薄。"未败墨子道。今墨之道尚未败也。虽然，歌而非歌，哭而非哭，乐而非乐，是果类乎？是果与人情类乎？其生也勤，其死也薄，其道大觳。郭嵩焘云："释诂：'觳，尽也。'管子地员篇：'又次曰五觳。'觳者，薄也。"**使人忧，使人悲，其行难为也。恐其不可以为圣人之道，反天下之心。天下不堪。墨子虽独能任，**自为之。**奈天下何！离于天下，其去王也远矣！**宣云："非王者之道。"**墨子称道曰：**称其道之所由。**"昔禹之湮洪水，决江河而通四夷九州也。名山三百，**俞云："山当作川，字之误也。此文专以川言，不当言支川而不及名川。吕览始览篇、淮南地形训并曰'名川六百'。"**支川三千，小者无数。禹亲自操橐耜而九杂天下之川。**释文："橐，旧古考反。崔、郭音托，则应作槖。司马云：'盛土器也。'耜音似，三苍云：'耒头铁也。'崔云：'棰也。'司马云：'盛水器也。'九，本亦作鸠，聚也。"郭嵩焘云："杂汇诸川之水，使同归于大川，故曰九杂。"**腓无胈，胫无毛，沐甚雨，栉疾风，置万国。**奠定万国。**禹大圣也，而形劳天下也如此。"使后世之墨者，多以裘褐为衣，以跂蹻为服，**成云："后世墨者，翟之弟子。裘褐，粗衣。木曰跂，草曰蹻。"**日夜不休，以自苦为极，曰："不能如此，非禹之道也，不足谓墨。"**墨戒其徒如此。**相里勤之弟子，五侯之徒，南方之墨者**成云："姓相里，名勤，南方之墨师。五侯，并学墨人。"韩非显学篇："有相里氏之墨，有相夫氏之墨，有乡陵氏之墨。"**苦获、已齿、邓陵子之属，俱诵《墨经》，**李云："苦获、已齿，二人姓字也。"案：邓陵疑即乡陵，形近致讹。**而倍谲不同，相谓别墨。**倍谲，倍异诡谲也。自谓墨之别派。**以坚白同异之辩相訾，**宣云："非彼说。"**以觭偶不仵之辞相应，**宣云："是一说。"觭同奇。释文："仵，同也。"案：奇偶本不同，强以相应，则无不可同。**以巨子为圣人。**宣云："巨子，墨之高弟。"释文："若儒家之硕儒。"**皆愿为之尸，**成云："以为师主。"**冀得为其后世，**宣云："思继其统。"**至今不决。**宣云："其教不绝。"**墨翟、禽滑厘之意则是，其行则非也。**成云："意在救世，所以是也；为之太过，所以非也。"**将使后世之墨者，必自苦以腓无胈、胫无毛相进而已矣。**相进，犹相竞。**乱之上也，治之下也。**宣云："乱天下之罪多，教天下之功少。"**虽然，墨子真天下之好也，**真天下能好人者也。俞云："即孟子'墨子兼爱'意。"**将求之不得也，**将求救天下之术而不得邪！古"邪""也"字通用。俞云："即'心诚求之'意。"**虽枯槁不舍也，**虽枯槁其身，不忍舍去也。俞云："即孟子'摩顶放踵为之'意。"**才士也夫！**可谓竭才之士也夫！

不累于俗，不为物累。**不饰于物**，不自矫饰。**不苟于人**，无所苟且。**不忮于众**，无所忌害。**愿天下之安宁以活民命**，以天下生民为重。**人我之养，毕足而止**，不必求有余也。**以此白心**。宣云："暴白其志之无他。"**古之道术有在于是者，宋钘、尹文闻其风而悦之。**成云："宋、尹，并齐宣王时人，同游稷下。（案：二见汉书艺文志名家。）宋著书一篇，尹著书二篇，咸师于黔而为之名也。性与教合，故闻风悦爱。"**作为华山之冠以自表，**郭云："华山上下均平。"**接万物以别宥为始。**释文："始，首也。崔云：'别善恶，宥不及。'"**语心之容，命之曰"心之行"。**成云："命，名也。发语吐词，每令心容万物，即名此容受而为心行。"案：言我心如此，推心而行亦如此。**以聏合欢，**释文："聏，崔音而，郭音饵。司马云：'色厚貌。'崔、郭、王云：'和也。'聏和万物，物合则欢矣。"**以调海内。**强以其道调之。**请欲置之以为主。**请欲时君皆置此心以为主。**见侮不辱，**不自谓辱。**救民之斗，禁攻寝兵，救世之战。**寝，息也。**以此周行天下，上说下教，虽天下不取，**不取其说。**强聒而不舍者也。故曰：上下见厌而强见也。**上，时君；下，谋臣。**虽然，其为人太多，其自为太少，曰：**其言若此。**"请欲固置五升之饭足矣。"**先生恐不得饱，弟子虽饥，不忘天下，成云："宋、尹称黔首为先生，自谓为弟子，先物后己故也。"案：宋、尹见为置餐者，言请欲先生惟置五升之饭足矣。**日夜不休。曰："我必得活哉！"图傲乎救世之士哉！**宣云："又言'我必得以自活哉'！图活民命，傲救世之士耳。"**曰："君子不为苛察，不以身假物。"以为无益于天下者，明之不如已也。**宣云："又言'君子不宜苛察，故侮厌弗顾，不假外物以为身'，故饥饱弗计，人皆自炫其明。然计较太多，虽有益于世而莫之为，故宋、尹以为彼之无益于天下者，明之不如已也。"**以禁攻寝兵为外，**宣云："外以此救世。"**以情欲寡浅为内。**宣云："内以此克己。"**其小大精粗，其行适至是而止。**其行止于是，则其道术之大小精粗亦不过如是。

公而不当，崔本作"党"，云："至公无党也。"卢云："作'不党'是。"**易而无私，**成云："平易。"**决然无主，**宣云："决去系累，而无偏主。"**趣物而不两，**宣云："随物而趋，不生两意。"**不顾于虑，不谋于知，**无旁顾，无巧谋。**于物无择，与之俱往，古之道术有在于是者，彭蒙、田骈、慎到闻其风而悦之。**成云："并齐之隐士，俱游稷下，各著书数篇。"俞云："据下文，彭蒙当是田骈之师。意林引尹文子有彭蒙曰：'雉兔在野，众皆逐之，分未定也；鸡豕满市，莫有志者，分定故也。'"**齐万物以为首，**宣云："以此为第一事。"**曰："天能覆之而不能载之，地能载之而不能**

覆之，大道能包之而不能辩之。"知万物皆有所可，有所不可。故曰："选则不徧，必有未应选。教则不至，必有未受教。道则无遗者矣。"唯道兼包之，所谓齐也。是故慎到俞云："史记孟荀列传：'慎到，赵人，著十二论。'汉书艺文志法家有'慎子四十二篇。名到，先申、韩，申、韩称之。'"弃知去己，成云："息虑弃知，忘身去己。"而缘不得已。泠汰于物，以为道理。释文："泠汰，犹沙汰也。泠音零。"案：言到虽弃知去己，而因必不得已，始沙汰人物一番，守此以为道理。曰："知不知，将薄知而后邻伤之者也。"其言曰："凡知人之道，当如不知，将薄有所知，而已近于伤之者也。"此到之弃知。成云："邻，近也。"謑髁无任，而笑天下之尚贤也；释文："謑髁，讹倪不正貌。"案：其用人虽謑髁不正，无可任使，而以天下尚贤为笑。纵脱无行，而非天下之大圣；其在己纵恣脱略，无行可称，而以天下大圣为非，卑之无高论也。椎拍輐断，与物宛转；郭云："犹有椎拍，故未泯合。"释文："輐，圆也。"案：郭释椎拍，谓如椎之拍。凡物稍未合，以椎重拍之，无不合矣。是椎拍之义，言强不合者使合也。輐断，谓虽断而甚圆，不见决裂之迹，皆与物宛转之意。此到之去己。舍是与非，苟可以免。宣云："不执是非，庶无累也。"不师知虑，不知前后，释文："上知音智。"案：不师人之智虑，不问事之前后。魏然而已矣。大公平易，故能巍然。推而后行，曳而后往。若飘风之还，宣云："回还无方。"若羽之旋，宣云："羽自空而下，旋转不定。"若磨石之隧，磨文石作隧道，喻其光滑。全而无非，故能自全而不见非责。动静无过，未尝有罪。静无过，动亦无过，罪何由至！是何故？假设疑问，言何故能如此？夫无知之物，无建己之患，无用知之累，动静不离于理，是以终身无誉。无知之物，木石是也。言譬彼无知之物，不建己以为标准，故不来指目之患；不用智以相推测，故不受嫉忌之累。移之则动，置之则静，恒不离于物理，明白易见，是以终其身无誉之者，无誉则亦无咎矣。故曰："至于若无知之物而已，到之言推极于此。无用贤圣。夫块不失道。"何用贤圣为哉！彼土块亦不失为道也。豪桀相与笑之曰："慎到之道，非生人之行而至死人之理，适得怪焉。"其能事之豪桀，则相与笑之曰："慎子之道，非是生人之行，而至于有死人之理，适足得世之怪诧焉而已。"田骈亦然，其言相同，举到以包骈。学于彭蒙，得不教焉。不教之教，观其所行，学焉而心自得也。举蒙之弟与师，而蒙可知。彭蒙之师曰："古之道人，至于莫之是、莫之非而已矣。与慎到言"至于若无知之物"无异。其风窢然，恶可而言？"向、郭云："窢，逆风声。"言古道人之风教，窢然迅过，恶可言传？**常反人，不见观，**常反人之意议，不见为人所观美。下文云："以反人为实。"**而不免于魭断。**即不得已而用断决，亦惟与物宛转，不免于慎到之魭断。輓、魭音义同也。**其所谓道非道，而所言之韪不免于非。**郭云："韪，是也。"案：谓彭师之言，是中有非，于道则未见也。**彭蒙、田骈、慎到不知道。**故此三人者，直谓之不知道。**虽然，概乎皆尝有闻者也。**然论其梗概，皆尝有旧闻。如"弃知去己"，必非无所师承，乃其绪论去之弥远耳。

　　以本为精，以物为粗，成云："本，无也。物，有也。用无为妙道为精，用有为事物为粗。"**以有积为不足，**郭云："寄之天下，皆有余也。"**澹然独与神明居。**宣云："此虚玄无为之教。"**古之道术有在于是者，关尹、老聃闻其风而悦之。**释文："关尹，关令尹喜也。或云：尹喜，字公度。老聃，即老子也，为喜著书十九篇。"成云："周平王时函谷关令，故谓之关尹。"俞云："汉志道家有'关尹子九篇'，注云：'名喜，为关吏。'或以尹喜为姓名，失之。又汉志无老子十九篇之书。吕览不二篇'关尹贵清'，高注：'关尹，关正也，名喜，能相风角，知将有神人而老子到，喜说之，请著上至经五千言。'上至经之名，他书未见也。"**建之以常无有，主之以太一。**成云："建立言教，以凝常无物为宗；悟其恉归，以虚通太一为主。"**以濡弱谦下为表，以空虚不毁万物为实。**成云："表，外也。以柔弱谦和为权智外行，以空惠圆明为实智内德。"**关尹曰："在己无居，形物自著。"**宣云："己无私主，随物同著。"**其动若水，其静若镜，其应若响。**宣云："皆无心故。"**芴乎若亡，寂乎若清，同焉者和，得焉者失。**宣云："同物则和，自得则失。"**未尝先人而常随人。**成云："和而不唱。"**老聃曰："知其雄，守其雌，**宣云："能而处于不能。"**为天下溪；**宣云："处下待输，有而不积。"**知其白，守其辱，**洁而不为自洁。**为天下谷。"**宣云："居虚受感，应而不藏。"**人皆取先，己独取后。曰："受天下之垢。"**人皆取实，己独取虚。"**无藏也故有余"。岿然而有余。**郭云："独立自足之谓。"宣云："叠一语，甚言之。"**其行身也，徐而不费，**宣云："不先故徐。不先则少事，少事故不费。"**无为也而笑巧。**无为似拙，而可以笑彼巧者。**人皆求福，己独曲全。曰："苟免于咎。"**人求福不已，己独委曲以保安全，曰："苟免咎祸而已。"**以深为根，以约为纪。**成云："以深玄为德之本根，以俭约为行之纲纪。"**曰："坚则毁矣，锐则挫矣。"常宽容于物，不削于人，**成云："知足守分，故不侵削于人。"**可谓至极。**姚本"可谓"作"虽未"，

235

云："从李氏本改。"关尹、老聃乎！古之博大真人哉！

芴漠无形，变化无常，死与生与？天地并与？齐物论篇云："天地与我并生。"神明往与？芒乎何之？忽乎何适？神明往而不知所适。万物毕罗，宣云："无不包也。"莫足以归。无可为我归宿者。古之道术有在于是者。庄周闻其风而悦之。以谬悠之说，释文："谓若忘于情实者也。"荒唐之言，荒，大也。唐，空也。无端崖之辞，无端可寻，无崖可见。时恣纵而不傥，恣纵，谓纵谈恣论。不傥，成云"不偏党"，非也。释文作"而傥"，无"不"字，近之。谓忽然而至也。不以觭见之也。成云："觭，不偶也。"宣云："言不以一端自见。"以天下为沈浊，不可与庄语。庄语，犹正论。以卮言为曼衍，以重言为真，以寓言为广。因世人不可与庄语，故以此三言为说。已见寓言篇。曼衍，因其事理而推衍之，所谓"卮言日出，因以曼衍"也。重言，述尊老之言，使人听之而以为真，故曰"所以已言"也。寓言，以广人之意，所谓"藉外论之"也。独与天地精神往来，以精神与天地往来，寄于至高之境。姚云："庄以关尹、老聃不过如篇首所云'不离于真'之至人，犹未至极。若庄生之独与天地精神往来，则所谓'不离于宗，谓之天人'者。"而不敖倪于万物。未尝鄙弃万物，存骄亢之见。敖倪，与傲睨字同。不谴是非，以与世俗处。不责人之是非，以与世俗混处。成云："谴，责也。"其书虽瑰玮，而连犿无伤也。释文："瑰玮，奇特也。犿，本亦作抃，同，芳袁反，又敷晚反。李云：'宛转貌'。一云相从貌。谓与物相从不违，故无伤也。"其辞虽参差，而諔诡可观。成云："参差者，或虚或实，不一其言也。諔诡，言滑稽也。"彼其充实，不可以已。夫其词理充实，不能自已。上与造物者游，而下与外死生、无终始者为友。其于本也，宏大而辟，同辟。深闳而肆；宣云："放纵也。"其于宗也，可谓稠适而上遂矣。释文："稠音调，本亦作调。"案：遂，竟也，达也。言其于所宗主也，可谓调通而上达者矣。苏舆云："此即篇首所谓'不离于宗'者。"虽然，其应于化而解于物也，其理不竭，其来不蜕，芒乎昧乎，未之尽者。然其因应于变化而冥解于物情也，其用不竭，其来不遗，芒昧如不可见，未有能尽其妙者。

惠施多方，方，术也。其书五车，言其多。其道舛驳，郭庆藩云："司马本舛作踳。文选魏都赋注引司马云：'踳读曰舛。驳，色杂不同也。'又引司马此注，一作'舛驰'。法言叙曰：'诸子各以其知舛驰。'淮南俶真训：'二者代谢舛驰。'泛论训：'见闻舛驰于外。'说山训'分流舛驰'，玉篇引作'僢驰'，义亦同也。"其言也不中。中，竹仲反。**历物之意，曰：**其历指事物之意，有曰。**"至大无外，谓之大一；至小无内，谓之小一。**杜撰小一，以配大一。**无厚，不可积也，其大千里。**司马云："苟其可积，何但千里乎！" **天与地卑，山与泽平。**天地一致，山泽均平。**日方中方睨，物方生方死。**成云："睨，侧视也。居西者呼为中，处东者呼为侧，则无中、侧也。犹生死也：生者以死为死，死者以生为死。日既中、侧不殊，物亦死生无异也。" **大同而与小同异，此之谓'小同异'；**谓之大同而与小同有异，是同异杂也，然止谓之小同异。**万物毕同毕异，此之谓'大同异'。**如寒暑昼夜，是万物毕同毕异也，方谓之大同异。**南方无穷而有穷。**宣云："谓之南，已有分际，举一以反三也。" **今日适越而昔来。**宣云："知有越时，心已先到。"案：此语又见齐物论篇，彼"来"作"至"。**连环可解也。**成云："环之相贯，贯于空虚，不贯于环。是以两环贯空，不相涉入，各自通转，故可解也。" **我知天之中央，燕之北，越之南是也。**此拟议地球中悬，陆路可达，故燕北即是越南，与邹衍瀛海之谈又别。**泛爱万物，天地一体也。"**宣云："天地非大，我非小。" **惠施以此为大，观于天下而晓辩者，天下之辩者相与乐之。**惠自以为于天下之理，独观其大，以此晓示辩人，辩人亦乐之也。**卵有毛，**宣云："卵无毛，则鸟何自有也？" **鸡三足。**司马云："鸡两足，所以行而非动也，故行由足发，动由神御。今鸡虽两足，须神而行，故曰三足也。" **郢有天下。**宣云："称王自大。" **犬可以为羊。**宣云："犬羊之名，皆人所命，若先名犬为羊，则为羊矣。" **马有卵。**成云："胎、卵湿化，人情分别，以道观者，未始不同。鸟卵既有毛，兽胎何妨名卵！" **丁子有尾。**成云："楚人呼虾蟆为丁子。虾蟆无尾，人所共知。以道观之，无体非无，非无尚得称无，何妨非有可名尾也！"案：虾蟆初生，无足有尾，闻雷后，足出而尾没矣。**火不热。**宣云："人皆火食，是不热。" **山出口。**宣云："空谷传声。" **轮不蹍地。**轮转不停，蹍地则何以转？**目不见。**宣云："见则何以不自照？" **指不至，至不绝。**有所指则有所遗，故曰指不至。下"至"字疑"耳"之误。数语皆就人身言，耳虽有绝响之时，然天下古今，究无不传之事物，是不绝也。"至"字缘上而误，遂不可通矣。**龟长于蛇。**成云："夫长短相形，无长非短。谓蛇长龟短，乃物之滞情，今欲遣此迷惑，故云龟长于蛇。"俞云："即'莫大于秋毫之末而泰山为小'意。" **矩不方，**宣云："天下自有方，非以矩。" **规不可以为圆。**宣云："天下自有圆，非以规。" **凿不围枘。**成云："凿，孔也。枘者，内孔中之木。"宣云："枘自入之耳，凿未尝围之。" **飞鸟之景未尝动也。**鸟飞多以昼，故云影未尝动。司马引墨子云："影不徙也。"**镞矢之疾，而有不行、不止之时**。镞矢行止，人为之也。专以镞矢言，是有不行不止之时矣。**狗非犬**。成云："狗、犬同实异名。名实合，则彼所谓狗，此所谓犬也；名实离，则彼所谓狗，异于犬也。墨子曰：'狗，犬也，然狗非犬也。'"**黄马骊牛三**。宣云："二色与体为三。"**白狗黑**。宣云："白黑，人所名，乌知白之不当为黑乎？"**孤驹未尝有母**。李云："驹生有母，言孤则无母，孤称立，则母名去也，故孤驹未尝有母。"**一尺之捶，日取其半，万世不竭**。司马云："捶，杖也。若其可析，则常有两，若其不可析，其一常存，故曰万世不竭。"**辩者以此与惠施相应，终身无穷。桓团、公孙龙辩者之徒**，成云："桓、公孙并赵人，辩士，客游平原君之门。而公孙龙著守白论，见行于世。"**饰人之心，易人之意**，成云："雕饰人心，改易人意。"**能胜人之口，不能服人之心，辩者之囿也**。宣云："辩者迷于其中而不能出。"**惠施日以其知**同智。**与之辩**，及其同游之人所辩论。**特与天下之辩者为怪**，成云："特，独也，字亦有作将者。"案：为怪，谓骋其谲异。**此其柢也**。俞云："柢与氐通。史记秦始皇纪'大氐尽畔秦吏'，正义：'氐，犹略也。'此其柢也，犹云此其略也。"**然惠施之口谈，自以为最贤**，自以为解理最贤于众。**曰："天地其壮乎**，司马云："惠唯以天地为壮于己也。"**施存雄而无术。"**司马云："施意在胜人，而无道理之术。"**南方有倚人焉，曰黄缭**，释文："倚，本或作畸，同。李云：'异也。'"成云："姓黄，名缭，不偶于俗。"**问天地所以不坠不陷，风雨雷霆之故。惠施不辞而应，不虑而对**，成云："不辞谢而应机，不思虑而对答。"**徧为万物说**。成云："徧为陈说万物根由。"**说而不休，多而无已，犹以为寡，益之以怪**，成云："加奇怪以骋其能。"**以反人为实，而欲以胜人为名，是以与众不适也**。成云："不能和适。"**弱于德，强于物**，内弱外强，**其涂隩矣**。隩，曲而隐也。非大道。**由天地之道观惠施之能，其犹一蚊一虻之劳者也。其于物也何庸！**成云："庸，用也。"**夫充一尚可**，宣云："内圣外王，皆原于一，充之而可，何须逐物邪！"**曰愈贵，道几矣！**曰，词也。言愈自贵重，不须多言，于道亦庶几矣。**惠施不能以此自宁**，自安定其心。**散于万物而不厌**，成云："散乱精神。"**卒以善辩为名。惜乎！惠施之才，骀荡而不得**，释文："骀，李音殆，放也。"宣云："不得，无所得。"**逐万物而不反，是穷响以声，形与影竞走也**，闻响大而高声，不知声宏而响愈振；见影来而疾走，不知形捷而影竞随之也。**悲夫！**

【新认识与新释译】

"天下之治方术者多矣，皆以其有为不可加矣！古之所谓道术者，果恶乎在？曰：'无乎不在。'曰：'神何由降？明何由出？''圣有所生，王有所成，皆原于一。'不离于宗，谓之天人；不离于精，谓之神人；不离于真，谓之至人"的意涵是①：天下研究"治理方术"的人很多，各自都以为自己的认知是最完善的。如果问古代的道术产生于何方？可以说，万事万物无不是其产生源头！如果问"天地之道"从何方产生，可以回答说：圣有所生，王有所成，都源于自然而然之"道"。不偏离"道"之根本者，称作"天人"；不偏离"道"之精要者，称作"神人"；不偏离"道"之本真者，称作"至人"。

"以天为宗，以德为本，以道为门，兆于变化，谓之圣人；以仁为恩，以义为理，以礼为行，以乐为和，熏然慈仁，谓之君子；以法为分，以名为表，以参为验，以稽为决，其数一二三四是也，百官以此相齿；以事为常，以衣食为主，蕃息畜藏，老弱孤寡为意，皆有以养，民之理也"的意涵是：以"上天"作为主宰者，以"道德"教化作为治理根本和治理路径，能预见变化征兆的人，称作"圣人"；用"仁"恩惠民众，用"义"引导民众，用"礼"教化民众，用"乐"以使民众和谐，温和而仁慈的人，称作"君子"；以法度作为各自分守，以名位作为激励标杆，以对比作为相互激励，以稽核作为评判依据，由此划分出一二三四的等次，百官以此为序列，日常处理民众事物，以保障衣食为核心，耕种养殖、储积粮食财物、老弱孤寡有所养，这就是治理民众的方式方法。

"古之人其备乎！配神明，醇天地，育万物，和天下，泽及百姓，明于本数，系于末度，六通四辟，小大精粗，其运无乎不在。其明而在数度者，旧法、世传之史尚多有之；其在于《诗》《书》《礼》《乐》者，邹鲁之士、缙绅先生多能明之。《诗》以道志，《书》以道事，《礼》以道行，《乐》以道和，《易》以道阴阳，《春秋》以道名分。其数散于天下而设于中国者，百家

---

① 摘自《天下篇》。本篇可算作为先秦时期之哲学史论，站在庄子的立场，阐述并评论了各家各派的观点。

之学时或称而道之"的意涵是：上古圣人的治理方法已经很完备了！他们德配神明，敬奉天地，养育万物，调适天下，恩泽百姓。既通晓"治理之术"的根本，又懂得采用法度等具体的"治理之术"。无时无地、万事万物，圣人的"治理之术"都无所不在地运行其中。那些显著有效的治理制度，旧时明文记载和口口相传的历史中多有记载。那些记载在《诗》《书》《礼》《乐》等古籍中的内容，邹国、鲁国的儒者士绅等贤人们都津津乐道。《诗经》是表达志向的，《书经》是记载政事的，《礼》是规范道德行为的，《乐》是用于调适众人心性的，《易经》是阐述阴阳变化的，《春秋》是主张伦常秩序的。这些有关"治理之术"的学术，播布于天下而创设于中原诸夏，百家学说不断地宣扬。

"天下大乱，贤圣不明，道德不一。天下多得一察焉以自好。譬如耳目鼻口，皆有所明，不能相通。犹百家众技也，皆有所长，时有所用。虽然，不该不徧，一曲之士也。判天地之美，析万物之理，察古人之全。寡能备于天地之美，称神明之容。是故内圣外王之道，暗而不明，郁而不发，天下之人各为其所欲焉以自为方。悲夫！百家往而不反，必不合矣！后世之学者，不幸不见天地之纯，古人之大体。道术将为天下裂"的意涵是：到了天下大乱之后，圣贤并不了解"治理之术"的全貌，对其论理规范不一。天下各家学者，多是只了解其中的某一部分，各自以自己掌握的那部分作为"治理之术"的精髓。这就犹如，各自拥有耳、目、口、鼻，都有各自的功能，但这些器官不能相通，不能成为一个系统整体。又犹如，祝、史、射、御、医、卜等百工，各有各的技能，各有所长，各有所用。但是，他们各自都不完备、不普适，都只能算是片面看问题的士人。分割了天地之道的完美性，离析了万物的通用之理，失传了古人"治理之术"的全貌。这样一来，根本不具备天地之道的完备性，根本不能与"道"之包容万物于一理的兼容性相提并论。所以说，所谓"内圣外王"的"治理之术"，理据幽暗不明，观念固化而难以阐发，天下人为了自己的欲求而将之作为"治理之术"。可叹！百家皆走向歧路而不懂得迷途知返，其学术怎么可能合于自然之"道"呢！后世之学者，何其不幸，不能认识到天地之道的完备性，无法掌握古人"治理之术"的全貌。古人的"治理之术"已经被百家割裂。

"不侈于后世，不靡于万物，不晖于数度，以绳墨自矫，而备世之急。古之道术有在于是者，墨翟、禽滑厘闻其风而说之。为之大过，已之大循。作为《非乐》，命之曰《节用》。生不歌，死无服。墨子泛爱兼利而非斗，其道不怒。又好学而博，不异，不与先王同，毁古之礼乐。黄帝有《咸池》，尧有《大章》，舜有《大韶》，禹有《大夏》，汤有《大濩》，文王有辟雍之乐，武王、周公作《武》。古之丧礼，贵贱有仪，上下有等。天子棺椁七重，诸侯五重，大夫三重，士再重。今墨子独生不歌，死不服，桐棺三寸而无椁，以为法式。以此教人，恐不爱人；以此自行，固不爱己。未败墨子道。虽然，歌而非歌，哭而非哭，乐而非乐，是果类乎？其生也勤，其死也薄，其道大觳。使人忧，使人悲，其行难为也。恐其不可以为圣人之道，反天下之心。天下不堪。墨子虽独能任，奈天下何！离于天下，其去王也远矣"的意涵是：有这样一种统治思路：不以财富留予后世，不浪费万物，不以等级爵位做表彰，用规矩校正自己的言行，为救民众之急而做好准备。古代"治理之术"包含这方面的内容。墨翟、禽滑厘一家偏向这种统治思路。他们主张极端的泛爱兼利，极端的非乐节用。作《非乐》《节用》，提出主张：庆贺活动无须歌舞，丧葬时无须服丧。墨子主张：泛爱所有人、兼济天下人、国家之间不采用战争手段、人与人之间不怨怼。尽管墨子好学而博闻，但他的主张与上古先王的治理之道并不相同，而是主张毁弃自古传承的礼乐制度。黄帝时有《咸池》、尧时有《大章》、舜时有《大韶》、禹时有《大夏》、汤时有《大濩》、周文王时有《辟雍》等礼乐，武王、周公作《武》等礼乐。古代的丧礼，按照贵贱等级有不同的制度规定，如棺椁，天子规格为七重，诸侯规格为五重，大夫三重，士两重。而墨子主张"生不歌，死无服"，无论贵贱等级一律采用三寸桐木棺材无外椁，作为丧葬规范。用这种主张去教化他人，恐怕不会被认为是爱他人；用这种主张施之于己，恐怕也不会被认为是爱自己。尽管如此，并不影响墨子学说的传播。然而，试想：高兴时却不让歌舞，悲伤时却不让哭泣，需要和谐节奏时却不让奏乐，这样果真合乎人的感情吗？墨子本人的确是努力践行自己的主张，活着时不辞辛劳，死后丧葬极为瘠薄。

只是他的学说主张太过苛刻，推行他的主张使人忧伤、使人痛苦，很难在大众中广泛实行。恐怕这种主张无法成为引导天下人回归本真的圣人之道，因为天下人是不堪忍受这样严苛要求的。虽然墨子本人能够践行，一般人是无法做到的！背离天下人的自然本性，这样的主张更加偏离了"治理之术"的根本。

"不累于俗，不饰于物，不苟于人，不忮于众，愿天下之安宁以活民命，人我之养，毕足而止，以此白心。古之道术有在于是者，宋钘、尹文闻其风而悦之。作为华山之冠以自表，接万物以别宥为始。语心之容，命之曰'心之行'。以聏合欢，以调海内。请欲置之以为主。见侮不辱，救民之斗，禁攻寝兵，救世之战。……以为无益于天下者，明之不如已也。以禁攻寝兵为外，以情欲寡浅为内。其小大精粗，其行适至是而止"的意涵是：有这样一种统治思路：统治者不被世俗牵累，不用外物做修饰，不苟且于人，不逆害众意，祈求天下安宁以保全民众生命，民众和自己能够满足基本需求即可，以此作为统治者的内在意愿而告之世人。古代"治理之术"包含这方面的内容。宋钘、尹文一家就偏向这种治理思路。制作像类似华山那样上下均平的帽子以体现众人平等，对待众人的准则是：既区分其善恶也宽宥其不足，将心比心。使众人合欢、国家和谐相处。他们提出的治理主张是：受到欺侮不因辱而报复，以此解脱人们的争斗之心；禁绝攻伐、停止兵事，以此解脱国家间的战乱。……这一家的学说主张：对外宣扬禁止攻伐停止战争，对内宣扬减少情欲，除此之外的事情都无益于天下。他们的主张和推行，也不过如此。

"公而不当，易而无私，决然无主，趣物而不两，不顾于虑，不谋于知，于物无择，与之俱往。古之道术有在于是者，彭蒙、田骈、慎到闻其风而悦之。齐万物以为首……虽然，概乎皆尝有闻者也"的意涵是：有这样一种治理主张：求大公不谋小众，求平等不求偏私，摒弃主观先入之见，心性坚定而不因情势变化而改变，不瞻前顾后，不求智谋，与万物视为同类而共生。古代"治理之术"包含这方面的内容。彭蒙、田骈、慎到一家就偏向这种统治思路。他们认为齐同万物是其核心……这一家的学说算是对古代"治理之术"的根本略有认识吧。

"以本为精，以物为粗，以有积为不足，澹然独与神明居。古之道术有在于是者，关尹、老聃闻其风而悦之。建之以常无有，主之以太一。以濡弱谦下为表，以空虚不毁万物为实。关尹曰：'在己无居，形物自著。'其动若水，其静若镜，其应若响。芴乎若亡，寂乎若清。同焉者和，得焉者失。未尝先人而常随人。老聃曰：'知其雄，守其雌，为天下溪；知其白，守其辱，为天下谷。'人皆取先，己独取后。曰：'受天下之垢。'人皆取实，己独取虚。'无藏也故有余。'岿然而有余。其行身也，徐而不费，无为也而笑巧。人皆求福，己独曲全。曰：'苟免于咎。'以深为根，以约为纪。曰：'坚则毁矣，锐则挫矣。'常宽容于物，不削于人。可谓至极，关尹、老聃乎！古之博大真人哉"的意涵是：有这样一种治理主张：把"道"之根本视为精妙的治理，把具体的制度视为失当的治理，把积累财富的治理追求视为不知餍足的追求，清静无为而天下得治。古代"治理之术"包含这方面的内容。关尹、老聃一家就偏向这种统治思路。他们以"无""有"为概念、以"道"一以贯之构建其学说，以柔弱谦下的特性作为"道"的表现形式，以空虚无物的性质作为"道"的实质。关尹总结说："无形的'道'没有自己的形态，有形的物则将'道'展现出具体形态。"流水就是"道"之动的具体形态，止水如镜就是"道"之静的具体形态，回声就是"道"之回应的具体形态，"道"就是似无形、似无声、似无色的存在。万物存在于其中则可稳定存在，万物不存在于其中则无法稳定存在，并不号令万物却自然而然地依存于万物。老子总结说："知晓自己有强势的一方面，坚守相对弱势的其他方面，就如同不为滔滔大河而为山中小溪一般；知晓自己有超出一般的优势，依然清醒认识自己的不足，就如同不为实满的大山而为虚空的山谷一般。"一般人都争先，懂得"道"的人却情愿居后，老子总结说："'道'就是天下人当作尘垢（唯恐避之不及）的东西。"一般人都追求实际利益，懂得"道"的人却追求空虚无物之理，没有获得实际收益的积聚反而感觉收获多多，他们立身行事，闲适而不费心力，自然无为而胜于智巧者之有为；一般人都祈求直接的福佑，懂得"道"的人却渐次而为即可保全，老子总结说："懂得'道'就可自行避免过错。"懂得"道"的人处事会考虑长远性和关联性，老子总结说："过于坚硬的东西容易损毁，过于锐利的东西容易挫折。"所以，懂得"道"的人以宽容对待万物，不损害他人。这些论述，不能说是达到了至高境界，至少可以说关尹、老聃算是古来对于"道"之博大精深有着深刻理解的真人。

"芴漠无形，变化无常，死与生与？天地并与？神明往与？芒乎何之？忽乎何适？万物毕罗，莫足以归。古之道术有在于是者，庄周闻其风而悦之。以谬悠之说，荒唐之言，无端崖之辞，时恣纵而不傥，不以觭见之也。以天下为沈浊，不可与庄语。以卮言为曼衍，以重言为真，以寓言为广。独与天地精神往来，而不敖倪于万物。不谴是非，以与世俗处。其书虽瑰玮，而连犿无伤也。其辞虽参差，而諔诡可观。彼其充实，不可以已。上与造物者游，而下与外死生、无终始者为友。其于本也，宏大而辟，深闳而肆；其于宗也，可谓稠适而上遂矣。虽然，其应于化而解于物也，其理不竭，其来不蜕，芒乎昧乎，未之尽者"的意涵是：有这样一种治理主张："道"，其形态无形无象，其变化无迹可寻，其存在无始无终，其与天地共存，其与神明同往，其大可以巨大到无法描述的程度，其小可以微小到无以复加的程度。"道"，万物都包罗在其中，却无法论及其归宿。古代"治理之术"包含这方面的内容。庄周一家就偏向这种统治思路。他们以虚缈不可捉模的论说，宏巨而不可测度的论述，不着边际的言辞，放纵而不拘执，不持一端之见。他们认为天下人沉湎于物欲而不知觉醒，不能用庄重话语与之论说"道"理。只得以"卮言"（自然无心之言）曼衍式叙事、"重言"（借重先哲时贤之言）对话性叙事、"寓言"（禽言兽语、离奇故事等）别有寄托地叙事，论说其"道"理。独自与天地做精神层面的交流，不傲视万物，不拘泥于是非而与世俗相处。其论说虽然奇特但也婉转叙说无伤宏旨，言辞虽然变化多端却奇异得引人入胜。其内心充实而思想奔放，上与造物者同游，下与忘却死生不分终始的人为友。其对道之根本的阐述既宏大而又透辟，深邃而广阔，可谓深得"道"之本质，和谐妥帖可谓深邃达于"本真"。尽管其所论述的是"道"之本质，但以此阐释万物顺应"道"的变化，极为合理恰切，无论宏观微观事物，其理都万变不离其宗。

"惠施多方，其书五车，其道舛驳，其言也不中。……一尺之棰，日取其半，万世不竭。辩者以此与惠施相应，终身无穷。桓团、公孙龙辩者之徒，饰人之心，易人之意，能胜人之口，不能服人之心，辩者之囿也。惠施日以其知与之辩，特与天下之辩者为怪，此其柢也"的意涵是：惠施虽然学问广博，其著述能装五车，但其观点错综驳杂，多有不着边际之论。……其与人辩论"一尺之棰，日取其半，万世不竭"之类的论题，终身也无法得出一个结论。桓团、公孙龙都是辩者一类的人，蒙蔽人的思想，转移人的心性，口舌上能胜过别人，却不能折服人心，这是此类辩者的局限。惠施每天以自己的观点与人辩论，专门与天下辩者创造怪僻的论题，这就是惠施这一家的基本特征。

【生态文明启示】

本节的生态文明启示是：《天下篇》是对先秦百家主要学派哲学思想的简要评述。各家思想对于生态文明理念的树立，都有一定的启迪性，但也有其局限性。我们可从各家思想的普适性、可行性方面得到启发性思考，但也要从各家思想与人类本性是否具有契合性的角度去做反向的思考。

参考文献

［1］刁生虎. 庄子的生存哲学［M］. 北京：中国传媒大学出版社，2007.

［2］段玉裁. 说文解字注［M］. 北京：中华书局，2013.

［3］方勇. 庄子生态思想研究［M］. 北京：学苑出版社，2016.

［4］方勇注. 庄子［M］. 北京：中华书局，2015.

［5］傅佩荣.《庄子》心得［M］. 北京：国际文化出版公司，2007.

［6］谷衍奎. 汉字源流字典［M］. 北京：语文出版社，2008.

［7］南怀瑾. 南怀瑾选集：庄子［M］. 上海：复旦大学出版社，2013.

［8］王蒙. 庄子的享受［M］. 合肥：安徽教育出版社，2010.

［9］王力. 古代汉语［M］. 北京：中华书局，1999.

［10］王先谦注. 庄子集解［M］. 北京：中华书局，1954.

［11］王新民. 庄子传［M］. 石家庄：花山文艺出版社，1992.

［12］许慎. 说文解字［M］. 北京：中华书局，2013.

［13］赵沛霖. 庄子自然观［M］. 深圳：海天出版社，2012.

［14］赵凤远. 庄子的生态审美智慧解析［M］. 济南：山东人民出版社，2014.

［15］钟茂初.《道德经》新识及其生态文明启示［M］. 北京：光明日报出版社，2019.

［16］钟茂初.《易经》新识及其生态文明启示［M］. 北京：光明日报出版社，2021.

［17］白才儒. 试析《庄子》深层生态思想［J］. 宗教学研究，2003

（04）：118-123.

[18] 陈瑞台. 《庄子》自然环境保护思想发微 [J]. 内蒙古大学学报（人文社会科学版），1999（02）：104-110.

[19] 陈发俊. 齐：庄子生态伦理思想之特质 [J]. 广西大学学报（哲学社会科学版），2020（04）：42-47.

[20] 陈鼓应. 庄子论情：无情、任情与安情 [J]. 哲学研究，2014（04）：50-59.

[21] 陈启庆. "化"：《庄子》选词修辞分析 [J]. 福建师范大学学报（哲学社会科学版），2011（02）：44-47.

[22] 高华平. 试析《庄子》对先秦诸子的学术批评 [J]. 哲学研究，2017（07）：71-81.

[23] 郭勇健. 庄子"逍遥"新解 [J]. 南开学报（哲学社会科学版），2013（06）：91-98.

[24] 李炳海. 姑射山名称的学术误区及其含义考释 [J]. 河北学刊，2016（02）：107-113.

[25] 李晨阳. 庄子"道通为一"新探 [J]. 哲学研究，2013（02）：54-54.

[26] 李欢友. "踵"的身体意义：庄子"真人之息以踵"条诠解 [J]. 阜阳师范学院学报（社会科学版），2018（3）：28-32.

[27] 李凯，颜炳罡. 庄子诠释方法探析 [J]. 安徽大学学报（哲学社会科学版），2009（04）：7-11.

[28] 李耀南. 庄子的"无用"与"逍遥" [J]. 哲学研究，2009（08）：43-49.

[29] 李耀南. 从"心"看《齐物论》[J]. 哲学研究，2007（09）：61-66.

[30] 李耀南. 庄子"知"论析义 [J]. 哲学研究，2011（03）：30-38.

[31] 李耀南. "游无穷"：有限人生的无限自由——庄子的逍遥观 [J]. 华中科技大学学报：社会科学版，2012（05）：37-42.

[32] 李智福. 庄子"逍遥"义考释 [J]. 中国哲学史，2016（01）：

28-37.

[33] 刘笑敢. 析论《庄子》书中的两种"自然"——从历史到当代 [J]. 哲学动态, 2019 (12): 39-45.

[34] 王海成. 庄子的有用、无用之辨 [J]. 兰州学刊, 2009 (10): 15-18.

[35] 王焱. 本性而非自然界——澄清对"庄子尚自然"的一种误解 [J]. 浙江学刊, 2009 (02): 85-90.

[36] 吴根友, 黄燕强.《庄子》"坐忘"非"端坐而忘" [J]. 哲学研究, 2017 (06): 38-45.

[37] 许建良. 道家"无用之用"的思想及其生态伦理价值 [J]. 哲学研究, 2007 (11): 44-48.

[38] 于雪棠. 从战国公共理性看《庄子》的思想方法与话语方式 [J]. 中国社会科学, 2019 (09): 130-155.

[39] 张采民, 朱怡淼. "安之若命"新解 [J]. 南京师大学报（社会科学版）, 1997 (04): 130-132.

[40] 张蔚虹. 论王先谦《庄子集解》的学术成就 [J]. 商丘师范学院学报, 2015 (02): 26-28.

[41] 张璇. 宫地传三郎的《庄子生态学》 [J]. 中国道教, 2018 (03): 68-72.

[42] 张勇. 庄子解脱论新探——以《庄子》中"心"的义涵为视角 [J]. 河北学刊, 2007 (02): 32-34.

[43] 张远山. 庄周所撰《庄子》内七篇题解及辨析 [J]. 社会科学论坛, 2010 (13): 4-39.

[44] 赵德鸿.《庄子》诗化语言: "寓言、重言、卮言"辨析 [J]. 北方论丛, 2013 (02): 22-27.

[45] 赵沛霖. 庄子哲学观念的神话根源 [J]. 文史哲, 1997 (05): 37-43.